NATIONAL GEOGRAPHIC

vietnam

NATIONAL GEOGRAPHIC

vietnam

James Sullivan

Photographies de Kris LeBoutillier

SOMMAIRE

Voyager responsable

Protéger la nature, contribuer à préserver l'histoire et la culture des pays visités tout en faisant connaissance avec la population... autant d'occasions pour le touriste d'enrichir son séjour en devenant un voyageur responsable !

Petit mémo pour les voyageurs avertis :

- Votre présence a toujours une incidence sur les sites que vous visitez. Ne l'oubliez pas !
- Tout au long de votre voyage, respectez les us et coutumes locaux.
- Rencontrez les gens sur place chaque fois que vous le pouvez ; c'est l'idéal pour en apprendre davantage sur les caractéristiques du pays. Attention toutefois : évitez d'être trop intrusif !
- Côté argent, privilégiez les commerces, restaurants, auberges et voyagistes soucieux du développement du pays. N'hésitez pas non plus à encourager les initiatives qui tendent à mettre en valeur les spécificités culturelles du lieu visité.

Aujourd'hui, voyager de manière responsable, c'est donner tout son sens à l'« écotourisme », un tourisme qui soutient et met en valeur le caractère géographique d'un site – son environnement, sa culture, sa beauté, son héritage et le bien-être de ses habitants.

Pour en savoir plus, vous pouvez consulter le site en anglais de National Geographic : *www.nationalgeographic.com/travel/sustainable.*

Les auteurs

James Sullivan

Diplômé de l'Iowa Writer's Workshop en 1992, James Sullivan a suivi à moto l'Autoroute 1 de Hô Chi Minh-Ville jusqu'à Hanoi. Ce voyage a fait l'objet de la publication *Over the Moat*, un mémoire sur l'ancienne Cour vietnamienne. Il a rédigé des notes de voyage pour les guides National Geographic, le *New York Times* et d'autres publications de premier plan. Il vit avec sa femme et ses deux enfants à Huê, où il travaille actuellement à un roman sur le Vietnam.

Kris LeBoutillier

Il a effectué de nombreux reportages photographiques pour les guides National Geographic, sur la Tasmanie, Singapour, le Rajasthan et le Vietnam. Il est l'auteur et le photographe de *Journey Through Phnom Penh* (Voyage à Phnom Penh) et *Journey Through Hô Chi Minh City* (Voyage à Hô Chi Minh-Ville), tous deux publiés par Marshall Cavendish. Représenté par Getty Images, LeBoutillier a travaillé pour *Forbes Asia*, *Smithsonian*, *Spa Magazine* et Discovery Channel.

Ron Emmons

Britannique, Ron Emmons a supervisé la mise à jour et la rédaction de nouvelles sections pour l'édition 2010 de ce guide. Résidant à Chiang Mai, dans le nord de la Thaïlande, il est l'auteur et le photographe de plusieurs ouvrages, dont *Portrait of Thailand and Walks along the Thames Path* (Portrait de Thaïlande et Promenades le long de la Tamise). Ses reportages sur les thèmes du voyage, de la culture, de la nature et du bouddhisme sont régulièrement publiés dans des revues internationales. Des exemples de son travail sont visibles sur *www.ronemmons.com.*

Pages 2-3 : la baie d'Along
Page 7 : lampions de papier multicolores, à Hoi An

福

Avant de partir

Serpentant le long du littoral pacifique de l'Asie du Sud-Est, le Vietnam englobe un large éventail de paysages, de climats et de cultures, depuis les montagnes du Nord jusqu'au delta du Mékong, sur une distance de plus de 2 000 km. Cette terre d'exception satisfera aussi bien les aventuriers que les amateurs de culture.

Du fait même de l'extrême diversité des sites et des activités sur place, le plus difficile est de se décider pour un itinéraire. Une promenade dans les rues de la vieille ville de Hanoi, dans le nord du pays, figure en haut de la liste des priorités, ainsi qu'une croisière dans la baie d'Along et une visite des marchés des ethnies montagnardes, dans les environs de Sa Pa, près de la frontière chinoise. Dans le sud du Vietnam, l'architecture coloniale et la vie nocturne trépidante de Hô Chi Minh-Ville exercent aussi une puissante fascination, de même que les collines des environs de Dalat, les sables idylliques de Nha Trang et Mui Ne, ou les marchés flottants du delta du Mékong.

Les transports publics affichent des tarifs raisonnables, mais les distances peuvent être trompeuses. Vietnam Airlines (*www.vietnamairlines.com*) propose des liaisons à bas prix entre les principales villes du pays, à commencer par une desserte entre Hanoi et Hô Chi Minh-Ville. On peut également opter pour les bus longue distance ou les trajets de 30 heures en train, pour se rendre dans les villes desservies par Vietnam Railway (*www.vr.com.vn*). S'il n'est pas conseillé aux étrangers de louer une voiture, voyez avec votre hôtel pour en louer une avec chauffeur. Assurez-vous de négocier le tarif avant le départ. Les touristes peuvent cependant louer des mobylettes.

Les marionnettes sur l'eau exaltent le folklore du Vietnam rural.

À NE PAS MANQUER

Si vous avez seulement une semaine

Il est impossible de découvrir l'ensemble du Vietnam en l'espace d'une semaine. La plupart des vols internationaux arrivent à Hô Chi Minh-Ville, la plus importante cité du pays. Elle n'est qu'à deux heures d'avion de Hanoi, la capitale administrative, une ville à l'identité très vietnamienne.

Si vous débutez votre séjour à **Hanoi**, il vous faudra plusieurs jours pour explorer les ruelles étroites des quartiers français, flâner sur les bords du lac Hoan Kiem et visiter les différents temples et musées. En haut de votre liste devraient figurer le temple de la Littérature, les monuments de la place Ba Dinh et le musée d'Histoire.

Ne manquez pas non plus les spectacles de marionnettes sur l'eau, spécificité du Vietnam. Pour changer d'ambiance, vous pouvez prolonger votre séjour dans le Nord, en passant une journée et une nuit dans la **baie d'Along** (88 km à l'est de Hanoi), pour y admirer l'horizon dessiné par les reliefs de grès. Prenez ensuite le train à Hanoi pour le nord-ouest, sur 250 km, et passez deux jours dans les collines qui entourent **Sa Pa**, pour un trek dans les villages de montagne ou pour visiter les marchés colorés.

Vous pouvez aussi regagner **Hô Chi Minh-Ville** en avion, à partir de Hanoi, pour y découvrir le curieux mélange de temples vénérables, d'architecture coloniale et de gratte-ciel. Outre les vestiges de l'empire français que sont la cathédrale Notre-Dame et l'ancien hôtel de ville, les principales attractions de la ville sont ses musées (en particulier le musée des Souvenirs de guerre) et ses marchés. Capitale gastronomique du pays, elle est l'endroit idéal pour goûter la cuisine vietnamienne. Il vous faudra deux jours pour la découvrir, mais prévoyez une troisième journée pour visiter les **tunnels de Cu Chi** et le **temple Cao Dai**, le premier témoignant de la guerre et le second marquant un espoir de paix.

Informations touristiques

Le site Internet du Vietnam National Administration of Tourism (*vietnamtourism.com*) offre bon nombre d'informations sur les destinations et la culture, y compris les festivals régionaux. Deux magazines, *The Word* (*wordhanoi.com et wordhcmc.com*) et *AsiaLife* (*asialifemagazine.com/vietnam*) proposent, outre l'actualité, des articles de fond et des critiques sur tout ce qui concerne la vie des deux villes principales (offerts gratuitement dans les lieux touristiques). *Hanoi Grapevine* (*hanoigrapevine.com*) publie un calendrier des événements culturels à Hanoi et à Hô Chi Minh-Ville.

Promenade à vélo le long de la rivière aux Parfums, aux abords de la pagode Thien Mu, à Huê

Que faut-il emporter ?

Des vêtements de tous les jours, légers, suffiront pour la plupart des destinations au Vietnam. Si, en revanche, vous comptez visiter les provinces du Centre et du Nord entre novembre et février, vous aurez besoin d'un pull et d'une veste. Quand vous visitez les temples, évitez les shorts et les hauts sans manches. Prévoyez un chapeau pour vous protéger du soleil, et un parapluie car la pluie peut tomber en toutes saisons. N'oubliez pas non plus la crème solaire pour la plage. Si vous prévoyez de lire, emportez des livres avec vous, car l'offre de titres en langues étrangères est assez limitée.

Si vous vous intéressez à la culture du pays, passez une partie de la semaine dans le centre du Vietnam et prenez le temps de visiter les anciens monuments et maisons de **Huê** et **Hoi An**, inscrits au Patrimoine mondial de l'Unesco. De nombreux visiteurs citent Huê comme leur destination favorite au Vietnam, pour sa combinaison de ruelles piétonnes, d'édifices historiques et de tailleurs (soie). À mi-chemin entre Hanoi et Hô Chi Minh-Ville, Huê et **Da Nang** (voisine de Hoi An) sont accessibles en avion ou en train.

Si vous avez plus de temps

Une deuxième semaine vous permettrait d'explorer les régions centre et sud du pays. Mais ici encore, il faudra être sélectif. Si vous n'avez pas visité Huê et Hoi An durant la première semaine, vous pouvez y marquer une halte de quelques jours, et, si la perspective de lézarder sur la plage vous séduit, vous avez tout intérêt à rejoindre **Nha Trang** ou **Mui Ne**, à mi-chemin sur le littoral du Centre-Sud. Nha Trang est le haut lieu des clubbers, tandis que Mui Ne attire les sportifs, amateurs de kite et de windsurf.

Autres possibilités

Si vous êtes à Hô Chi Minh-Ville, un trajet de deux heures en car vous conduira jusqu'au **delta du Mékong**. La plupart des gens se contentent d'un séjour d'une journée, mais l'expérience peut être frustrante. Le delta est une vaste région, avec des habitants accueillants et des paysages époustouflants, mais mieux vaut s'éloigner des sentiers rebattus.

Dans de petites villes comme **Tra Vinh**, **Soc Trang** et **Ha Tiên**, vous serez en contact plus direct avec le Vietnam réel. Un vol de 40 minutes ou un ferry express au départ de **Rach Gia** vous conduira jusqu'à l'île de **Phu Quôc**, véritable enclave tropicale. Y passer quelques jours, au bord de la mer, est devenu un passage obligé pour les touristes.

Zone peut-être la moins visitée du pays, les **hauts plateaux du Centre** attirent tout spécialement les voyageurs aimant l'aventure. Cette région borde le Laos et le Cambodge. Caractérisée par les forêts de caoutchouc, les plantations de thé et de café, elle est le territoire de minorités ethniques comme les E De, les Giarai ou encore les Bahnar. S'ils ne sont pas vêtus de façon aussi flamboyante que leurs homologues du Nord, ils possèdent leur culture propre, qu'il s'agisse des *rong* ou des maisons communales. La porte qui mène vers les hauts plateaux est **Dalat**, une halte dans les montagnes fondée par les Français pour échapper à la chaleur. On peut rejoindre cette ville en empruntant un vol de 50 minutes au départ de Hô Chi Minh-Ville (*comptez 30 €*).

Que vous choisissiez de voyager en cyclo-pousse ou en avion, d'opter pour un tour organisé ou de visiter en solo, de découvrir les sites du peuple Cham ou la zone démilitarisée, le Vietnam est un pays d'une extrême diversité, alors prenez le temps d'explorer, d'apprendre et de profiter de votre séjour.

Quand y aller ?

En raison du climat varié du pays, mieux vaut choisir la période en fonction de la région où l'on souhaite se rendre. La haute saison s'étend de novembre à février. C'est la meilleure période pour visiter le Sud, et le temps est généralement beau dans le Nord (bien qu'il fasse un peu froid dans les montagnes). En revanche, le temps se prête davantage aux activités de plage à Nha Trang de juin à octobre. Gardez en tête qu'entre juin et novembre, les typhons peuvent traverser le centre et le nord du pays, provoquant inondations et destructions.

Quelle monnaie utiliser ?

Si vous rêvez d'être millionnaire, c'est le moment ! Changez 40 € et vous serez millionnaire en dongs. En théorie, c'est une bonne affaire, mais cela devient vite un casse-tête lorsqu'il faut convertir les monnaies.

Vous aurez besoin de dongs pour les petits achats, mais pour les dépenses importantes, il est plus simple de payer en dollars. Gardez l'œil sur les taux de change, car ils peuvent fluctuer, même sur 15 jours. Les ATM (distributeurs automatiques), qui prolifèrent dans les villes importantes et secondaires, sont la meilleure façon de retirer des espèces. Si vous préférez, la plupart des banques échangent les monnaies occidentales en dongs (n'oubliez pas qu'elles ferment entre 11 h 30 et 13 h 30). Beaucoup d'hôtels vous proposeront aussi un change à taux avantageux. Méfiez-vous des revendeurs à Hô Chi Minh-Ville et Hanoi, qui vous promettent de meilleurs taux ; les jours du marché noir sont révolus.

Histoire et culture

Soldats à l'exercice à Hanoi
Page de gauche : la jeunesse de Hanoi est au premier rang des bénéficiaires de l'essor économique du Vietnam.

Le Vietnam aujourd'hui

Vietnam. Ce nom semble toujours chargé de tant de passion que, si l'on cite au hasard une série d'États, c'est très souvent le Vietnam qui attire l'attention. L'image dramatique qui lui est associée depuis le conflit qui le ravagea de 1965 à 1975 s'est peu à peu estompée, surtout grâce à la réorientation de sa politique économique et à la normalisation de ses relations avec les États-Unis.

Hanoi, la capitale, s'est d'abord appelée Thang Long, c'est-à-dire le « dragon ascendant » ; cette expression convient désormais à l'ensemble du pays. Son essor a débuté en 1986, lorsque le gouvernement a lancé le *doi moi* réintroduisant l'économie de marché. Le pays est devenu l'un des « petits tigres asiatiques ».

L'économie connaît un taux de croissance d'environ 6 % par an – l'un des plus élevés au monde. Le Vietnam est le deuxième exportateur mondial de café après le Brésil, et le premier de poivre. Le volume du commerce avec les États-Unis a été multiplié par cinq depuis 2000, et le secteur privé continue de croître rapidement. Après une stagnation due à la crise économique asiatique des années 1990, le pays a attiré des milliards de dollars d'investissements. Lors de sa visite aux États-Unis en 2005 – la première effectuée par un dirigeant du Vietnam communiste – le Premier ministre Phan Van Khai a actionné la cloche qui ouvre la Bourse de New York, marquant ainsi la rupture la plus absolue avec l'économie planifiée. Que l'on parle de communisme capitaliste ou de capitalisme communiste, on peut aujourd'hui éliminer complètement le rôle du communisme : ce terme n'est plus vraiment d'actualité.

Une étoile montante

Les statistiques sont là : entre 2000 et 2008, le nombre de touristes au Vietnam est passé d'à peine plus de deux millions à près de cinq millions par an. Ces chiffres sont impressionnants si l'on considère le recul du tourisme dans nombre de pays. Qui plus est, à l'écart du terrorisme international, le Vietnam est considéré comme l'une des destinations touristiques les plus sûres.

Alors que le terrorisme a terni d'autres étoiles montantes du Sud-Est asiatique, comme Bali et la Thaïlande, le Vietnam offre un havre de paix. En 2005, le deuxième assureur du monde l'a classé parmi les six destinations les plus sûres.

Le retour sur la scène

Les journaux ont recommencé à mentionner le Vietnam au début des années 1990. Les routards ont défriché la plupart des itinéraires les plus prisés et forment toujours un gros contingent des voyageurs étrangers. Mais l'époque où l'on pouvait croiser des rats dans les meilleurs hôtels du pays est révolue. Les hôtels de luxe de Hô Chi Minh-Ville et de Hanoi affichent complet. Et Vietnam Airlines possède l'une des flottes les plus modernes du monde.

Les incomparables paysages de la baie d'Along, les pics couronnés de nuages, les panoramas du delta du Mékong et des superbes grottes calcaires font rêver. L'Unesco a inscrit huit sites du pays sur la Liste du patrimoine mondial, faisant du Vietnam une destination culturelle rivale de la Thaïlande, que seule l'Indonésie précède en Asie du Sud-Est.

Depuis le Van Don Canal, on peut constater à quel point Hô Chi Minh-Ville se transforme en poumon économique du pays. Au centre, la tour Bitexo, la plus haute de la ville, se distingue par son héliport.

Les vestiges impériaux évoquent l'univers de rêve de l'Orient. Les sublimes pagodes et les vénérables temples sont de paisibles refuges, incitant à prendre son temps et à s'adonner à la contemplation. La cuisine s'attire des éloges pour sa légèreté, ses mélanges raffinés et l'élégance de sa présentation. Tout cela confère au Vietnam sa place à part sur la scène internationale.

Les bras ouverts

Bien que la guerre contre les États-Unis ait fait quelque cinq millions de morts (plus d'un million de combattants et quatre millions de civils), on ne sent pas d'hostilité à l'égard des Occidentaux. Les Vietnamiens ne sont pas rancuniers. Ce n'est pas bon pour l'esprit, et encore moins pour les affaires. Cet « oubli » du passé laisse surtout perplexes les Américains, dont beaucoup font profil bas. Mais on n'exige d'eux aucun acte de contrition. Le principe essentiel de l'accueil est « nous sommes heureux que vous soyez là » ; avec, dans le Sud, la nuance « nous sommes heureux que vous soyez de retour ».

Le Vietnam compte 92 millions d'habitants. Sa population est jeune : l'âge moyen y est de 28 ans (il est de 39 en France, de 34 en Thaïlande). Le taux d'alphabétisation (93 %), beaucoup plus élevé qu'au Cambodge et au Laos voisins, est équivalent à celui de la Chine et de la Thaïlande, où le revenu moyen est beaucoup plus élevé.

Les Vietnamiens se forment par tous les moyens à leur disposition. Le bon sens est un avantage indéniable dans une économie relativement sous-développée. Il est en revanche loin de suffire lorsque l'économie requiert des spécialistes. Beaucoup de choses ont changé : les vêtements traditionnels très colorés des montagnards du Nord disparaissent peu à peu, les chaînes occidentales commencent à s'installer (McDonald's a vendu son premier Big Mac en 2014). Les voyageurs nostalgiques risquent probablement de regretter amèrement cette perte d'authenticité, qui s'accentue à mesure que la mondialisation progresse au Vietnam.

En attendant, on peut toujours asister à des scènes qui semblent sorties tout droit du passé : les adolescentes se rendant à l'école à vélo en pédalant à trois ou quatre de front, dans leur robe de soie immaculée (*ao dai*), ou les élèves des écoles primaires, obéissant aux injonctions d'un tambour et vêtus de pantalons bleus, de chemises blanches et de foulards

Comment saluer les Vietnamiens ?

Les Vietnamiens sont d'un abord facile, mais tous ne sont pas à l'aise avec le fait de serrer la main. La meilleure façon de saluer consiste à adresser un sourire, avec un léger hochement de tête. Le mot signifiant « bonjour » (*chao*) peut être suivi de huit qualificatifs différents, en fonction de votre interlocuteur, mais vous contenterez tout le monde avec un *xin chao* (prononcez sin chao).

Voici une série d'expressions susceptibles de vous aider dans la vie de tous les jours :

Ten toi la...	Je m'appelle...
Toi khong hieu	Je ne comprends pas
Cam on	Merci
Khong co chi	Je vous en prie/ Avec plaisir
Bao nhieu ?	Combien ?
Do an nay ngon qua	Ce plat est délicieux
Xin loi	Désolé
O day co ai biet noi tieng Anh khong ?	Quelqu'un parle-t-il anglais ?
Tam biet	Au revoir

Les rizières en terrasses rythment les flancs des montagnes autour de Sa Pa.

rouges. Si vous vous arrêtez parmi eux, vous serez très vite pris d'assaut par une nuée d'enfants qui vous poseront une série de questions dans un anglais imparfait : « *What your name ?* » « *Where you from ?* » « *What the time ?* » Ils ne se préoccupent guère des réponses : parler à un *tay* (Occidental) leur suffit.

Beaucoup vous demanderont si vous êtes marié, quel âge vous avez et même combien vous gagnez par mois. Il ne s'agit pas seulement de curiosité. Au Vietnam, on a besoin de jauger une nouvelle connaissance pour savoir comment s'adresser à elle.

Les Vietnamiens utilisent rarement le « je » (*tôi*). Ils se définissent plutôt par rapport à leur interlocuteur. Par exemple, un Vietnamien racontera un voyage à une personne plus âgée en se qualifiant lui-même de « frère cadet ». De même, la forme générique du « vous » est peu utilisée. Une jeune femme cherchant son chemin s'adressera à un homme plus âgé en l'appelant « oncle ». Au Vietnam, tout le monde se sent apparenté. C'est ainsi que fonctionne le langage.

Les sublimes pagodes et les vénérables temples sont de paisibles refuges, incitant à prendre son temps et à s'adonner à la contemplation.

Les Hmong fleurs, qui se distinguent par leurs vêtements très colorés, sont l'un des quatre clans hmong du Vietnam.

Il est essentiel de saisir cette dynamique pour comprendre que les Vietnamiens ne portent pas l'individualisme aux nues. Nguyên est de loin le nom de famille le plus répandu : plus de 60 % de la population le porte. Par ailleurs, les Vietnamiens n'évaluent pas les distances entre eux de la même façon que les Occidentaux, et leur besoin d'espace est très différent. Le monde est perçu comme un grand village.

Cette cohésion sociale s'est justement forgée dans le cadre du village, où historiquement la culture du riz exigeait un effort collectif. Le lien des habitants avec le village et le foyer est extrêmement puissant. Chaque année, pour la fête du Têt, le Nouvel An lunaire, les Vietnamiens affluent vers le foyer familial, de tout le pays et, de plus en plus, du monde entier (voir p. 35).

Un certain immobilisme

Aujourd'hui, le Vietnam demeure communiste, bien que ses principes – la collectivisation de l'agriculture, l'économie planifiée – aient été abandonnés en faveur du marché libre. D'autres pratiques restrictives disparaissent aussi, à mesure que le pays s'aligne sur le monde moderne. Hanoi ne tolère toujours pas d'opposition politique. La coterie dirigeante contrôle les tribunaux, et la presse nationalisée est un instrument acquis au pouvoir – il est rare d'y voir des protestations. Cela ne relève pas réellement d'un choix idéologique mais plutôt du fait que les dirigeants ne voient pas les avantages de la démocratie et que l'héritage du confucianisme soit profondément ancré dans leur culture. Les réformes du *doi moi,* apparentées à la perestroïka soviétique, ne se sont pas accompagnées d'une ouverture équivalente à la glasnost. Ici la porte est ouverte, mais pas en grand.

Le Vietnam demeure communiste, bien que les principes du communisme – la collectivisation de l'agriculture, l'économie planifiée – aient été abandonnés en faveur du marché libre.

Les vieilles habitudes continuent par ailleurs d'être fortement ancrées. Historiquement, les lettrés aspiraient à savoir ce que l'on avait déjà découvert, mais évitaient d'explorer l'inconnu. De même, en avançant à la fois individuellement et socialement, les Vietnamiens regardent souvent par-dessus leur épaule à la recherche de précédents généralement établis par leurs pères et leurs ancêtres. Enfin, les morts ne meurent pas vraiment : ils ne s'évanouissent qu'au bout de neuf générations et les ancêtres reviennent tous les ans à la fête du Têt, pour communier avec leurs descendants.

La religion occupe elle aussi une place importante. Les Vietnamiens sont généralement bouddhistes, tout en adhérant au culte des ancêtres, à la conception hiérarchique du confucianisme et à la vision mystique du taoïsme. Les dogmes et les idéologies demeurent relativement superficiels aux yeux des habitants. C'est pourquoi la politique locale est souvent plus marquée par l'opportunisme que par les principes.

Des distinctions régionales

Avec la Chine, le Japon et la Corée, le Vietnam appartient à l'univers classique de l'Asie orientale. Ces pays, liés par le confucianisme, le bouddhisme et le taoïsme, sont plus semblables entre eux qu'aucun ne l'est avec le monde khmer, thaï ou malais. Ils respectent tous des hiérarchies sociales fondées sur la déférence – du fils envers le père, de l'élève envers le maître, du jeune envers le plus âgé. L'éducation prédomine. Au Vietnam, un enseignant est plus estimé qu'un médecin, bien que cela soit en train de changer au fur et à mesure que la prospérité suscite un nouvel engouement pour les signes extérieurs de richesse.

L'éducation prédomine. Au Vietnam, un enseignant est plus estimé qu'un médecin, bien que cela soit en train de changer.

Les Vietnamiens distinguent trois régions dans leur pays – quatre en tenant compte des montagnes où vivent des minorités ethniques qui regroupent quatre millions de personnes. Le Sud, centré sur Hô Chi Minh-Ville, est très actif sur le plan commercial et socialement progressiste. Saigon, comme on appelle encore l'ancienne capitale du

On peut acheter du café glacé sur le marché flottant de Cai Rang, dans le delta du Mékong.

Sud-Vietnam, reçoit la part du lion des investissements. C'est en revanche le Nord qui détient les clés de l'histoire ancienne du pays. La civilisation vietnamienne est en effet née dans le delta du fleuve Rouge, et les gens du Nord sont plus attachés à la tradition et au protocole. Enfin Huê, siège de la dernière dynastie impériale, est culturellement conservatrice et plus encline à cultiver la poésie et le raffinement.

Naturellement, les similarités abondent. Dans tout le Vietnam, les hommes – pas les femmes – boivent du café fort et fument des cigarettes. Les robes de soie (*ao dai*) sont pendues dans la penderie ordinaire, et non dans l'armoire où les costumes traditionnels attendent les occasions spéciales. Les femmes semblent aussi faire plus que leur part de durs travaux, de la culture du riz à la construction des routes. La lune occupe une place importante et la plupart des Vietnamiens adorent les chansons sentimentales sirupeuses et le kitsch, en témoignent les réalisations topiaires, les éclairages couleur bonbon et les couronnes de néon d'inspiration disco qui nimbent les statues bouddhiques dans des pagodes par ailleurs vénérables.

Après n'avoir pratiquement rien possédé pendant des années, des dizaines de milliers de personnes sont soudain devenues de nouveaux riches. Ils se font construire des villas rococo composites mêlant un grand nombre d'influences architecturales – puisées dans l'Europe slave, la Grèce classique et la Rome antique, sans oublier le Moyen-Orient et Disneyland.

Le retour des boat people

Avec le retour au pays de ceux qui avaient fui le Vietnam dans les années 1970, on perçoit une nette inversion de tendance. Cet afflux de talents et de capitaux stimule l'économie du pays. Le meilleur exemple est donné par Ca Mau et Bac Lieu, deux petites villes du delta du Mékong devenues en quelques années des centres prestigieux, grâce aux investissements des anciens émigrants.

La guerre du Vietnam

La marque de la guerre du Vietnam est encore bien présente. Il n'est pas rare que le conducteur de cyclo-pousse qui vous fait traverser une ville du Sud se mette à vous raconter qu'« avant 1975 », il était soldat dans l'armée du Sud-Vietnam. À Hô Chi Minh-Ville, bien que l'ancienne ambassade américaine ait été démolie dans les années 1990, on voit encore dans les rues et dans les boutiques de nombreux témoignages de la présence américaine dans le pays. On vend même des briquets Zippo et des plaques d'identification militaires à la porte des hôtels. Mais surtout, une partie du peuple souffre encore des répercussions de la guerre.

Près de 270 000 t de bombes qui n'ont pas explosé durant le conflit jonchent les campagnes; et aujourd'hui encore certaines se déclenchent brusquement. Depuis la fin de la guerre en 1975, plus de 100 000 personnes ont été tuées par des mines ou des bombes. Et l'agent Orange, un herbicide utilisé pour défolier les campagnes durant la guerre, a entraîné une myriade de problèmes sanitaires, notamment des cancers et des malformations génétiques, chez de nombreux civils et anciens soldats.

Et pourtant, désormais, la guerre est loin d'occuper le devant de la scène. Après plus d'un siècle d'instabilité et les longs et douloureux conflits endurés par le pays, les Vietnamiens aspirent ardemment à profiter de la vie. ■

La gastronomie

Longtemps éclipsée par celles de la Chine et de la Thaïlande, la cuisine vietnamienne fait aujourd'hui de nombreux adeptes. Les gourmets du monde entier se pressent dans les restaurants du pays, vantant la légèreté des plats, la simplicité de leur préparation, la fraîcheur de leurs ingrédients, l'élégance de leur présentation et l'habile mélange de saveurs et de textures.

Comme dans bien des domaines au Vietnam, les apports étrangers ont fortement influencé la gastronomie locale. Les Chinois, toujours influents, ont bien sûr introduit l'emploi des baguettes et l'engouement pour les nouilles. Les Cham ont ajouté les épices et le curry. Les Mongols, ou peut-être les Français, ont donné le goût du bœuf. Tout cela a été assimilé et réinterprété dans une cuisine spécifiquement vietnamienne.

Lors d'un repas traditionnel, tous les plats sont servis en même temps. Il faut s'attendre à rencontrer une multitude de saveurs dans un mets, parfois même dans une seule et même bouchée. Le yin et le yang s'associent de différentes façons : le chaud et le froid, le sucré et l'aigre, le tendre et le croquant.

On trouve peu de beurre dans la cuisine vietnamienne, peu de sel, pas de sauces de liaison, pas d'huile dans la salade, pas de nappages fondants, d'où sa réputation de légèreté. Beaucoup d'opérations – envelopper, rouler, tremper, faire bouillir, griller – s'effectuent à table. Cela ne dispense pas pour autant d'un travail de préparation. Le fait de hacher, d'émincer ou de tailler en dés la viande, le poisson et les légumes, la préparation de sauces pour les y tremper, et la présentation sophistiquée, tout cela nécessite beaucoup de travail et de temps.

L'étiquette à table

La cuisine vietnamienne est une expérience à la fois gastronomique et tactile. Les ingrédients sont souvent servis à séparément, afin que chacun compose ses rouleaux de printemps. Pour ce qui est du riz et des nouilles, ne craignez pas de porter le bol à votre menton, pour faire glisser le riz ou aspirer les nouilles. On en déduira que vous appréciez la cuisine.

Les ingrédients de base

Le *nuoc-mâm* (sauce de poisson macéré), un condiment qui fait la particularité de la cuisine vietnamienne, est indispensable dans tous les repas. il se prépare en remplissant des cuves de couches alternées d'anchois et de sel. Au bout de quelques mois, le liquide obtenu est filtré puis reversé sur le poisson qui continue à fermenter. En fonction du temps de fermentation, on obtient des sauces de plus ou moins grande qualité.

Le riz, naturellement, est l'aliment principal. Cette céréale est si fondamentale dans la cuisine vietnamienne que manger se dit *an com* (« manger du riz cuit »), que le repas comporte du riz ou non. La plupart du temps, il est bel et bien présent. Car les nouilles, comme les feuilles dans lesquelles on enveloppe les aliments que l'on saisit avec les doigts, sont élaborées à partir de farine de riz, et l'omniprésente

Le célèbre Green Tangerine de Hanoi associe les saveurs occidentales et orientales.

liqueur forte que l'on boit dans tout le pays est produite à partir de riz distillé. Il n'est donc pas étonnant que cette céréale soit qualifiée d'or blanc.

À la différence du reste de l'Asie du Sud-Est, les herbes aromatiques se consomment au Vietnam à la façon des légumes. Elles accompagnent de nombreux plats en grande quantité, d'ordinaire crues pour conserver leur saveur, chacune servie sur un plat à part. Le basilic, la coriandre et la menthe sont les plus appréciés, avec les oignons de printemps, la ciboulette et le cresson. La citronnelle est quant à elle omniprésente.

Où prendre ses repas ?

Il existe quatre grands types de lieux de restauration : les restaurants, les bistrots, les gargotes servant du riz et des nouilles et les étals des rues. En dehors des lieux haut de gamme, on trouve souvent des éclairages fluo, des nappes roses et de nombreuses chaises autour de petites tables.

Le thé, la boisson nationale, est servi d'office aux clients.

Les *nha hang* (restaurants), très appréciés des étrangers, se rencontrent le plus souvent dans les hôtels et les grandes villes. Si les meilleurs restaurants de Hanoi et de Hô Chi Minh-Ville servent souvent des repas délicieux, les *nha hang* n'offrent pas nécessairement les meilleurs mets. La cuisine de ces derniers est assez standardisée; en général le menu propose une traduction en anglais.

Le *quam* (bistrot) attire la clientèle traditionnelle vietnamienne, dans un cadre évoquant souvent un garage, en rez-de-chaussée ou dans une cour, sous un toit en tôle. Les tabourets et les chaises pliantes sont la norme. On y trouve parfois des menus en anglais.

L'omniprésent *com/pho* servant du riz et des nouilles ne propose pas de menu; on montre ce que l'on veut dans la vitrine. Le cadre est sans intérêt, mais on y mange parfois très bien. Lorsque l'enseigne indique le terme *Com*, on y sert exclusivement du riz. Si le mot *Pho* apparaît, on vous servira uniquement des soupes aux nouilles. Aux étals de rue comportant un auvent pour s'abriter, on s'assied sur un minuscule tabouret pour manger le menu du jour : un bol de soupe aux nouilles au poisson ou un *banh xeo* (crêpe vietnamienne). Il suffit de regarder ce que l'on sert.

À la maison, les repas sont servis sur une natte de paille déployée sur le sol ou sur une des plates-formes à usages multiples servant de lit. Chacun mange le riz dans son propre bol, rempli par la mère de famille. Pour le reste, on se sert dans les plats communs.

Que manger ?

Compte tenu des 3 444 km de côtes et des innombrables voies d'eau du Vietnam, le poisson et les fruits de mer abondent, toujours frais et magnifiquement préparés. Les Vietnamiens aiment particulièrement le calamar et la seiche. On élève des crevettes tout le long de la côte et on pêche le thon, le bar et tout un assortiment de succulents poissons blancs. Certains menus haut de gamme proposent du crabe, des palourdes et des huîtres.

En dehors des endroits chics servant de la viande d'importation, le bœuf est souvent de qualité inférieure – en fait c'est souvent du buffle d'eau. Le porc est toujours une valeur sûre. Le poulet est plus coriace et plus maigre qu'en Europe; le canard est presque aussi répandu que le poulet. Du fait des influences bouddhiques, on trouve un grand choix de plats végétariens, témoignant d'une longue tradition. Au dessert, outre les fruits tropicaux comme les bananes ou les papayes, on trouve toute une série de délicieux fruits moins connus : le fruit du dragon à la pulpe blanche fibreuse parsemée de graines noires comestibles; le pomélo, un pamplemousse sucré, la sapotille ovoïde à la pulpe brune sucrée. Il faut aussi goûter le longane mûr, la carambole et la pomme étoile.

Que boire ?

Le thé est la boisson nationale. Les familles ont une Thermos d'eau bouillante toujours prête et remplissent de thé vert leurs minuscules théières de terre cuite quand des visiteurs arrivent. Les Vietnamiens n'ont pas le même culte du thé que les Japonais et cultivent moins de variétés que les Chinois, mais leur thé vert, leur thé au jasmin et celui à l'artichaut sont très prisés.

Le café, dont le Vietnam est devenu le deuxième exportateur mondial, a connu un essor extraordinaire. Le plus répandu est le robusta de qualité ordinaire, mais l'arabica se popularise au fur et à mesure que les producteurs accèdent aux meilleures variétés. Le matin, les hommes se pressent dans les cafés, attendant patiemment que le breuvage passe dans de petits verres à travers des filtres minuscules. En général ils le boivent fort, comme un expresso, noir, avec de la glace, ou encore avec du lait concentré sucré.

D'après un proverbe vietnamien très populaire, « un homme qui ne boit pas d'alcool est comme un drapeau sans vent ». Le vin de riz est la boisson de fête traditionnelle. Lors de certaines manifestations traditionnelles, les hommes en boivent dans un pot commun à l'aide de pailles en bambou.

Au cours des dernières décennies, la bière a éclipsé le vin. Le Vietnam produit plusieurs bières blondes, comme la Saigon Lager, la Festival et la 333. Les amateurs de bière fréquentent les *bia hoi* (débits de bière fraîche) des rues qui la servent à la pression pour un faible prix.

À DÉCOUVRIR Les spécialités vietnamiennes

Il existe différentes cuisines régionales. Celle du Sud est plus axée sur les herbes, les plats aigres-doux et les currys. Au nord, où l'influence chinoise a été plus forte, on apprécie les vermicelles de riz, les plats de légumes et de viande sautés, la viande ou le poisson grillés au charbon de bois. Dans le Centre, Huê a longtemps été un haut lieu de la gastronomie, car les empereurs exigeaient une grande variété de petits plats agréables à regarder ; autrefois, la plupart des fruits de mer y étaient pimentés. Aujourd'hui, on mange mieux à Hanoi et à Hô Chi Minh-Ville. Si chaque région est fière de ses spécialités, les plats suivants sont généralement servis dans les centres urbains de tout le pays.

Banh chung Ce gâteau de riz gluant farci de haricots de soja et de viande de porc, et enveloppé de feuilles de bananier. Il doit cuire toute une nuit. Il est servi pendant la fête du Têt.

Banh xeo Cette crêpe croustillante garnie de fines lamelles de porc, de crevettes, de champignons de paille et autres légumes est vendue dans la rue à Hô Chi Minh-Ville et dans le Sud. On l'appelle *banh khoai* à Huê.

Bun bo hue Cette soupe aux nouilles, servie au petit déjeuner, comporte de la viande de porc et de bœuf, beaucoup de piment, et de la citronnelle. Spécialité de Huê.

Bun cha Ce plat de Hanoi est constitué d'une brochette de porc grillée et de nouilles avec du nuoc-nâm, du vinaigre et une herbe aromatique, le *lang*. Le *cha ca* est du poisson blanc grillé.

Pho Marinée avec des herbes aromatiques dont de la coriandre et de la menthe, cette soupe aux nouilles de riz comporte du bœuf bouilli finement émincé et une vingtaine d'autres ingrédients. Ce plat originaire de Hanoi, où l'on mange les meilleurs *pho*, est l'un des plus connus à l'étranger.

Rouleaux de printemps Le plus prisé est le *cha gio*, ou *nem Saigon*, fait d'une feuille de riz garnie de porc émincé, de germes de soja, de champignons, de vermicelles, de menthe et d'un jaune d'œuf. Le *banh uot cuon*, appelé rouleau de printemps frais, est garni de viande de porc accompagnée d'une épaisse sauce d'arachide.

Géographie et climat

La carte du Vietnam évoque un S allongé, très effilé au centre mais légèrement raccourci et évasé au nord. Des montagnes plus ou moins parallèles aux frontières du Cambodge et du Laos forment l'épine dorsale du pays qui s'étire sur 1 650 km du nord au sud. Mais ce qui le caractérise, à la fois sur le plan physique et sur le plan culturel, ce sont les voies d'eau, notamment les deux grands réseaux du Mékong et du fleuve Rouge (Sông Hông), et ses 3 444 km de côte.

Le Vietnam est un peu plus grand que l'Italie, mais ses 92 millions d'habitants n'occupent que 20 % de sa superficie : les deltas du fleuve Rouge et du Mékong, les vallées et le littoral. Sa population, classée au 13e rang mondial, vit pour les trois quarts en zone rurale. Les minorités ethniques, soit quatre millions de personnes appartenant à 50 ethnies différentes, vivent dans les hauteurs les moins fertiles.

Durant la guerre du Vietnam, les Américains bombardaient et défoliaient les bastions ennemis et les montagnes où passait la piste Hô Chi Minh par laquelle transitaient vivres et munitions. Les bombardements avaient transformé la jungle luxuriante et les terres agricoles verdoyantes en paysages lunaires désolés. Mais après 1975, la végétation tropicale, féconde, se régénéra rapidement. Autour de Khe Sanh, l'une des zones les plus durement touchées, le paysage est maintenant redevenu aussi vierge que dans une réserve naturelle.

Ses alluvions riches en substances nutritives ont favorisé l'essor de la civilisation vietnamienne depuis 2 000 ans.

Les deltas

Historiquement, le fleuve Rouge est l'élément topographique caractéristique du Vietnam. Prenant sa source en Chine, dans la province du Yunnan, il coule vers le sud-est sur 1 170 km, en s'achevant par un delta à l'est de Hanoi. Ses alluvions riches en substances nutritives ont favorisé l'essor de la civilisation vietnamienne depuis 2 000 ans, même si les inondations demeurent une grave menace. Car, malgré un réseau de 3 000 km de digues, une prouesse d'ingénierie digne de la Grande Muraille de Chine, l'eau du fleuve monte parfois de 10 à 14 m, entraînant maisons, hommes et bétail.

Le Mékong, relié au lac cambodgien de Tonlé Sap qui fait office de réservoir régulateur, a un débit plus stable et constitue une menace moindre pour les habitants du delta du Sud. Inondant chaque année les rizières sur 1 à 2 m, ses eaux déposent des alluvions qui permettent de faire trois récoltes de riz par an et sont beaucoup moins destructrices. Le fleuve, long de 4320 km, se jette dans la mer par neuf bouches au sud-est du pays. Ces branches sont reliées par tout un réseau de canaux, ce qui explique le terme vietnamien *dat nuoc* (terre-eau) désignant le pays.

Les hautes terres

Au nord du delta du Mékong, les Truong Son (longues montagnes) s'élèvent dans les provinces situées juste au nord de Hô Chi Minh-Ville. C'était autrefois le paradis du gros gibier : on y chassait le tigre indochinois, l'éléphant d'Asie et le rhinocéros de Java, mais ces espèces ont pratiquement disparu à cause du braconnage et de la destruction de leur habitat. Les hauts plateaux du Sud et du Centre abritent une

Les plages de la côte centre-sud, une région autrefois habitée par des pêcheurs et des paysans, attirent désormais les vacanciers des pays riches.

série de réserves naturelles et de parcs nationaux, ainsi que des villages où vivent des minorités nationales. À Kontum et à Dak Lak, les maisons communales aux toits de chaume sont des merveilles d'anachronisme. Pour répondre à la demande mondiale croissante, les plantations de café se sont, ces dernières années, étendues dans toute la région.

Les hauts plateaux du Sud et du Centre abritent une série de réserves naturelles et de parcs nationaux.

De Da Nang à Vinh, la taille fine du pays se resserre sur 40 à 80 km, entre la mer et la frontière du Laos. Là, les montagnes plongent vers la mer depuis les promontoires des cols de Ngang et de Hai Van. Fait étonnant, on y a découvert depuis 1990 plusieurs espèces de grands mammifères, notamment le saola et le muntjac géant.

Au nord de Nghe An et de Thanh Hoa, la région dont sont originaires les plus grands dirigeants vietnamiens, le terrain s'élève à nouveau et les montagnes se dirigent vers le nord-ouest, parallèles au fleuve Rouge. Le plus haut sommet du Vietnam, le Fan Si Pan, culmine à 3 143 m aux environs de Sa Pa, dont les costumes éclatants des habitants constituent l'une des principales attractions touristiques du pays. Au nord et au nord-est, les montagnes sont moins hautes, mais le vent et l'eau ont sculpté leurs flancs calcaires, créant des paysages fantastiques.

Le littoral

Sur la côte nord, des forces géologiques similaires ont façonné l'une des merveilles du monde dans la baie d'Along : un paysage marin de tours calcaires et de pics coniques couvrant 1 500 km^2. Sapées par le va-et-vient des marées, beaucoup de tours semblent planer par magie au-dessus de l'eau vert jade.

Au sud du delta du fleuve Rouge, une longue côte assez régulière borde la mer de Chine méridionale. Peu de plages, au nord de Huê, attirent les visiteurs. Mais au sud, la minuscule plage de sable de Lang Co annonce un attirant chapelet de petites criques sablonneuses qui ourlent la côte jusqu'au delta du Mékong au sud. La baie de Da Nang est, elle, l'une des plus belles du monde. Les baies et les îles de la province de Khanh Hoa (Nha Trang) abritent de merveilleux fonds coralliens.

Plus au sud, de Da Nang à Vung Tau, la mer de Chine méridionale est longée de plages bordées de cocotiers et de casuarinas. Si les marins vietnamiens se sont rarement aventurés loin de leurs rivages, les ports ensablés, dans des endroits comme Nha Trang et Phan Thiêt, témoignent des liens immémoriaux du pays avec l'océan et de son affinité avec les produits de la mer. L'île la plus connue du Vietnam, Phu Quôc, aux eaux paisibles et au sable blanc, semble un pendentif ornant la côte sud du Cambodge.

Le climat

L'orientation nord-sud du Vietnam, les montagnes et les moussons déterminent trois zones climatiques distinctes. Les régions du Sud et du Centre sont tropicales, tandis qu'à Hanoi et dans le Nord, il peut faire vraiment froid en janvier et en février. Enfin, il neige parfois à Sa Pa.

De mai à octobre, les vents de mousson venus du sud-ouest soufflent sur Hô Chi Minh-Ville et le Sud, apportant 90 % des précipitations de la région en six mois.

Quelque 2000 îlots karstiques émergent de l'eau de la baie d'Along. Les mythes attribuent ce paysage aux coups de queue d'un dragon; les géologues, à 300 millions d'années d'érosion et de subduction.

La température reste assez stable au cours de l'année : elle est de 31 °C en moyenne en novembre, le mois « le plus froid », et elle culmine à 34 °C en mars-avril.

Hanoi connaît aussi son maximum de précipitations durant la saison de la mousson, de mai à octobre. Mais la fluctuation des températures y est bien plus importante : la moyenne quotidienne est de 19 °C en janvier et de 33 °C en juin.

Dans le centre du Vietnam, la pluie tombe de septembre à janvier, avec un maximum d'octobre à novembre. À Huê, les moyennes des températures quotidiennes varient de 23 °C en décembre à 34 °C en juin, juillet et août. ■

Le Petit Dragon

Aujourd'hui, au Vietnam, l'influence occidentale est évidente, jusque dans les tenues vestimentaires. Mais il ne faut pas s'y tromper : 20 ans de présence américaine et 100 ans de colonisation française ne sont rien à côté du millier d'années de domination et d'influence culturelle chinoises.

La cité impériale de Huê s'inspire en partie de la capitale chinoise.

De la même manière que l'Europe moderne a enrichi sa culture de l'héritage de la Grèce et de la Rome antiques, le Vietnam a assimilé le legs politique, religieux, sociologique et artistique de la Chine. Cela n'est pas simplement dû à la proximité : de 111 av. J.-C. à 939, la Chine a réduit le Vietnam au statut d'État vassal, suscitant une réorientation culturelle qui a influé sur l'essence même du caractère vietnamien.

L'héritage le plus évident est le confucianisme, un système éthique si étroitement mêlé au tissu de la société chinoise et vietnamienne que d'autres parures politiques (par exemple le marxisme) ne sont, en comparaison, que de simples voilages. Le confucianisme, l'idéologie d'État des cours impériales a joué un rôle prépondérant. Au XIXe siècle, les souverains de la dynastie Nguyên, comme leurs homologues de Pékin, se qualifiaient de Fils du Ciel, titre qui allie les prérogatives terrestres et divines.

Après s'être affranchi de ses suzerains chinois au Xe siècle, le jeune État vietnamien géra le pays à l'aide d'une bureaucratie constituée de mandarins. Comme en Chine, où le mandarinat fut fondé au Ier siècle av. J.-C., la dynastie Ly créa neuf grades de mandarins. Elle adopta le système d'examens chinois et organisa des compétitions littéraires pour opérer des distinctions entre les fonctionnaires de différents grades.

Les Vietnamiens ont conservé leur langue pendant les mille ans d'occupation chinoise, mais un tiers de leur vocabulaire vient du chinois. Le système idéographique autochtone permettait d'éviter l'écriture chinoise. Pourtant, même après la popularisation du *chu nôm* au XIVe siècle, les idéogrammes chinois gardèrent la faveur des lettrés et de l'administration jusqu'à l'aube du XXe siècle.

Le plus grand poème vietnamien, le *Kim Vân Kiêu,* s'inspire d'un roman chinois écrit au XVIe siècle, sous les Ming. Bien que l'histoire se déroule en Chine, son essence est vietnamienne. De même, le répertoire du théâtre vietnamien, qu'il s'agisse de l'opéra populaire ou du théâtre classique, reprend souvent d'antiques récits nés sur les rives du Yangzi Jiang ou du Huang He.

Même le Têt, le Nouvel an, la fête vietnamienne la plus importante, est lié à la culture chinoise (voir p. 35). Le Têt débute avec un récit centré autour de trois amoureux maudits par le sort – réinterprétation d'une histoire chinoise.

La Chine a aussi influencé l'architecture vietnamienne, particulièrement à Huê. La dynastie des Nguyên construisit sa capitale en modelant ses murailles, ses portes, ses douves,

Les pagodes et les temples sont ornés de bâtonnets d'encens fumants, de mandariniers et de fleurs.

ses ponts et ses salles d'audience sur ceux de la capitale chinoise. Ce mimétisme s'est même étendu jusqu'aux noms : comme Pékin, Huê a eu une porte du Zénith, une Cité interdite et une salle de l'Harmonie suprême. Et, pour préparer leur mort, les Nguyên ordonnaient la construction de vastes complexes de temples et de mausolées inspirés des tombeaux de la dynastie Ming.

Ainsi, s'il existe des différences culturelles après plus de deux mille ans d'histoire commune, les similarités demeurent criantes, surtout aux yeux des voyageurs.

À DÉCOUVRIR La part « Indo » de l'Indochine

En utilisant le mot « Indochine » pour désigner leurs possessions coloniales au Vietnam, au Laos et au Cambodge, les Français ont traduit le mélange des influences indiennes et chinoises sur ces pays. Le Vietnam étant situé le plus à l'est, l'influence indienne y est selon toute attente plus faible. Elle reste néanmoins perceptible, en particulier dans la culture Cham, qui s'est développée en tant que royaume hindouiste (voir p. 172) sur un territoire couvrant le centre et le sud du Vietnam, entre le VIIe et le XVe siècle. Une politique de revalorisation du patrimoine a permis la mise en valeur de ce chapitre de l'histoire vietnamienne. En se promenant dans les ruines de My Son (voir p. 157-159), un complexe rituel vieux de mille cinq cents ans et le principal site Cham au Vietnam, on est en contact direct avec le sous-continent indien. De la végétation luxuriante émergent les images de Shiva et Krishna.

Les religions

Les croyances vietnamiennes sont faites d'un inextricable enchevêtrement de confucianisme, de bouddhisme et de taoïsme mêlé aux cultes ancestraux des esprits et des divinités. L'autel des ancêtres relie la plupart des foyers à un univers spirituel où les morts ne sont pas inertes mais restent proches des vivants. Chaque année, vivants et morts communient lors du Têt.

La plupart des Vietnamiens se déclarent bouddhistes, mais ce terme recouvre un large éventail de croyances, car il existe au Vietnam une puissante tradition syncrétique. Les Chinois y ont introduit le confucianisme au IIe siècle av. J.-C. Le bouddhisme est, lui, venu d'Inde et de Chine au IIe et au IIIe siècle, et le taoïsme s'est installé à la fois pour répondre aux préoccupations de l'élite et pour offrir un réceptacle aux génies indigènes.

La plupart des Vietnamiens se déclarent bouddhistes, mais ce terme recouvre un large éventail de croyances.

Ces traditions ne s'excluent pas mutuellement. On dit souvent au Vietnam que l'on a besoin à la fois du confucianisme, du bouddhisme et du taoïsme, les trois étant qualifiés collectivement de Tam Giao (Triple Religion). Le caodaïsme, une religion d'origine locale fondée en 1920, est formellement fondé sur la synthèse du Tam Giao, sur laquelle on a greffé des rejets de catholicisme et d'autres religions occidentales.

Ces religions ne comportent ni dogme, ni écritures révélées, ni hiérarchie ecclésiastique. Personne ne fréquente une pagode de façon régulière. Les seules personnes que l'on y trouve en train de méditer sont généralement les moines, car la notion vietnamienne de « religion » est différente de la perception des Occidentaux.

Les lieux de culte sont multiples : Confucius est honoré dans les temples de la littérature (*van mieu*) et dans de petits sanctuaires de villages (*van tu* et *van chi*). Les esprits tutélaires sont vénérés dans les *dinh* (maisons communales), divers génies et divinités dans des *den* et des *mieu*, les divinités taoïstes dans des *quan*. Le lieu de culte le plus répandu est toutefois la pagode bouddhique (*chua*).

Le confucianisme

Lorsque la Chine affermit son emprise sur le Vietnam au IIe siècle av. J.-C., elle le contraignit à renoncer à ses pratiques matriarcales libérales et à adhérer aux principes beaucoup plus rigides du confucianisme. L'éthique confucéenne est basée sur la hiérarchie et l'obéissance : le fils obéit au père, le sujet au roi, l'épouse au mari, et le disciple au maître. Cette structure patriarcale renforça les prérogatives de la Chine dominante. Quand le Vietnam se libéra au Xe siècle, le bouddhisme y fleurit sous les Ly et les Trân. Les plus anciennes pagodes du pays datent de cette période. Par la suite, les dynasties Lê et Nguyên se conformèrent de façon stricte au confucianisme, tout en construisant et en restaurant des pagodes bouddhiques.

Les principes du confucianisme subsistent néanmoins. Les hommes sont supérieurs aux femmes. L'éducation prime sur la richesse. Le culte des ancêtres est une forme de piété filiale et il s'accorde bien avec les croyances locales en l'omniprésence des esprits.

Adeptes du caodaïsme en costume rituel priant dans leur cathédrale de Tây Ninh

Dans presque toutes les demeures, l'autel familial occupe la place d'honneur dans la pièce principale. Continuellement garni de fleurs, de fruits, de vin et, lors des fêtes, de mets préparés, il rattache les ancêtres disparus à la famille vivante, à qui il revient de subvenir aux besoins des morts à travers des rites et des dons.

Le bouddhisme

Alors que le confucianisme régit les relations sociales, le bouddhisme répond à un besoin de salut individuel. Le premier s'adresse à l'esprit, le second au cœur.

La plupart des bouddhistes vietnamiens adhèrent à la forme du bouddhisme appelée Mahayana, ou Grand Véhicule, et à deux de ses écoles, le zen et la Terre pure. L'école de la Terre pure vénère particulièrement des bodhisattvas – des êtres qui ont déjà atteint l'Éveil et pourraient poursuivre vers le nirvana mais qui préfèrent rester pour encourager les fidèles dans leur quête.

Sous sa forme la plus pure, le bouddhisme ne comporte pas de déités. Ce n'est pas évident dans les pagodes vietnamiennes, où tout un panthéon de divinités – guerriers, rois, gardiens et autres bodhisattvas – trône sur les autels. Les trois bouddhas du passé, du présent et du futur trônent sur le gradin supérieur. Juste en dessous se trouve le bouddha Amitabha; enfin d'autres formes du bouddha et des bodhisattvas occupent toujours les niveaux inférieurs.

Le taoïsme

Le taoïsme est l'élément le plus mystique du Tam Giao. Ayant l'empereur de Jade pour divinité suprême, cette philosophie affirmant que le monde est une illusion prône le néant, la simplicité, l'absence d'ambition, de désir et de plaisir. Le yin et le yang symbolisent l'harmonie des contraires.

L'influence du taoïsme est discrète et subtile hors des temples. Elle réside aussi bien dans le rire de l'interlocuteur préférant ne pas répondre à la question posée que dans l'absence de dogmatisme. Le caractère populiste du taoïsme, lié à la magie, se conjugue parfaitement avec les croyances vietnamiennes.

Le caodaïsme

Le caodaïsme, apparu dans les années 1920, opère une synthèse des croyances occidentales et orientales, empruntant des éléments au bouddhisme, au christianisme, à l'islam, au confucianisme et au taoïsme. Ses principaux centres sont à Tây Ninh, près de Hô Chi Minh-Ville, et dans le delta du Mékong, où ses temples s'ornent de dragons enroulés autour des piliers et du symbole de la religion, l'Œil divin. Cette religion compte au nombre de ses saints William Shakespeare, Jeanne d'Arc, Winston Churchill et Victor Hugo.

Les esprits et les génies

Le souverain céleste Ong Troi (Monsieur Ciel) règne sur l'Univers. Les Vietnamiens l'invoquent – *Troi oi !* Plus proches des hommes, les esprits habitent les pierres et les arbres. Si un bateau se brise sur une pierre, elle abrite alors un esprit malveillant; si un arbre regorge de fruits, il s'agit d'un bon esprit. On peut tenter de s'attirer la grâce de ces génies. Pour connaître des jours meilleurs ou pour échapper à la malchance, on brûle en offrande des vignettes représentant de l'argent, des motos et d'autres biens destinés aux esprits. Des devins (*thay*) président souvent ces rituels pratiqués dans les maisons, les temples, ou sur le site d'une infortune particulière. Les Vietnamiens ont aussi adopté un certain nombre de divinités chinoises et de bodhisattvas. Quam Am, la déesse de la Miséricorde, dérive autant de l'ancien culte des Saintes Mères (*Tho Mau*) que du panthéon des bodhisattvas. Et l'empereur de Jade taoïste règne sur les immortels et joue un rôle fondamental lors du Têt.

Le christianisme

Les missionnaires catholiques connurent un excellent accueil au Vietnam, en partie du fait du caractère diffus des croyances locales. Au XIXe siècle, les empereurs Nguyên firent exécuter plusieurs missionnaires, mais il semble qu'il s'agissait plus d'une réaction politique face à la menace étrangère que d'une opposition idéologique. Le Vietnam compte aujourd'hui près de 8 % de catholiques. ■

Le Têt

La célébration du Nouvel An lunaire qui s'étend sur une semaine tombe fin janvier, début février et éclipse toutes les autres fêtes au Vietnam. Elle associe à la fois le passage d'une année à l'autre, l'esprit du renouveau et le goût du festin (on ne « célèbre » pas le Têt, on le « mange »). C'est aussi une fête d'anniversaire à l'échelle du pays : les Vietnamiens ne comptent pas leur âge selon le jour de leur naissance. Un enfant vient au monde au moment du Têt, peu importe qu'il soit ou non né pendant l'année en cours.

Les danses de la Licorne, lors du Têt, amènent richesse et prospérité.

Le nom du Têt vient du mot *tiet*, désignant le nœud qui sépare les segments d'une tige de bambou; cela évoque la notion de transition. Pour le préparer, les Vietnamiens rentrent chez eux entretenir les tombes de leurs ancêtres, nettoyer l'autel familial, rembourser les vieilles dettes et cuisiner. Le *banh chung*, un gâteau au riz gluant, est indissociable des festivités.

On dispose des fleurs roses de pêcher et jaunes d'abricotier dans les maisons pour écarter les mauvais esprits. À minuit, la nuit du passage d'une année à l'autre, la famille participe à la cérémonie du Gia Thua : comme le dieu du Foyer de chaque maison est censé faire un rapport à l'empereur de Jade, la divinité suprême du taoïsme, on prie pour que ce rapport soit favorable.

Le premier matin de l'année, le premier visiteur qui se présente dans une maison incarne la chance qui attend la famille pour l'année à venir. Les adultes offrent aux enfants de petites enveloppes rouges contenant de l'argent (*ly sy*). Les membres de la famille proche passent la journée à se rendre visite mutuellement. Lors du deuxième jour, on élargit le cercle aux parents plus éloignés et, le troisième jour est celui de la visite aux amis.

En principe, le Têt se termine le troisième jour, car c'est à ce moment-là que les ancêtres regagnent leur univers spirituel, comblés par les offrandes qu'ils ont reçues. Cependant, les festivités peuvent durer quatre, cinq, voire six jours, s'achevant finalement lorsque tout le monde reprend le travail..

L'histoire du Vietnam

Les Vietnamiens font remonter leur histoire à l'union légendaire d'un dragon venu de la mer, Lac Long Quan, et d'une fée venue des montagnes, Au Co. De cette union seraient nés une centaine de fils, dont l'un aurait fondé la dynastie semi-légendaire des Hung. D'après la tradition, cette première dynastie du pays aurait compté dix-huit souverains.

Les Vietnamiens honorent toujours les sœurs Trung, qui ont dirigé la première grande révolte contre les Chinois en 40.

La dynastie semi-légendaire des Hung fait sans doute référence à l'unification de différents peuples de la vallée du fleuve Rouge au VIIe siècle av. J.-C. Ces populations se constituèrent d'un mélange d'Austronésiens, de Thaïs et de Viêts, arrivés les derniers de la basse vallée du Yangzi Jiang. La culture de Dông Son (VIIe siècle av. J.-C.-Ier siècle) acquit une grande notoriété grâce aux tambours de bronze découverts par les archéologues dans toute la région.

Si l'on met de côté les sources archéologiques, les Vietnamiens firent leur apparition dans les annales historiques avec le roi semi-légendaire An Duong à la fin du IIIe siècle av. J.-C. Il aurait arraché la Couronne au dernier souverain Hung et fondé le royaume de Âu Lac à Co Loa (vieil escargot). D'après une légende, An Duong aurait perdu son trône à cause d'une arme magique dérobée par le père de son gendre, le général chinois Trieu Da – ce dernier, quoi qu'il en soit, fut le premier à mentionner le nom des Viêts.

Les Viêts restèrent indépendants pendant une courte période. Dès l'Antiquité, la Chine comptait trop d'hommes à nourrir et trop peu de terres fertiles. En 111 av. J.-C., l'armée de la dynastie Han déferla donc vers le sud et absorba le delta du fleuve Rouge dans un empire qui finit par s'étendre jusqu'au Turkestan et en Corée. Experts en construction de digues et en irrigation, les Chinois apprirent aux Vietnamiens à maîtriser les cours d'eau, apportèrent la charrue aux paysans, ouvrirent des écoles et enseignèrent l'art de l'écriture.

Au cours du millénaire suivant, les Vietnamiens adoptèrent peu à peu les formes de la culture chinoise : tout en continuant à parler leur propre langue, ils apprirent l'écriture chinoise. Leur organisation sociale, assez libre, céda la place à la structure stricte et hiérarchisée du confucianisme, dont l'influence se fait encore sentir de nos jours.

Cependant, les Vietnamiens ne cessèrent jamais de chercher à évincer leurs maîtres étrangers. En 40, deux sœurs intrépides, Trung Trac et Trung Nhi, menèrent la première grande révolte contre la domination chinoise. Ces héroïnes exercèrent le pouvoir pendant deux ans jusqu'à l'arrivée d'un habile général envoyé par les Chinois pour pacifier le Sud. Au cours des neuf siècles suivant, la gloire légendaire des Hung et du royaume de Âu Lac servit de fondement idéologique au refus vietnamien de la domination chinoise.

Les examens mandarins

Entre 1076 et 1919, le Vietnam organisa 185 examens pour identifier les esprits les plus doués. Pour décrocher un *cu nhan* (baccalauréat) ou devenir un *tien si* (diplômé de l'université), les candidats devaient, entre autres, maîtriser la langue chinoise et ses 5 000 caractères. Si certains diplômés regagnaient leurs villages, où ils étaient estimés comme des sages, la plupart rejoignaient les rangs de l'administration. En réalité, ce vaste système démocratique était la seule voie au Vietnam pour entrer au service de l'État.

Au xe siècle, la dynastie chinoise des Tang s'affaiblissant, les Vietnamiens saisirent l'occasion. Le général Ngô Quyên (898-944) remporta une bataille décisive en plaçant des pieux de bois surmontés d'une pointe de fer dans le lit du Bach Dang et en attirant la flotte chinoise vers l'amont à marée haute. Quand la marée reflua, les pieux éventrèrent et coulèrent les bateaux chinois, assurant la victoire aux Vietnamiens. Le général victorieux fonda la dynastie Ngô. Il s'installa à Co Loa, l'ancienne capitale du royaume de Âu Lac, affirmant ainsi symboliquement l'indépendance du Vietnam.

En 1010, Ly Thai To s'empara du pouvoir et fonda la première grande dynastie impériale vietnamienne, celle des Ly. Il quitta Hoa Lu, où les successeurs de Ngô Quyên s'étaient établis, pour installer sa capitale à Dai La Thanh, sur le site de l'actuelle Hanoi. D'après la légende, il renomma la ville Thang Long (dragon ascendant) après avoir vu un dragon volant remonter le fleuve Rouge. Les Ly créèrent une bureaucratie constituée de mandarins et, en 1070, consacrèrent le célèbre temple de la Littérature au culte de Confucius. Les Ly et les Trân, qui leur succédèrent, apportèrent la prospérité dans le pays, construisant des routes, mettant au point un service postal et une flotte, bâtissant des pagodes et créant des parcs. Malgré tout les guerres se poursuivirent sans relâche.

Les Khmers (les ancêtres des Cambodgiens actuels) ne cessèrent de guerroyer contre le Vietnam. Les Vietnamiens combattirent également le royaume du Champa, au sud, et, au cours du XIIIe siècle, affrontèrent plusieurs fois les Mongols de Kubilay

Khan. Contrairement aux Coréens tombés sous le joug des Mongols, 200 000 soldats vietnamiens commandés par Trân Hung Dao réussirent à repousser les plus grands conquérants du XIIIe siècle. Après cette victoire, les Vietnamiens recommencèrent à combattre les Cham, affaiblissant ainsi leur propre pays. Les Chinois profitèrent de cette situation pour occuper une nouvelle fois le Vietnam.

La dynastie Lê

La nouvelle domination chinoise fut très rude. Afin d'approvisionner leur propre marché, les Ming contraignirent les paysans à toutes sortes de travaux : travailler dans les mines pour en extraire de l'or ou d'autres minerais, tuer des éléphants pour leurs défenses et des rhinocéros pour leurs cornes, cultiver des épices... Alors que les Vietnamiens étaient poussés à bout, on vit apparaître l'un des plus grands héros du Vietnam avec Hô Chi Minh : Lê Loi (1385-1433), un propriétaire foncier de Thanh Hoa. Employant la tactique de la guérilla qui réussit si bien à Trân Hung Dao, il harcela les Chinois et remporta finalement une victoire décisive au défilé de Chi Lang en 1427.

Le règne de Lê Thanh Tông (1442-1497), l'un des successeurs de Lê Loi, commencé en 1460, marqua le début de l'âge d'or du Vietnam. Ce souverain progressiste et érudit rédigea un code de lois remarquablement libéral, accordant des droits aux femmes et des droits civiques à ses sujets. Il promut les mathématiques et les sciences et fit reconstruire par des soldats les digues endommagées par les inondations. La population du Vietnam étant en plein essor, le souverain convoita les terres des Cham, au sud. En 1471, ses troupes rasèrent la capitale du Champa et massacrèrent ses 40 000 habitants, ouvrant ainsi la voie aux colons vietnamiens avides de terres – on appela cela la « marche vers le sud ».

Bien que la dynastie Lê ait duré jusqu'en 1788, son apogée fut de courte durée. Au début du XVIe siècle, un général vietnamien s'empara du trône. Le pays fut alors dominé par deux seigneurs rivaux continuant, toutefois, l'un et l'autre à reconnaître la souveraineté des Lê. Les Trinh détenaient le pouvoir au nord, et les Nguyên au sud du 17e parallèle.

Au temple de la Littérature (Van Mieu) de Hanoi, la Constellation de la Littérature (Khue Van Cac) illustre depuis deux siècles l'élégante architecture du Vietnam.

L'arrivée des Européens

L'antagonisme entre les Trinh et les Nguyên favorisa l'intrusion des puissances européennes. En 1545, des marins portugais créèrent la première colonie au Vietnam, dans une région qu'ils appelèrent Cochinchine (une interprétation approximative d'un nom chinois). Puis, au XVIIe siècle, les Hollandais supplantèrent les Portugais grâce à leur maîtrise du commerce avec l'Asie et fondèrent des comptoirs au nord et au sud. Pour ne pas être en reste, les Anglais arrivèrent en 1672 et les Français ouvrirent un comptoir à Hanoi en 1680. Mais vers 1700, Anglais et Hollandais se retirèrent, frustrés par des profits considérés insuffisants.

Quand le commerce déclina, les missionnaires occupèrent le devant de la scène. Alexandre de Rhodes (1591-1660), un jésuite français, se fonda sur les travaux linguistiques de missionnaires qui l'avaient précédé pour aménager un alphabet latin offrant une alternative à l'écriture *chu nôm* autochtone et aux idéogrammes chinois. Parallèlement, chaque année, il baptisa des milliers de personnes, ce qui déplut aux souverains vietnamiens.

Tant que les Trinh et les Nguyên pouvaient profiter de la technologie européenne, ils laissèrent une grande liberté aux missionnaires, au nord comme au sud. Mais, lorsque les deux rivaux finir par se rapprocher, les opposants au christianisme l'emportèrent : Alexandre de Rhodes et ses acolytes furent expulsés du pays. Ce dernier fit pression sur la France et sur le Vatican pour obtenir un soutien dans son action missionnaire au Vietnam. Pour les convaincre, il n'hésita pas à mettre en avant les fabuleuses richesses de ce pays. Il mourut, cependant, avant même d'avoir pu susciter un véritable intérêt. D'autres poursuivirent l'entreprise d'Alexandre de Rhodes, en particulier l'évêque français, Pigneau de Behaine (1741-1799).

Le mécontentement, qui avait fait du Vietnam un terrain fertile pour les missionnaires entraîna une insurrection qui eut pour résultat l'unification du nord et du sud du pays.

La colonisation française

Durant la seconde moitié du XVIIIe siècle, le mécontentement, qui avait fait du Vietnam un terrain fertile pour les missionnaires, entraîna une insurrection qui eut pour résultat la réunification du nord et du sud du pays.

Les trois frères Tây Son, qui déclenchèrent ce soulèvement en 1765, reçurent l'appui des paysans opprimés par le système fiscal imposé par les mandarins. Les Tây Son éliminèrent la plupart des seigneurs Nguyên dans le Sud et, en 1786, prirent le contrôle de Hanoi, la capitale. Les mandarins de l'ancien régime appelèrent la Chine à la rescousse, mais le plus jeune des frères, Tây Son, réussit à repousser la plus importante invasion chinoise depuis plusieurs siècles.

Pendant ce temps, Pigneau de Behaine prit le parti de Nguyên Anh, un seigneur du Sud qui survécut. L'évêque français plaida, à Versailles et à Paris, la cause de son protégé. Il mourut de dysenterie en 1799, mais ses efforts portèrent leurs fruits. En 1802, Nguyên Anh monta sur le trône sous le nom de Gia Long, devenant ainsi le premier souverain de la dernière dynastie du Vietnam. Il transféra la capitale de Hanoi à Huê, le fief des Nguyên depuis des siècles, et entreprit, sur le modèle de Pékin, la construction d'une cité impériale.

Gia Long était un souverain confucéen quelque peu conservateur et rétrograde. Son successeur, Minh Mang (1791-1841), était sûr de lui et dogmatique mais, à la différence de son père, il accéda au pouvoir au moment où l'intérêt des puissances européennes pour le Vietnam se réveillait. Car, une fois les guerres de l'Empire achevées en 1815, les missionnaires et les marchands recommencèrent à prôner l'ingérence au Vietnam. Minh Mang s'en prit violemment au prosélytisme, faisant exécuter sept missionnaires chrétiens entre 1833 et 1838. Pas plus que son successeur, il n'accepta le changement. Leur intransigeance et leur refus du compromis irritèrent les Français.

Lorsque, dans les années 1840, les Britanniques s'emparèrent de Hong Kong les Français se lassèrent de jouer les seconds violons aux côtés des Anglais, des Espagnols, des Portugais et des Hollandais, qui avaient tous des colonies en Asie. Toutefois, les premiers à employer la force au Vietnam furent les Américains et non les Français. En 1845, ayant appris que les Vietnamiens avaient arrêté un missionnaire français à Huê, le capitaine d'un bateau de guerre américain, le *Constitution*, s'empara de trois mandarins pour les échanger contre le religieux. Le stratagème ayant échoué, les États-Unis s'excusèrent par la suite.

Quelques années plus tard, quand le roi Tu Duc fit exécuter un autre missionnaire, ceux qui étaient présents dans le pays réclamèrent à hauts cris une intervention militaire. En 1858, les Français attaquèrent Tourane (l'actuelle Da Nang) et firent débarquer des soldats ; ils devaient constituer l'avant-garde d'une population destinée à s'implanter. Ils firent évacuer la ville en 1860 mais, dans le même temps, Paris s'était rallié au concept de « mission civilisatrice » : les ingérences de la France au Vietnam devenaient un moyen de civiliser la « race jaune ».

Les Vietnamiens espéraient que les Français, épuisés par la chaleur et les maladies, abandonneraient et partiraient. Par le passé, les souverains vietnamiens avaient rassemblé des centaines de milliers d'hommes pour repousser les envahisseurs, mais Tu Duc choisit une autre voie. Il légalisa l'importation de l'opium et mit en vente les titres de mandarins. En 1863, le souverain impuissant dut céder à la France le tiers inférieur du Vietnam, ainsi devenu la colonie de Cochinchine. En 1880, la France établit des protectorats sur les provinces du centre et du nord du Vietnam, l'Annam et le Tonkin.

Oncle Hô

Bien que Hô Chi Minh soit le père fondateur du Vietnam moderne et la figure de proue du panthéon vietnamien, les Vietnamiens l'appelèrent *Bac Hô* (Oncle Hô), et non Père Hô. Des portraits de lui sont présents partout dans le pays. S'il n'eut pas d'enfants, ce n'est pas la principale raison de son surnom. Dans les familles vietnamiennes, les enfants appellent *chu* (oncle) les jeunes frères de leur père, mais le frère le plus âgé est appelé *bac*, qui signifie aussi « oncle ». Le frère aîné du père est le membre le plus prestigieux du clan. « Oncle Hô » est donc une marque de respect supérieure à « Père Hô ».

La résistance

La perte de l'indépendance suscita un mouvement de résistance parmi l'élite dépossédée de ses droits. Phan Dinh Phung (1847-1895) pratiqua un type de guérilla qui servit ensuite de modèle à la résistance des années 1940. Le poète Phan Bôi Châu (1867-1940) essaya d'abord de rétablir la monarchie puis, en exil, préconisa la démocratie comme antidote au colonialisme. D'autres, comme Phan Châu Trinh (1872-1926), prônèrent une approche modérée. À cette même période, la France s'appuya sur une série de souverains fantoches et utilisa sa force militaire pour éteindre les foyers de révolte dans les provinces. C'est alors que Hô Chi Minh (1890-1969) fit son apparition sur la scène politique. Il était né sous le nom de Nguyên Tat Thanh dans la province de Nghê Tinh, dans le centre du pays. Son père, un brillant érudit, avait perdu la faveur de la cour impériale de Huê du fait de son comportement jugé modérément révolutionnaire. En 1911, Hô Chi Minh quitta le Vietnam à bord d'un cargo français et, pendant plusieurs années, fit escale dans les ports du Moyen-Orient, d'Afrique et d'Amérique. En 1919, sous le nom d'emprunt de Nguyên Ai Quôc (Nguyên le Patriote), il lança un appel aux dirigeants alliés, alors réunis à Versailles, pour élaborer les traités de paix. Sa pétition réclamait l'autonomie politique, et non une réelle indépendance, pour le peuple vietnamien. Son plan en huit points demandait la liberté de la presse, d'association et de religion, ainsi que la diminution des impôts sur le sel, l'opium et l'alcool.

Hô Chi Minh était nationaliste, socialiste par tempérament et marxiste par opportunité.

Si l'un des membres de la délégation de Thomas Woodrow Wilson, président des États-Unis, salua ce plan, celui-ci resta sans suite. Le programme en Quatorze Points du président Wilson sur le colonialisme exigeait l'autodétermination pour tous les peuples. Ce geste sembla bien faible face à la déclaration de Lénine, en 1920, selon laquelle les pays communistes d'Occident devraient activement participer à la lutte pour la liberté des peuples colonisés.

Attiré par la position de Lénine, Hô Chi Minh se rendit à Moscou en 1924 et lia son sort à celui des communistes. Les principes du marxisme n'étaient choquants ni pour lui ni pour un peuple imprégné de valeurs confucéennes. Théoriquement, la propriété privée des terres n'existait pas vraiment au Vietnam. Ainsi, les entrepreneurs et les capitalistes vietnamiens étaient-ils plus estimés en Occident que dans leur propre pays. Les anticolonialistes avaient le capitalisme en horreur non d'un point de vue philosophique, comme Marx, mais parce que ce système exploitait leur peuple.

Hô Chi Minh retourna clandestinement au Vietnam, par la Chine, en février 1941 et se lia à Vô Nguyên Giáp (né en 1912) et à Pham Van Dông (1906-2000). Ce dernier était le fils d'un mandarin ayant exercé la fonction de secrétaire général de l'empereur Duy Tân. Né en 1912, Giáp était aussi un fils de mandarin. Son grand-père maternel avait combattu les Français vers 1880. Les trois hommes devinrent bientôt les figures de proue du Vietnam moderne.

« Vous pouvez tuer dix de mes hommes pour chacun des vôtres que je tue, mais, même à ce prix-là, vous perdrez et je gagnerai » déclara Hô Chi Minh à un visiteur français durant la guerre.

Durant la Seconde Guerre mondiale, le gouvernement français de Vichy laissa les forces japonaises occuper le Vietnam, qui perdit la face mais put désormais envisager sa libération de toute domination européenne. Toutefois, les Japonais se firent peu d'amis parmi les Vietnamiens dont ils accaparèrent les vivres, suscitant une famine qui fit deux millions de morts. Prenant en main le sort de son pays au cours des derniers mois de la guerre, Hô Chi Minh sympathisa avec les Américains qui fournissaient des armes à son mouvement durant l'été 1945. Après la capitulation japonaise, Hô Chi Minh, qui dirigeait le mouvement de résistance du Viêt-minh, profita de la soudaine vacance du pouvoir pour prendre la situation en main. Une délégation reçut l'abdication de l'empereur Bao Dai à Huê et le Viêt-minh assuma provisoirement le pouvoir au Tonkin, en Annam et en Cochinchine.

En dépit de la politique envisagée en Union soviétique, Hô Chi Minh continua de rechercher la sympathie des Américains. Le 2 septembre 1945, devant 400000 personnes réunies place Ba Dinh, à Hanoi, il proclama l'indépendance du Vietnam, en commençant son discours par ces mots : « Tous les hommes sont créés égaux; ils sont doués par le Créateur de certains droits inaliénables; parmi ces droits se trouvent la vie, la liberté et la recherche du bonheur. » Cependant, son hommage à la Déclaration d'indépendance américaine ne fut pas entendu. Tandis que le Viêt-minh s'emparait du pouvoir, les Alliés élaboraient d'autres projets pour le Vietnam. À la conférence de Potsdam, fin juillet-début août 1945, ils décidèrent d'une partition du pays à hauteur du 16e parallèle. Les Britanniques devaient se charger du désarmement des Japonais dans le Sud et assurer la transition jusqu'à la paix. Pour leur part, les Chinois devaient prendre en charge le Nord.

En 1946, Hô Chi Minh capitula et accepta le rétablissement de la souveraineté française, ne serait-ce, comme il l'avoua, que pour débarrasser le Vietnam de la présence des ennemis héréditaires chinois. Face à la promesse du retrait des troupes françaises au bout de cinq ans, il choisit le moindre mal.

Mais, en France, le vent tourna. L'ouverture à l'égard de l'indépendance vietnamienne se heurta à la volonté de faire de la Cochinchine une République distincte, mais étroitement liée à la mère patrie. Lors des négociations menées à Paris, Hô Chi Minh céda aux Français sur la question de la Cochinchine, sachant que son paraphe sur un accord partiel n'empêcherait pas la guerre au Vietnam. En effet, les Français et le Viêt-minh s'affrontèrent bientôt à Haiphong. Hanoi s'embrasa en décembre, et la guerre d'Indochine commença.

La fin de la présence française

Jusqu'en 1949, les États-Unis pratiquaient une politique de non-intervention en Indochine. Mais, lorsque le leader communiste Mao Zedong gagna la guerre civile en Chine et reconnut le régime de Hô Chi Minh, comme l'avaient déjà fait les Soviétiques, les Américains décidèrent de soutenir le régime de l'empereur Bao Dai revenu au pouvoir. Pour justifier leur aide aux Français, les États-Unis invoquèrent la théorie des dominos : si l'Indochine tombait entre les mains des communistes, tout le reste de l'Asie du Sud-Est suivrait.

Les Vietnamiens remportèrent leur victoire décisive à Diên Biên Phu. La défaite française donna lieu aux accords de Genève et à l'indépendance.

En 1953, les États-Unis finançaient 80 % de l'effort de guerre français, mais l'affaire était perdue d'avance. Alors que les Américains misaient sur une victoire totale, la France se résolut à une solution politique. Entre 1945 et 1954, près de 100 000 soldats français moururent en Indochine, surtout au Vietnam, et l'opinion publique française cessa de soutenir cette « sale guerre ». De leur côté, les Vietnamiens étaient déterminés. « Vous pouvez tuer dix de mes hommes pour chacun des vôtres que je tue », déclara Hô Chi Minh à un visiteur français durant la guerre, « Mais, même à ce prix-là, vous perdrez et je gagnerai ».

Le général Vô Nguyên Giáp tint la promesse de Hô Chi Minh dans une vallée reculée, proche de la frontière du Laos, où il lança une série d'attaques contre la garnison française de Diên Biên Phu. Les Français repoussèrent les premiers assauts mais ne purent résister à la tactique d'étranglement de Giáp. Le 7 mai 1954, les troupes françaises se rendirent. Le lendemain, les pourparlers de paix débutèrent à Genève. Avec la victoire de Diên Biên Phu, les Vietnamiens furent en position de

Les hélicoptères UH-1 (Huey) caractéristiques des divisions aéroportées menaient les Marines sur le champ de bataille.

force pour négocier, mais pas au point d'exiger la réunification immédiate du pays. Finalement, les accords de Genève fixèrent la ligne de démarcation entre le Nord et le Sud sur le 17e parallèle, et envisagèrent des élections dans tout le pays en 1956, en vue de sa réunification. Elles n'eurent jamais lieu.

Dans l'œil du cyclone

Les États-Unis choisirent de ne pas signer les accords de Genève, limitant ainsi leur impact dans la région. L'empereur Bao Dai refusa également de les signer. Encouragé par les Américains, il nomma Ngô Dinh Diêm (1901-1963) Premier ministre. Ardent catholique, sévère et peu diplomate, Ngô Dinh Diêm transforma la zone provisoire du Sud en un nouvel État. Après le référendum de 1955, il déposa Bao Dai et devint président de la République du Vietnam. Il trouva un soutien sans faille parmi ses coreligionnaires, notamment parmi les 600 000 catholiques ayant fui au sud quand Hô Chi Minh et le Viêt-minh prirent le pouvoir à Hanoi.

Ngô Dinh Diêm se révéla un choix désastreux. Il gouverna le Sud-Vietnam sans le moindre semblant de démocratie, en dépit des déclarations de pure forme destinées à ses protecteurs américains. Il annula les élections de 1956 que Hô Chi Minh, populaire dans tout le pays, aurait sûrement gagnées. Avec l'aide de son frère Ngô Dinh Nhu, il lança une campagne pour purger le Sud des agents communistes. Pour empêcher tout contact entre l'ennemi et la population, le régime déplaça les paysans et les concentra dans des « agrovilles » à vocation stratégique. Le régime de Diêm s'aliéna les paysans et les non-catholiques; il enfreignit la liberté de la presse et la liberté d'assemblée et mit l'opposition politique hors la loi.

Pendant ce temps, dans le Nord, Hanoi essayait de mettre de l'ordre sur son propre territoire. Le gouvernement lança une réforme agraire qui se déroula dans la violence.

Des tribunaux itinérants du peuple harcelèrent et humilièrent un nombre incalculable de personnes et exécutèrent plusieurs milliers de propriétaires terriens ; plus de 800 000 hectares furent redistribués à deux millions de familles paysannes.

En 1959, Lê Duan (1907-1986), un homme du Sud, accéda au pouvoir à Hanoi et décida que le moment était venu de faire la révolution dans le Sud. Les Nord-Vietnamiens tracèrent la piste Hô Chi Minh à travers les montagnes du Vietnam, du Laos et du Cambodge pour envoyer des troupes et du matériel à leurs compatriotes du Sud. En 1960, une coalition de forces opposées à Diêm forma le Front national de libération du Vietnam du Sud, ou Viêt-cong.

Au printemps 1963, les bouddhistes se mobilisèrent contre Diêm et attirèrent l'attention du monde entier quand un moine de Huê s'immola par le feu à Saigon. En octobre, des généraux de Diêm, excédés, organisèrent un coup d'État contre le président avec le consentement tacite des Américains. Diêm et son frère furent exécutés.

L'intervention américaine

Malgré la disparition de Diêm, les États-Unis n'en restèrent pas moins liés au Vietnam et à la théorie des dominos. Après une escarmouche entre un navire américain et un patrouilleur nord-vietnamien dans le golfe du Tonkin, une résolution du Congrès laissa les mains libres au président Johnson pour mener des opérations militaires au Vietnam. Le général Westmoreland demanda des troupes pour protéger les terrains d'aviation américains, et un premier contingent de marines débarqua à Da Nang en mars 1965. Il constitua l'avant-garde des 72 000 hommes qui arrivèrent au Vietnam au printemps.

S'appuyant sur leur vaste complexe militaro-industriel et sur une confiance aveugle en leur suprématie aérienne, les États-Unis menèrent une guerre dévastatrice, en ignorant les opinions de ceux qui, expérimentés, prônaient une stratégie chirurgicale.

En 1965, un conseiller américain travaillant en province déclara au journaliste et historien Bernard Fall que l'armée américaine larguait chaque mois dans sa région un demi-million de dollars d'obus sur des cibles non identifiées, alors qu'elle consacrait à peine 300 dollars à la collecte de renseignements. Alors que les marines s'installaient à Da Nang, les États-Unis lancèrent une série de bombardements censés interrompre l'approvisionnement acheminé au sud par la piste Hô Chi Minh. Cela fut sans effet. Les bombardements s'intensifièrent et touchèrent également le Sud. À la fin de ce printemps-là, les bombardiers B-52 détruisirent des cibles suspectes dans tout le Sud ; en avril 1966, ils visèrent des cibles situées au nord.

Le général Westmoreland pensait pouvoir l'emporter à l'usure. Mais il se confronta à un ennemi tenace et très résolu. Plus les avions américains lançaient de bombes, plus les soldats du Nord-Vietnam et du Viêt-cong se retranchaient profondément.

Le nom des guerres

Si le conflit armé entre le Vietnam et les États-Unis (1965-1973) est connu en Occident sous le nom de guerre du Vietnam, les Vietnamiens l'appellent « guerre américaine » ; ce qui la distingue des autres invasions du pays (française, chinoise, mongole et khmère). On parle aussi de seconde guerre d'Indochine, la première désignant le conflit contre l'occupant français (1946-1954).

Par contraste, les dirigeants sud-vietnamiens, sans envergure et corrompus, semblaient plus préoccupés de prélever leur part des largesses américaines que de combattre. En 1966, des bouddhistes et d'autres opposants s'insurgèrent contre le régime corrompu de Nguyên Van Thiêu (1923-2001), comme ils l'avaient fait contre Ngô Dinh Diêm trois ans plus tôt. Ils s'emparèrent de Da Nang et de Huê. Alors que la guerre à grande échelle se poursuivait, le général Nguyên Cao Ky, commandant des troupes sud-vietnamiennes, dut livrer des combats contre sa propre armée. Pour protester, 10 autres moines et nonnes s'immolèrent par le feu.

En 1968, durant la fête du Têt, les Nord-Vietnamiens et le Viêt-cong coordonnèrent une série d'attaques sur 31 des 44 chefs-lieux provinciaux du Sud. L'offensive surprit les Américains, qui s'attendaient à une bataille dans les montagnes du Centre, à Khe Sanh, où les Nord-Vietnamiens massaient des troupes depuis des semaines. Cette ruse permit aux communistes de s'infiltrer dans tout le pays. À Saigon, des agents réussirent à pénétrer dans l'ambassade américaine. À Huê, ils prirent le contrôle de la ville qu'ils tinrent pendant 25 jours ; les marines durent la reprendre rue par rue, maison par maison. À Khe Sanh, les forces nord-vietnamiennes résistèrent pendant deux mois, en dépit de l'intervention de continuelles vagues de bombardiers B-52.

Les communistes, qui avaient perdu 50 000 combattants lors de l'offensive du Têt, ne parvinrent pas à déclencher le soulèvement qu'ils avaient prévu. Durement touché, le Viêt-cong ne se remit jamais et il fallut que des soldats nord-vietnamiens se rendent de plus en plus au sud nombreux pour continuer le combat.

Aux États-Unis, l'offensive du Têt marqua un tournant. Une intense couverture médiatique confirma les doutes croissants de la population de plus en plus opposée à cette guerre qui prenait trop d'ampleur : il y avait plus d'un demi-million de soldats américains sur le terrain en 1968. Quand le journaliste Walter Cronkite déclara que la guerre était enlisée dans une impasse, Lyndon Johnson comprit l'avertissement et se retira de la course présidentielle de 1968.

Mémoires d'ambassade

Dans la rue Lê Duân de Hô Chi Minh-Ville, le consulat américain occupa l'emplacement de l'ambassade américaine durant la guerre. Cet édifice aux murs blancs agressifs, souvenir obsédant de l'engagement américain au Vietnam, fut rasé en 1998. Aujourd'hui, une borne de granit commémore une attaque contre l'ambassade durant l'offensive du Têt.

Le candidat Richard Nixon déclara disposer d'un plan secret pour mettre fin à la guerre. Mais une fois président, il prolongea les combats pendant trois ans et demi. En 1970, il élargit le conflit en envahissant le Cambodge, déclenchant ainsi d'immenses protestations contre la guerre. Avec la révélation du massacre de plus de 500 villageois vietnamiens perpétré en 1968 à My Lai, les Américains en eurent vraiment assez. Les États-Unis décidèrent de déléguer toujours plus de responsabilités aux Sud-Vietnamiens moins jusqu'au-boutistes que leurs frères du Nord.

À la table des négociations de Paris, Henry Kissinger rivalisa de bon sens avec le négociateur vietnamien Lê Duc Tho (1911-1990), pour parvenir à une prétendue paix honorable. Quand les pourparlers furent bloqués à la fin de 1972, Nixon ordonna une reprise des bombardements sur le corridor de 96 km unissant Hanoi et Haiphong, le

(suite p. 48)

Des images inoubliables

L'hélicoptère d'évacuation. La petite fille courant nue sur la route. L'exécution du Viêt-cong. Le moine en torche humaine. Ces quatre images ont fait la une des journaux du monde entier entre 1963 et 1975. Plusieurs décennies ont passé, mais leur contenu est tellement gravé dans la mémoire collective qu'elles méritent une introduction.

Évacuation de Vietnamiens par un hélicoptère posé sur le toit d'un immeuble de Saigon.

L'hélicoptère d'évacuation ne se posa pas sur le toit de l'ambassade américaine de Saigon, comme les légendes de la photo ne cessèrent de le déclarer depuis 1975, mais sur celui d'un immeuble situé rue Ly Tu Trong où vivaient des employés de la CIA. Les réfugiés qui grimpaient à l'échelle étaient vietnamiens, et non américains. Le Huey posé de façon précaire ne fut pas le dernier à évacuer les réfugiés. La rotation cessa 12 heures plus tard. À la onzième heure, cet hélicoptère transporta 14 ou 15 passagers vers l'aéroport de Tân Son.

Trois ans auparavant, un pilote sud-vietnamien lança par inadvertance du napalm à proximité du temple de Cao Dai à Trang Bang, un village situé à une quarantaine de kilomètres au nord-ouest de Saigon. Des gouttes de gelée incendiaire giclèrent sur le dos de Phan Thi Kim Phuc, qui ôta ses vêtements en flammes et se précipita dans la rue.

L'histoire de l'exécution du Viêt-cong est moins sûre. Le lieutenant-colonel Nguyên Ngoc Loan appuya sur la détente devant la pagode d'An Quang à Saigon en 1968. L'homme exécuté était un Viêt-cong nommé Nguyên Van Lâm. L'officier sud-vietnamien se justifia en déclarant au photographe Eddie Adams que Lâm avait tué des Américains et des Vietnamiens. D'autres avancèrent qu'il s'agissait d'un modeste combattant qui ne méritait pas ce châtiment expéditif.

Lors d'une manifestation de bouddhistes, le 11 juin 1963, Did Thich Quang Duc, un bonze vietnamien, s'immola par le feu pour protester contre les mesures répressives à l'égard de sa communauté religieuse par le dirigeant catholique du Sud-Vietnam Ngô Dinh Diêm. La photo que prit Malcom W. Browne, sur place ce jour-là, provoqua l'émoi dans le monde entier.

principal port du Nord. Les États-Unis larguèrent 36 000 t de bombes entre le 18 et le 30 décembre, excepté le jour de Noël, au cours des bombardements les plus intenses de toute la guerre. Cette initiative força la main aux Nord-Vietnamiens et, le 27 janvier 1973, les belligérants signèrent un accord de cessez-le-feu à Paris.

La réunification

Au printemps 1975, Hanoi lança l'offensive finale contre le régime de Saigon. À la surprise des Nord-Vietnamiens, les villes du Sud-Vietnam tombèrent comme des dominos. Craignant les représailles, comme les massacres commis en 1968 lorsque les troupes communistes avaient occupé Huê, des centaines de milliers de personnes fuirent vers les ports, les terrains d'aviation et les plages pour quitter le pays. Au cours des dernières semaines de la guerre, près de 60 000 Vietnamiens et Américains quittèrent le pays. Parmi eux, 7 000 personnes furent évacuées de Saigon par un pont aérien au cours des dernières 48 heures. Le 30 avril, les chars nord-vietnamiens enfoncèrent les portes du palais présidentiel de Saigon. Le Sud-Vietnam n'était plus.

En 1994, le président Bill Clinton leva l'embargo. L'année suivante, les deux pays normalisèrent leurs relations et les États-Unis ouvrirent une ambassade à Hanoi.

Alors que les communistes et le Viêt-cong avaient gagné la guerre, ils perdirent rapidement la paix. Les vainqueurs cédèrent à l'esprit de vengeance, enfermant des centaines de milliers de représentants de l'élite du Sud dans des « camps de rééducation ». Ils nationalisèrent tous les secteurs de l'économie et confisquèrent les terres. En 1978, la population était en proie à la pauvreté et à la faim. Les Khmers rouges du Cambodge voisin, embarqués dans le génocide de leur propre peuple, firent irruption au Vietnam et tuèrent des milliers de personnes. Les Vietnamiens répondirent en envahissant et en occupant le Cambodge. Déjà irrités par l'alliance signée entre le Vietnam et l'Union soviétique, les Chinois attaquèrent le Vietnam en 1978. Les Vietnamiens les repoussèrent ; mais la pauvreté chronique et le désespoir entraînèrent l'exode de près de deux millions de personnes privées de tout droit, dont beaucoup étaient d'origine chinoise.

Ces boat people prirent la mer à bord d'embarcations de fortune pour gagner les pays d'Asie du Sud-Est et, de là, l'Occident et l'espoir d'une vie meilleure. Des milliers de fuyards périrent en mer, pendant que Hanoi se débattait pour tenir la promesse de sa victoire qui, finalement, se réalisa par l'adoption de l'économie de marché et d'une politique de réformes fiscales (*doi moi*) en 1986.

La rénovation

Après 1975, le Vietnam posa comme condition préalable à l'apaisement de ses relations avec les États-Unis que ces derniers tiennent la promesse secrète de Richard Nixon de verser des réparations de guerre. En contrepartie, les Américains exigèrent de connaître le sort des 2400 soldats disparus en mission. Finalement, le Vietnam renonça à ses demandes de réparations et d'aide économique au moment même où les États-Unis tentaient de normaliser leurs rapports avec la Chine. Au cours des années 1980, pour justifier leur embargo commercial et leur hostilité envers le Vietnam, les États-Unis mirent en avant l'occupation vietnamienne du Cambodge et la persistante absence d'informations sur le sort des soldats disparus.

Au début des années 1990, alors que les Vietnamiens avaient quitté le Cambodge, les sénateurs américains John McCain et John Kerry, tous les deux vétérans de la guerre du Vietnam, demandèrent la levée de l'embargo et la reprise des relations entre les deux pays. En 1994, le président Bill Clinton leva l'embargo. L'année suivante, les deux pays normalisèrent leurs relations et les États-Unis ouvrirent une ambassade à Hanoi. La même année, le Vietnam devint membre à part entière de l'Association des nations du Sud-Est asiatique (ASEAN).

Cette suite d'événements suscita un vif intérêt pour ce pays, où les coûts de la main-d'œuvre étaient bas et où le marché économique représentait un énorme potentiel. La crise économique asiatique, associée à la corruption gouvernementale et à la pesanteur de la bureaucratie, eut raison de cet enthousiasme ; le Vietnam vit les investissements étrangers chuter de huit milliards de dollars en 1996 à un milliard en 1999.

Vers la fin de son mandat, Bill Clinton se rendit au Vietnam pour poser les bases d'un accord commercial bilatéral, signé en 2001. L'adhésion du Vietnam à l'Organisation mondiale du commerce fut effective en janvier 2007. La redistribution des terres et les investissements dans les régions rurales les plus pauvres du pays permirent d'éradiquer en partie la pauvreté et de développer l'agriculture. Cependant, malgré les réformes économiques de 2012, le Vietnam a vu son PIB décroître ces dernières années. ■

Supporters de football vietnamiens en liesse lors d'un tournoi de la Coupe du Tigre

Les arts

Au Vietnam, on dit parfois que la moitié de la population est composée de peintres et l'autre de poètes. C'est compter sans les nombreux acteurs, musiciens, sculpteurs sur bois, céramistes et créateurs de laques.

La littérature

La poésie jouit au Vietnam d'une aura qu'elle a largement perdue en Occident. Les amis s'écrivent des poèmes pour les fêtes, et un serveur peut vous déclamer quelques vers en vous servant votre entrée. Comme le vietnamien est une langue à tons, un seul mot peut avoir six significations différentes selon sa prononciation. La possibilité d'obtenir une rime est ainsi multipliée par six, ce qui explique peut-être pourquoi la poésie vient si facilement aux Vietnamiens.

La littérature du pays naquit il y a environ 2000 ans, mais les Chinois détruisirent beaucoup de textes anciens pour gommer l'originalité culturelle vietnamienne. Après l'occupation chinoise du début du XVe siècle, les scribes bouddhistes et confucéens renouèrent avec la tradition en utilisant l'écriture chinoise classique et le *chu nôm,* un système idéographique autochtone largement utilisé depuis la fin du XIVe siècle.

Le grand poète de l'âge d'or vietnamien, Nguyên Trai (1380-1442), un confucéen profondément humaniste, renonça à la vie de cour et à ses vaines intrigues pour écrire en *nôm* des poèmes dépeignant la société et la nature. Plusieurs souverains vietnamiens se piquèrent aussi d'écrire de la poésie. Alors que Nguyên Trai adopta l'écriture nationale pour composer ses vers, le plus grand roi du Vietnam, Lê Thanh Tông (1442-1497), composa ses annales en chinois.

Comme le vietnamien est une langue à tons, un seul mot peut avoir six significations différentes selon sa prononciation.

Au XVIIIe siècle, le poète Nguyên Du (1765-1820) rédigea le *Kim Vân Kiêu,* un récit épique en vers que les Vietnamiens citent souvent. Dans cette adaptation d'un roman chinois, Nguyên Du conte l'histoire d'une jeune fille vendue comme esclave et contrainte de se prostituer pour sauver sa famille. Le récit est truffé d'allusions aux classiques confucéens, ainsi qu'aux textes bouddhiques et taoïstes.

Au début du XXe siècle, quand les élites lettrées se dressèrent contre l'oppression coloniale, les éditeurs de poèmes, d'essais, de romans et de journaux commencèrent à utiliser largement le *quôc-ngu,* une transcription de la langue vietnamienne basée sur l'alphabet latin, créée par des missionnaires au XVIIe siècle. Par rapport aux écritures idéographiques qui comptent des milliers de caractères, le *quôc-ngu* était beaucoup plus facile à apprendre et offrait donc un outil de communication bien meilleur au moment où les révolutionnaires désiraient se rallier le peuple.

Au début des années 1930, la littérature connut un âge d'or lorsque les écrivains rejetèrent les structures confucéennes et s'intéressèrent au rôle de l'individu. Les auteurs, comme Hoang Ngoc Phach et Luu Trong Lu, par exemple, abandonnèrent les thèmes éculés du devoir et de la responsabilité pour dépeindre l'amour et d'autres sentiments.

La célébrissime tour de la Tortue s'élève au milieu du lac Hoan Kiem à Hanoi.

Aujourd'hui, après plusieurs décennies de guerre et l'exigence de se conformer à la ligne du Parti, les récits des romanciers contemporains Bao Ninh (*Le Chagrin de la guerre*) et Duong Thu Huong (*Les Paradis aveugles*) évoquent l'horreur de la guerre, plutôt que son aspect glorieux, et les dures réalités du Vietnam de l'après-guerre.

L'architecture

Les Vietnamiens tiennent l'architecture pour la forme d'art la plus aboutie ; leur vision transcende les simples édifices pour englober cours, jardins, étangs et, bien plus loin, l'aménagement d'ensemble du paysage.

Avec la géomancie (*feng shui*) qui constitue l'un de ses éléments fondamentaux, l'architecture implique à la fois les dimensions physique et métaphysique, terrestre et céleste. Les édifices religieux ou civils présentent les mêmes caractéristiques fondamentales – des toits bas et massifs aux tuiles de terre cuite soutenus par des piliers en bois dur de jaquier, fournissant un abri, et de hautes fondations de briques. Comme la pierre était rare, les Vietnamiens utilisaient le bois. Ainsi, compte tenu de l'humidité du climat, les plus anciens édifices vietnamiens qui subsistent, excepté les citadelles en brique, n'ont pas plus de deux siècles.

À DÉCOUVRIR La sériciculture

Avec une production de 1 800 t de soie par an, le Vietnam reste un poids léger dans une industrie où la Chine en produit 54 000 t par an, mais ses superbes soieries sont très prisées. Le village de Van Phuc est le berceau de la sériciculture, mais c'est la province de Lam Dong, dans les montagnes du Centre, qui fournit maintenant la majeure partie des cocons.

Après avoir nourri les larves de feuilles de mûrier, les éleveurs de vers à soie livrent les cocons aux usines. Là, on les plonge dans l'eau chaude pour ameublir leur enveloppe. Les tisserands peuvent tirer de chaque cocon entre 600 et 900 m de filament de soie. Ils torsadent une demi-douzaine de filaments ensemble pour obtenir un seul fil. Ces fils sont teints de couleurs vives et tissés sur un métier pour créer toutes sortes de motifs inspirés de divers modèles.

Contactez **Queen Travel** (voir p. 239) pour organiser une visite de Van Phuc, à quelques kilomètres au nord de Hanoi, ou **Dalat Tourist** (*10 Quang Trung, Dalat, tél. 063/382-3829, www.dalattourist.com.vn*) pour des idées de visites dans les villages des environs de la province de Lam Dong, où est produite la soie.

L'architecture militaire et impériale Les constructions les plus imposantes de l'ancien Vietnam étaient les citadelles, avec leurs douves, leurs remparts, et leurs hauts murs (Co La, citadelle de Hanoi). En s'inspirant de modèles européens, les Nguyên construisirent des citadelles partout, notamment celle de Huê, qui existe toujours. Huê abrite aussi le plus remarquable ensemble d'édifices impériaux. Au XIXe siècle, les Nguyên édifièrent leur capitale en s'inspirant de la Cité interdite de Pékin, bien que les versions locales du palais de l'Harmonie suprême et de la porte du Zénith, plus réduites, supplantent leurs archétypes chinois.

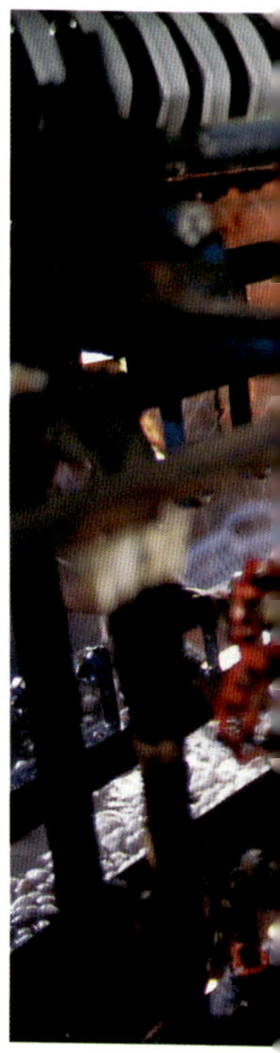

L'architecture civile La traditionnelle maison communale, ou *dinh*, le principal édifice du village, est l'exemple type de l'architecture locale. C'est à la fois un forum, une salle d'audience, une salle de banquet, un lieu de rencontres sportives, un théâtre et un temple dédié aux dieux tutélaires.

La plupart des *dinh* furent édifiés il y a 300 ou 400 ans et rénovés une ou deux fois par siècle depuis. Des sculptures soignées ornent parfois leurs poutres et leurs panneaux de bois. Les Vietnamiens ont répertorié plus de 700 *dinh*, surtout dans le delta du fleuve Rouge. Alors que le *dinh* remplit des fonctions à la fois civiles et religieuses, le *den* est un local religieux réservé aux divinités taoïstes ou aux héros nationaux comme Trân Hung Dao ou Le *dien* est un *den* réservé aux esprits taoïstes. Le *van tu* est consacré au culte de Confucius.

L'architecture religieuse Les édifices religieux les plus nombreux sont les pagodes bouddhiques (*chua*), qui peuvent être de simples petites constructions, comme la pagode au Pilier unique à Hanoi, ou des complexes cultuels englobant des stupas, des tours, des galeries, des clochers et des locaux abritant des stèles, comme celui de Thien Mu à Huê. Une forme de pagode très prisée du XIIIe au XVIIe siècle disposait sur un axe unique les sanctuaires unis par des galeries, des cours, des ponts et des jardins. Une autre forme appréciée les répartissait autour d'un jardin intérieur garni de bonsaïs et autres plantes.

À l'intérieur du sanctuaire principal, une succession d'autels supportait des statues disposées dans un ordre traditionnel. Les bouddhas du passé, du présent et du futur résident sur les autels supérieurs. Le niveau situé juste en dessous est occupé par Amitabha, le « bouddha de la Lumière infinie », flanqué de bodhisattvas. Sakyamuni est installé sous ce niveau, représenté sous l'un de ses nombreux aspects – celui d'un enfant, d'un ascète, ou d'un bouddha allongé sur la voie du nirvana. D'autres bodhisattvas et des divinités taoïstes occupent les niveaux inférieurs.

L'influence étrangère moderne Les Français, arrivés au milieu du XIXe siècle, introduisirent de nouveaux édifices pompeux, de style néoclassique puis Art déco, aux éléments typiquement européens tels que des frontons et des colonnes corinthiennes.

La plupart des cocons de soie du Vietnam sont traités dans des usines près de Dalat.

On en trouve disséminés dans tout le pays, mais surtout à Hanoi, Hô Chi Minh-Ville, Dalat et Haiphong. Puis, dans les années 1920, l'architecte Ernest Hébrard créa le style indochinois, sorte de fusion des styles français et vietnamien.

Après la guerre d'Indochine, l'influence soviétique inspira la réalisation d'édifices fonctionnels comme le bâtiment du Comité populaire et le mausolée de Hô Chi Minh, l'un et l'autre à Hanoi.

Les influences de l'architecture contemporaine apparaissent dans la façade pseudo-classique du centre commercial Trang Tien Plaza ou dans l'aspect futuriste de l'hôtel Sofitel Plaza, tous deux situés à Hanoi. Les tours d'habitation de verre et de béton de Hô Chi Minh-Ville se conforment aux tendances dominantes internationales.

***Portrait de femme assise*, de Victor Tardieu, peint au début du xxe siècle**

L'art et l'architecture cham Du VIIe au XVe siècle, la côte centre-sud du Vietnam fut dominée par le royaume du Champa, surtout connu pour ses sculptures d'inspiration indienne et pour les temples aux tours de brique qui parsèment la région.

L'élément le plus caractéristique de la tradition architecturale cham est la tour de briques (*kalan*) à trois étages – la base symbolise l'univers matériel, la section centrale carrée l'univers de l'intercession, le sommet pyramidal l'univers spirituel.

À l'intérieur du temple, les fidèles honorent la divinité principale placée sur un autel à piédestal entouré de corridors empruntés par les prêtres. Le *kalan* était l'élément central d'un complexe ceint de murs, comportant d'autres tours et sanctuaires.

Les temples et les tours présentent un grand nombre de statues et de bas-reliefs figurant Brahma, Vishnou et Shiva, les trois principales divinités, souvent sur leur monture sacrée. Shiva, qui régnait sur la création et sur la destruction, est plus souvent figuré sous une forme humaine avec une ou plusieurs de ses nombreuses épouses.

La peinture

Alors que les Chinois plaçaient la peinture et la littérature sur un pied d'égalité, au Vietnam, jusqu'à la fondation de l'École des beaux-arts d'Indochine en 1925, la peinture était considérée comme un art populaire, et en grande partie comme une extension de la sculpture sur bois. En effet, dans les bourgades du delta du fleuve Rouge comme Dong Ho, des artisans gravaient des motifs sur bois et imprimaient des vignettes figurant des fleurs, les sœurs Trung, des jeunes garçons menant des buffles d'eau ou récoltant les noix de coco. On achetait notamment ces gravures sur bois pour les fêtes comme celle du Têt, et on se les transmettait de génération en génération ; mais cette tradition prit fin ces dernières années.

Victor Tardieu (1870-1937) est généralement considéré comme le père de l'art moderne au Vietnam. Ce Français repéra les talents les plus prometteurs dans tout le pays et forma la première génération d'artistes modernes vietnamiens. Ses étudiants pratiquaient la peinture à l'huile, la laque et, dans une moindre mesure, la peinture sur soie. Lors de la partition du pays, l'école du Nord continua à tirer l'essentiel de son inspiration du village et de l'artisanat traditionnel alors que celle du Sud se tourna vers l'Occident pour trouver d'autres thèmes.

Après 1955, le gouvernement communiste imposa aux peintres de se conformer au réalisme socialiste. Certains se tournèrent vers la politique et la propagande, comme Ran Van Ca, en peignant des paysans musclés et bien nourris travaillant dans des champs fertiles, conduisant des tracteurs ne rouillant jamais. Ces images fournissaient des exemples de force, de ténacité et d'optimisme. D'autres peintres se conformèrent publiquement à l'art officiel tout en cultivant en secret leur propre muse. Certains, comme Bui Xuan Phai, peignirent sur toutes sortes de matériaux, y compris des cartons, des boîtes d'allumettes, des journaux et d'anciens livres d'école.

Au XIVe siècle, on adopta les motifs bleu cobalt venus de Chine qui restent prédominants dans la poterie régionale.

Au milieu des années 1980, le gouvernement relâcha son étreinte sur le contenu de l'imagerie vietnamienne. Aujourd'hui, des artistes comme Le Hong Thai, Le Quang Ha et Dinh Y Nhi sont respectés pour leur représentation honnête de la condition humaine.

Des galeries d'art contrôlent les principaux circuits touristiques, produisant en série d'étonnantes reproductions de chefs-d'œuvre européens et de beaux exemples d'art autochtone. Comme leur production est souvent copiée sans contrepartie, les artistes vietnamiens écartent leurs meilleures œuvres du circuit des galeries et les présentent dans des expositions privées.

La céramique

Au Vietnam, les premiers pots en grès datent du néolithique, mais la production de céramique ne prit vraiment son essor qu'après l'éviction des Chinois au Xe siècle.

Au XIVe siècle, on adopta les motifs bleu cobalt venus de Chine qui restent prédominants dans la poterie régionale. Un empereur chinois ayant interdit l'exportation de certains motifs « bleus et blancs » au XVe siècle, la demande de céramique vietnamienne crut dans toute l'Asie du Sud-Est et jusqu'au Moyen-Orient.

Alors que les Chinois ornaient les vases et les plats avec une certaine rigidité, les potiers vietnamiens, plus spontanés, rejetèrent le principe « une couleur, un décor » et mêlèrent les motifs, associant par exemple les chrysanthèmes et les dragons sur la même pièce.

Dans les villages d'artisans du delta du fleuve Rouge, particulièrement à Bat Trang et à Chu Dau, les artisans créèrent des objets quotidiens et des objets cérémoniels – vase à cannelures, brûle-encens et ornements d'autel. Bat Trang est renommé depuis le XVe siècle pour la grâce de sa production aux décors estompés.

Historiquement, les potiers vietnamiens ne se limitèrent pas au bleu et au blanc ni à mettre la couleur avant la cuisson. Parfois, après une première cuisson, le potier ajoutait une couche d'émail coloré, créait le décor, puis recuisait la pièce avant de procéder au glaçage.

Après l'âge d'or de Bat Trang au XVIIIe et au XIXe siècles, Biên Hoa, près de Hô Chi Minh-Ville, devint un important centre de production de céramiques quand les Français y ouvrirent le Collège des arts appliqués en 1903. Mêlant les techniques asiatiques et occidentales, les artisans créèrent des pièces qui furent primées dans de nombreuses expositions internationales. Alors que les potiers de Bat Trang peignaient leurs œuvres, les artisans de Biên Hoa incisaient leurs motifs.

Bat Trang et Biên Hoa continuent à produire des céramiques pour le marché intérieur et pour l'exportation. Le Vietnam produit une telle quantité de céramiques qu'il est parfois difficile de distinguer entre les pièces de qualité et les imitations.

Les laques

Les magasins pour touristes proposent tellement d'objets en laque que l'on éprouve vite une certaine méfiance à l'égard de la nacre sur fond laqué. Les objets destinés à la consommation de masse reproduisent trop souvent des archétypes comme le jeune garçon sur un buffle d'eau. Mais cet art, propre à l'Asie orientale, peut se révéler un remarquable moyen d'expression entre des mains expertes. Cette technique d'origine chinoise prit son essor sous les Ly (1010-1225), quand un ambassadeur la rapporta d'un voyage au nord. La laque, qui provient de la sève blanche d'un arbre, le *cay son,* est récoltée la nuit, car la lumière du soleil l'assombrit.

Après l'âge d'or de Bat Trang au XVIIIe et au XIXe siècles, Biên Hoa, près de Hô Chi Minh-Ville, devint un important centre de production de céramique.

Au XVe siècle, cet art s'affirma dans les temples et les maisons communales (*dinh*), où les piliers en bois de jaquier étaient recouverts de laque vermillon rendue très brillante en la polissant à l'aide d'une pierre ponce. Comme la laque offre une excellente protection contre la putréfaction, on l'employa pour tout préserver, des bols aux dents. Dans les années 1930, sous l'influence du peintre français Joseph Inguimberty, cet art, jusque-là populaire, acquit le statut d'art à part entière et atteignit une grande intensité abstraite grâce à des maîtres modernes comme Nguyên Gia Tri et Nguyên Lam.

Il faut des mois pour préparer les surfaces de bois et pour les couvrir de laque. On utilise plusieurs techniques, comme la gravure, l'incrustation, le polissage et la coloration. D'ordinaire, la palette est limitée aux tons terreux – le noir, le rouge et le brun. Quant aux incrustations, elles sont à base de nacre et de coquille d'œuf écrasée.

Le théâtre

Les marionnettes sur l'eau, une tradition vieille de plus de mille ans, sont caractéristiques du Vietnam (voir p. 64-65). En bois sculpté et peint, elles paradent, s'éclaboussent, plongent et réapparaissent brusquement sur une scène aquatique, manipulées par des marionnettistes cachés derrière un écran et accompagnées par un orchestre traditionnel.

Aussi typiquement vietnamien que les marionnettes sur l'eau, le *cheo* est une forme d'opéra populaire apparue dans le delta du fleuve Rouge au XIe siècle. En général, la scène était une simple natte installée en plein air devant la maison communale du village. Un tambour ou un gong domine un orchestre traditionnel comportant un luth en forme de lune et une flûte. Les acteurs chantent et parlent de façon grandiloquente, interprétant des histoires familières d'origine souvent chinoise, comme le *Kim Vân Kiêu*. Ils accentuent les points forts à l'aide de gestes outrés des pieds et des mains, qui indiquent au public les intentions du personnage. Les chants ont tendance à faire l'éloge des femmes et à couvrir les hommes de sarcasmes. Le public plaisante souvent avec les acteurs, qui peuvent improviser et modifier l'histoire en fonction des circonstances.

L'aristocratie et les érudits taxaient l'opéra populaire de vulgaire et lui préféraient une forme de théâtre classique vieille de 700 ans, le *tuong*, qui connut son apogée sous la dynastie Nguyên. Le *tuong* se délecte de récits épiques parlant de guerre, d'héroïsme et de vie de cour, où la vertu triomphe inévitablement. Comme le *cheo*, le *tuong* ne prétend pas au réalisme. Les acteurs au visage maquillé en rouge sont les héros vertueux; ceux au visage blanc interprètent les vils traîtres. Les costumes sont très colorés et les mouvements des acteurs stylisés. Pour souligner certains sentiments, ils accentuent leurs répliques, en les rendant gutturales à l'aide de leur diaphragme ou en faisant résonner les mots dans leur bouche. Vers 1920, les classes moyennes montantes popularisèrent une nouvelle forme de théâtre née à Saigon, le *cai luong*, en rupture avec la philosophie confucéenne, qui imprégnait le *tuong* et s'inspira de romans populaires, de pièces chinoises, et même de pièces occidentales comme *L'Avare* de Molière.

La musique

Alors que la musique pop provenant des bars à karaoké inonde le champ sonore du Vietnam de chansons d'amour mélancoliques et de musique synthétique, des traditions musicales plus profondes perdurent – la musique de cour (*nha nhac*), la musique rituelle de gong des montagnes du Centre, la chanson populaire (*quan ho*) et la musique de chambre (*ca tru*). En 2003 et en 2005, l'Unesco inscrit la musique de cour et la musique de gong parmi les chefs-d'œuvre de l'héritage oral et immatériel de l'humanité.

Nha nhac signifie « musique élégante ». Cette musique rituelle qui accompagnait les cérémonies de cour du XVe siècle au XXe siècle se caractérise par sa dimension d'impromptu. Comme dans le jazz, chaque musicien orbite autour d'un thème connu par tous, en improvisant dans les limites imposées par un tambour dominant.

Plus instrumentale que lyrique, cette musique à la riche texture évoque les paysages d'une peinture asiatique à l'encre de Chine réalisée au pinceau. À l'époque impériale, les Nguyên entretenaient à la fois un orchestre restreint et un grand orchestre qui comportait des luths et des flûtes, des clochettes et un vaste éventail de percussions comme le lithophone, les cymbales et les tambours couverts de peau. Aujourd'hui, on peut écouter tous les jours du *nha nhac* au Théâtre royal de la Cité impériale, à Huê.

Dans les montagnes du Centre, les gongs retentissent pour communier avec le monde surnaturel lors des naissances, des mariages, des sacrifices de buffles et des

Au Vietnam seulement

Si certains éléments culturels du Vietnam se retrouvent chez ses voisins, d'autres lui sont propres : les marionnettes sur l'eau ; la *non la*, une coiffe distinctive conique ; la *ao dai*, l'élégante tenue nationale ; et le *dan bau*, un instrument à corde unique dont la sonorité imite les inflexions de la voix.

récoltes. Des groupes de 3 à 21 musiciens frappent des gongs plats ou en forme de plat, ensemble ou en se répondant. Dans les villages des bahnar, E De ou Giarai, les hôtes sont souvent accueillis dans la maison communale par les gongs. Le « *ho* » de *quan ho* vient du mot vietnamien signifiant « élever la voix ». Ces chants populaires virent le jour dans les rizières du fleuve Rouge, où les paysans chantaient pour s'encourager. Les chants *ho* sont repris lors des fêtes à l'occasion de compétitions où les chanteurs se répondent. C'est sous cette forme que le *quan ho* est le plus fréquemment pratiqué aujourd'hui.

Les monocordes et les flûtes de bambou produisent des airs qui écartent les tons mélancoliques et célèbrent l'amour d'une manière plus enjouée. Le *quan ho* est lié à la province de Bac Ninh comme le *pho* l'est à Hanoi. Un festival de *quan ho* a lieu chaque année à Bac Ninh après la fête du Têt. Comme le *quan ho,* la musique de chambre, ou *ca tru,* n'attire plus guère les jeunes, qui la trouvent désuète. Elle est liée à l'aristocratie vietnamienne qui s'affirma au XIe siècle.

Les interprètes de *ca tru,* toujours des femmes, jouaient dans les cours royales, les demeures aristocratiques et les auberges dédiées à un public masculin. Les chanteuses ont une voix haut perchée et nasale. Elles frappent une tige de bambou pour marquer le rythme, le seul accompagnement musical étant fourni par un luth à long cou. Un juge, parmi l'assistance, bat un petit tambour pour indiquer ce qu'il pense des performances de la chanteuse. Quand l'assistance est satisfaite, elle offre à celle-ci de petits bâtonnets de bambou (*tru*) pour l'honorer. Depuis sa reconnaissance par l'Unesco en 2009, le *ca tru* connaît un renouveau. À Hanoi, les visiteurs peuvent profiter de cet art dans le quartier historique (voir Informations pratiques p. 264).

L'*ao dai* à col montant est à la fois un hommage à la tradition et un vêtement quotidien.

La mode

L'*ao dai* (longue chemise) est un vêtement de soie à col haut, fendu au niveau des hanches, que les Vietnamiennes portent sur leur pantalon flottant. Ce vêtement à longues manches met en valeur le corps féminin, révélant chaque courbe sans rien exposer. L'*ao dai* fit son apparition à Hanoi en 1934, quand les femmes s'élevèrent contre les pesantes mœurs confucéennes. Avec la modernité, elles adoptèrent le maquillage, des coiffures fantaisistes, des talons hauts et l'*ao dai* – né de la réinterprétation d'une robe d'un style plus ancien par un ancien élève de l'École des beaux-arts. Encore plus typiquement vietnamien que l'*ao dai,* le *non* (chapeau conique), fait de feuilles de palmier (le latanier) tressées sur des lattes de bambou, protège les paysans du soleil tropical et de la pluie de mousson. ■

Avec son quartier historique animé, son architecture coloniale et ses traditions séculaires, Hanoi, capitale du Vietnam depuis 1010, a su préserver ses charmes.

Hanoi

Un geôlier de la prison de Hoa Lo à l'époque coloniale

Hanoi

Alors qu'une grande partie du monde revenait à la vie après la Seconde Guerre mondiale, Hanoi subit un autre demi-siècle de guerre et de privations. C'est aujourd'hui l'une des villes les plus captivantes d'Asie du Sud-Est. Sa vieille ville, ses quartiers français, ses temples séculaires et ses lacs semblent davantage tenir de la vision que de la réalité.

Les motos prédominent dans le centre-ville de Hanoi.

La ville est située au bord du fleuve Rouge, dans l'une des régions les plus fertiles du pays, où naquit la civilisation vietnamienne. Au VIe siècle, quand le Vietnam était vassal des Chinois, ces derniers fondèrent ici une localité appelée Tông Binh, puis Dai La Thanh. Ly Thai To, le fondateur de la première grande dynastie du Vietnam, en fit sa capitale en 1010 et la renomma Thang Long (dragon ascendant) après avoir vu, dit-on, un dragon doré survoler le fleuve. Les Nguyên, qui transférèrent la capitale à Huê en 1804, renommèrent la ville Hanoi. Puis Hô Chi Minh et les pères fondateurs du Vietnam moderne rendirent à la ville du Nord son statut de capitale en 1945.

Les secousses du XXe siècle n'ont guère sévi ici. Dans la vieille ville, la vie émane des « maisons-tubes » du XIXe siècle jusque sur les trottoirs et les rues très animées. Pour leur part, les merveilles d'architecture « indochinoise »

À NE PAS MANQUER

Une promenade sur les bords du lac Hoan Kiem **62-63**

Les merveilles de l'architecture coloniale dans les quartiers français **63-64, 65**

Les splendeurs des marionnettes sur l'eau **64-65**

Les richesses du patrimoine vietnamien au musée d'Histoire **67-68**

Le souvenir des conflits passés, à la prison de Hoa Lo **69**

Les rues colorées de la vieille ville **70-72**

La première université du Vietnam au temple de la Littérature **76-79**

Une visite à l'Oncle Hô au mausolée de Hô Chi Minh **80-81** des quartiers français rappellent l'époque coloniale.

Depuis la fin des années 1980 et l'instauration du *doi moi* (politique de réformes fiscales), l'infrastructure de Hanoi est passée du déplorable au grandiose. Les chefs des restaurants locaux ont entrepris de contribuer à la gastronomie mondiale à renfort de créations alléchantes aux prix demeurant raisonnables. Les musées présentent les collections les plus riches du pays, dans les domaines de l'anthropologie, des souvenirs dynastiques, de l'ethnographie, de l'histoire révolutionnaire et des beaux-arts. On peut aisément passer une semaine dans cette métropole de trois millions d'habitants sans jamais faire un repas terne ni s'ennuyer un seul moment.

En outre, on peut s'échapper facilement une journée pour découvrir différents sites du Nord (voir p. 85-110). ■

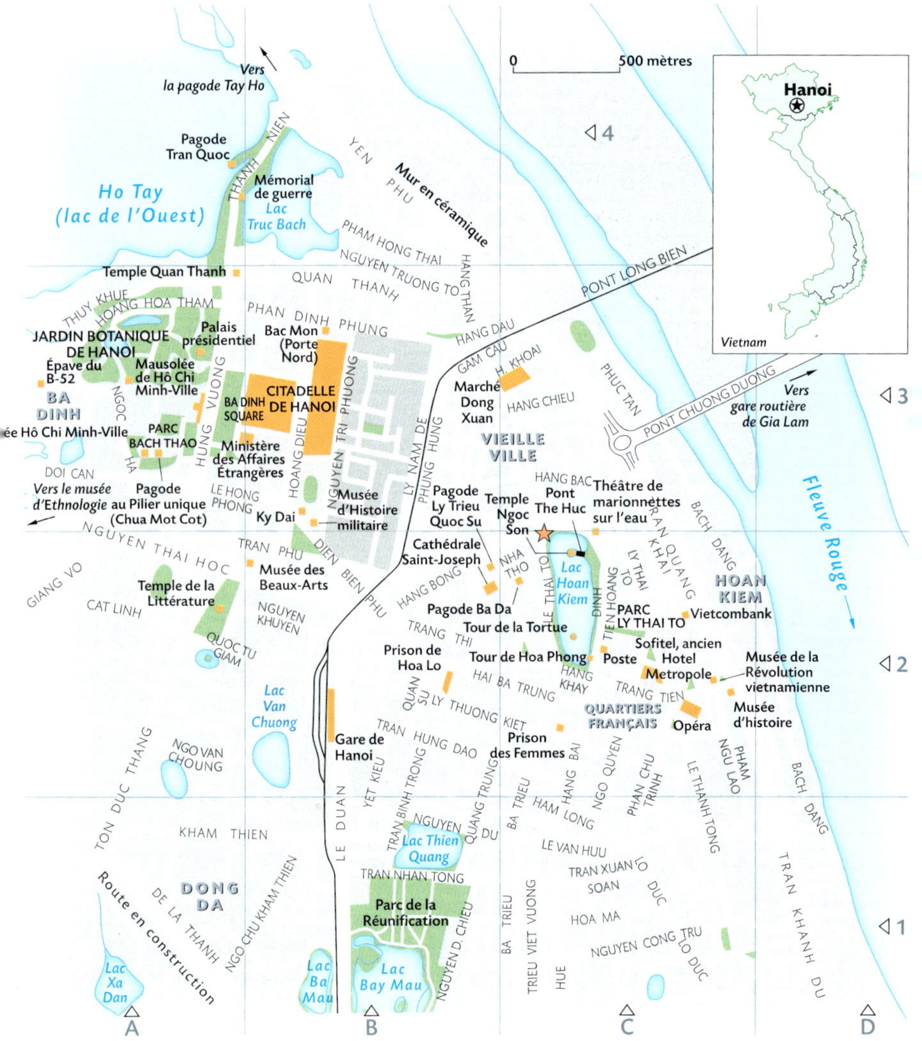

Le lac Hoan Kiem et ses environs

Le lac Hoan Kiem, médaillon vert de 10 ha, ressemble à un havre de paix au milieu de l'effervescence urbaine. Il jouxte le quartier français colonial au sud (voir p. 66-69) alors que la partie nord pénètre dans la vieille ville, chargée d'histoire (voir p. 70-72). La promenade ombragée qui l'entoure attire les revendeurs, les arnaqueurs, les amoureux, les joueurs d'échecs et les touristes. Une flânerie en ce lieu romantique, vanté par les poèmes, les chansons et les légendes, est une introduction idéale à la découverte de Hanoi.

Quand le fleuve Rouge a changé de cours, ce lac a subsisté, pour le plaisir des habitants de Thang Long.

Hanoi
- 61

Informations touristiques
- Hanoi Toserco 98 Hang Trong
- 04/3928-6631

Lac Hoan Kiem
- 61 C2
- Entrée du temple Ngoc Son près de Dinh Tien Hoang à Lo Su
- €

D'après ses habitants, on ne connaît pas Hanoi si l'on n'a pas vu le Hoan Kiem.

Le lac est un vestige d'un ancien lit du fleuve Rouge, qui a changé de cours après 1490. Il acquit un statut légendaire au XVe siècle : une tortue géante aurait fourni, puis repris, une épée magique à l'empereur Lê Loi dont il se serait servi pour chasser les occupants chinois. Le lac, auparavant appelé Luc Thuy (eau verte), fut rebaptisé Ho Hoan Kiem (lac de l'épée restituée).

Le site principal est le **temple Ngoc Son** (montagne de jade), sur une île minuscule à la pointe nord du lac. Sur un tertre entre ses deux piliers d'entrée se trouve la **colonne en forme de pinceau** à cinq étages. Sur ses piliers sont inscrits les caractères chinois signifiant « bonheur » et « prospérité » alors que la tour elle-même porte l'inscription *Ta Thanh Thien*, qui signifie « calligraphiant sur le ciel azur ».

Franchissez ensuite le **pont The Huc** rouge vif, en passant à côté des **pavillons Dac Nguyet** (recevant la Lune) et **Tran Ba Ding** (calmant les ondes) qui protègent le temple du lac. Derrière la première salle, plutôt terne, de Ngoc Son, les espaces intermédiaires honorent les trois protecteurs du temple – Van Xuong, le gardien de la littérature; Quan Vu, maître des arts martiaux; et La To, précurseur de la médecine. Tout au fond, on honore Trân Hung Dao, le héros du XIIIe siècle qui effectua des exercices navals sur le lac avant de mettre les Mongols en déroute.

À SAVOIR

À Hanoi, levez-vous tôt pour faire de l'exercice avec les habitants. Autour du lac Hoan Kiem, vous pourrez pratiquer le tai-chi, l'aérobic, le badminton, et vous verrez les gens se promener en pyjama de soie.

Sur un îlot au sud, se dresse la fameuse **Thap Rua** (tour de la Tortue) censée évoquer les tortues géantes à carapace souple du lac. Un spécimen mort en 1968 pesait 250 kg; ses restes sont exposés dans le temple.

Pour avoir le meilleur aperçu de l'héritage colonial du quartier français, partez de la pointe sud du lac Hoan Kiem, où les Français commencèrent à construire peu de temps après avoir bombardé la citadelle de Hanoi en 1882. La date (1886) inscrite au **3 Hang Khay** désigne peut-être le plus ancien édifice colonial subsistant.

En suivant la rive est du lac Hoan Kiem, vous longerez la **tour Hoa Phong** (vent paisible), un vestige de la pagode Bao An rasée par les Français pour faire place à des édifices coloniaux. De l'autre côté de Dinh Tien Hoang, tout ce pâté de maisons est dominé par la poste plutôt sinistre, d'inspiration soviétique, encadrée par deux édifices coloniaux.

Jetez un coup d'œil au kiosque à musique octogonal de l'ère coloniale dans le **parc Ly Thai To** adjacent. Baptisé parc Chi Lang en 1954 pour évoquer la victoire de Lê Loi sur les Chinois en 1427, rebaptisé parc Indira-Gandhi en 1986 pour honorer la longue amitié avec l'Inde, il a, à nouveau, changé de nom (Ly Thai To) pour le millénaire de la ville en 2010. ■

La sauvegarde des tortues

Le lac Hoan Kiem n'a jamais autant attiré l'attention que durant les mois de mars et de juin de 2010 lorsque l'on trouva une tortue à carapace molle blessée. Elle fut soignée et remise à l'eau. La découverte d'une telle tortue était si exceptionnelle que nombreux sont ceux qui pensaient qu'elle n'était qu'une légende. Cette créature de 170 kg est désormais identifiée comme l'une des quatre *Rafetus swinhoei* existant dans le monde, et la seule survivante dans le lac. La pollution et l'introduction dans le lac de la tortue de Floride (*Trachemys scripta elegans*), plus petite, seraient à l'origine des blessures de cette tortue géante.

Les marionnettes sur l'eau

Les marionnettes sur l'eau, une tradition vietnamienne millénaire, sont liées à la riziculture du delta du fleuve Rouge. Sculptées en bois de figuier, peintes et laquées, ces marionnettes impertinentes au lustre caractéristique jouent sur une scène aquatique des saynètes tirées des trésors du folklore et de l'histoire du Vietnam.

Autrefois, l'eau d'une rizière ou d'un village communal servait de scène ; aujourd'hui, la plupart des spectacles ont lieu dans des théâtres spécialement aménagés comme le Thang Long à Hanoi. À la différence des marionnettes à fils ou à gaine manipulées par en dessous ou par au-dessus, les marionnettes sur l'eau sont manipulées à l'aide de tiges, par des marionnettistes dans l'eau jusqu'aux cuisses derrière un écran. Pour certains spectacles très complexes, ils sont plusieurs à manipuler une seule tringle.

Un système de tiges immergées et de poulies régit les cabrioles des marionnettes sur l'eau.

Autrefois, les marionnettistes constituaient des corporations protégeant avec soin les secrets de leur métier. Ils étaient particulièrement discrets sur l'appareillage qui permet aux marionnettes de bouger. Dans l'eau opaque, on ne voit pas les tiges de bambou de 3 à 4 m de long et les sortes de pinces placées dans le flotteur de chaque marionnette.

Certaines marionnettes peuvent mesurer jusqu'à 1 m et peser 16 kg, mais elles sont en général plus petites, atteignant une quarantaine de centimètres sur une base de bois pouvant flotter qui s'enfonce juste sous la surface de l'eau. Les personnages sont constitués de petits fragments pour maximiser leur agilité et leur élégance, en particulier en ce qui concerne les bras et la tête, qui peut s'envoler quand l'intrigue prévoit une décapitation !

À SAVOIR

L'endroit idéal pour un spectacle est Thang Long. Même si vous ne parlez pas vietnamien, c'est assez explicite pour que vous compreniez l'action.

Au théâtre Thang Long (voir p. 264), l'endroit idéal pour découvrir cet art, un spectacle de 45 minutes comporte 17 épisodes tirés de légendes et de mythes, comme la restitution de l'épée magique à la tortue dorée du lac Hoan Kiem par Lê Loi et la danse des quatre animaux sacrés (dragon, chien-lion, phénix et tortue) de la mythologie vietnamienne. Beaucoup de sketchs font allusion aux tribulations et au triomphe des gens ordinaires menant leur activité quotidienne. Un orchestre traditionnel joue une bande sonore tonitruante tandis que des chanteurs de *cheo* (opéra populaire) récitent les dialogues et décrivent l'action.

Dans presque tous les spectacles, on trouve un pauvre paysan qui se vante de ses canards, jusqu'à ce que l'un d'eux soit saisi par un renard qui grimpe dans un arbre. On voit aussi souvent des jeunes garçons nager derrière des grenouilles

Beaucoup de spectacles de marionnettes mettent en scène la vie quotidienne en milieu rural.

et jouer de la flûte, perchés sur le dos d'un buffle d'eau.

Le personnage le plus aimé des marionnettes sur l'eau est Teu, un bouffon toujours souriant, vêtu d'un pagne et d'un gilet, avec trois touffes de cheveux sur un crâne chauve. Maître de cérémonie caustique, parfois un peu lourdaud, Oncle Teu est aussi un symbole de l'esprit indomptable du Vietnam. Très appréciées dans le Nord, les marionnettes sur l'eau étaient peu pratiquées dans le Sud jusqu'à l'époque moderne. Lors d'occasions spéciales, des spectacles ont lieu dans un *thuy dinh* (décor) vieux de plus de 300 ans à la pagode Thay (voir p. 91-92).

Les quartiers français

Si la colonisation française au Vietnam est sujette à débats sur bien des plans, sur le plan architectural, elle a indéniablement légué de magnifiques bâtiments, résidentiels et publics. À Hanoi, les joyaux d'architecture construits par les Français sont groupés dans deux quartiers. À leur vue, on ne peut s'empêcher d'être admiratifs et peut-être même d'éprouver un brin de nostalgie.

Quartier français
61 C2
tosercohanoi.com

Juste à l'est du **parc Ly Thai To**, dans la rue Ngô Quyên, un édifice Art déco 1930, la **Vietcombank**, autrefois la Banque d'Indochine, est un symbole éloquent de stabilité financière. Notez les caractères chinois du bonheur et de la longévité en haut du bâtiment, marque de fusion entre l'Orient et l'Occident.

Une mariée a choisi le majestueux Opéra colonial pour servir d'arrière-plan à ses photos de mariage.

En prenant la rue Ngô Quyên à droite, on trouve sur la droite l'ancien palais du gouverneur du Tonkin. Cet édifice néo-Renaissance de 1918 est maintenant la **résidence des hôtes officiels**. Hô Chi Minh y vécut quelque temps en 1946.

De l'autre côté de la rue, une autre adresse prestigieuse, le très chic **hôtel Sofitel Metropole** (*15 Ngô Quyên;* voir Informations pratiques p. 246), a compté parmi ses hôtes de marque Charlie Chaplin, Graham Greene et Jane Fonda. Ils ont tous résidé au deuxième étage de l'édifice colonial de 1901. Notez la façade d'un blanc immaculé, les pilastres ioniques, les balcons à balustrade et les volets verts, des marques de l'esthétique coloniale française.

À la fin du pâté de maisons, prenez à gauche dans Trang Tien pour atteindre le joyau de l'héritage architectural français de Hanoi, l'**Opéra**. Bâti entre 1902 et 1911, et toujours en activité, c'est le plus opulent des trois théâtres municipaux édifiés par les Français du Vietnam. Après la reddition japonaise en 1945, plus de 20000 personnes se sont rassemblées devant l'Opéra sous les auspices du Viêt-minh.

Le musée d'Histoire

Le musée d'Histoire (Bao Tang Lich Su) est le plus bel édifice colonial français du Vietnam, un chef-d'œuvre du style indochinois créé par Ernest Hébrard dans les années 1920 et 1930. Les collections du musée, qui présentent l'histoire du pays depuis 500 000 ans jusqu'aux années 1940, s'accordent parfaitement à la grandeur du bâtiment. Achevé en 1932, il abrita les objets collectés par l'École française d'Extrême-Orient, dont l'emblème figure sur la façade de la tour octogonale. Observez les stèles, les stupas et les gongs le long du flanc droit de l'édifice.

À l'intérieur, le parcours commence par l'**âge de la pierre**, avec des herminettes, des haches et des crânes. On rencontre vite les magnifiques tambours de bronze de Dông Son, fondus dans le delta du fleuve Rouge il y a deux millénaires; on les utilisait pour les fêtes, pour invoquer la pluie, et pour la guerre. Notez les quatre grenouilles perchées sur le tambour de Thon Bui. À gauche, la jarre funéraire en bronze de Yen Bai vieille de 2000 ans est ornée de minuscules figures en train de copuler. Toujours au rez-de-chaussée, la **section de la dynastie Ly** comporte une stèle de pierre supportée par une tortue érigée par Ly Thuong Kiet en 1126, près de 350 ans avant que Lê Thanh Tông adopte ce type de stèle au temple de la Littérature (voir p. 76-79).

La **section de la dynastie Trân** glorifie la bataille du Bach Dang en 1288, avec un tableau panoramique de 1979 et des pieux utilisés pour éventrer la flotte mongole (voir p. 37). Admirez aussi la collection de dragons de terre cuite aux yeux exorbités et aux langues pendantes.

Au premier étage, la rotonde accueille la **statuaire cham** en grès. On y voit une copie de l'une des œuvres les plus significatives de la sculpture bouddhique du Vietnam, la déesse de la Miséricorde aux mille bras et aux mille yeux provenant de la pagode But Thap à Bac Ninh (voir p. 93); il n'est pas indiqué qu'il s'agit d'une copie.

(*suite p. 69*)

Musée d'Histoire
- 61 C2
- 1 Trang Tien et 25 Tong Dan
- 04/3825-2853
- Fermé lun. et de 12 h à 13 h 30
- €

baotanglichsu.vn

L'architecture coloniale

L'architecture coloniale française est plus présente à Hanoi que n'importe où ailleurs au Vietnam, et le spectacle des fenêtres ouvragées et des détails d'ornementation des élégantes demeures est inoubliable. De nombreux édifices parmi les plus raffinés, notamment le ministère des Affaires étrangères, ancienne trésorerie de la Banque d'Indochine (Nuits 1 Ton That Dam), et le musée d'Histoire (voir ci-contre), furent conçus par Ernest Hébrard, célèbre architecte français. Nombre de ces anciens édifices coloniaux ont fait l'objet de restaurations et retrouvé leur ancienne splendeur. Ils abritent les ambassades ou servent de résidence aux ambassadeurs.

Le tourisme de guerre au Vietnam

De façon ironique, les lieux associés aux conflits exercent une certaine fascination sur les touristes d'un pays. C'est particulièrement le cas au Vietnam, peut-être à cause des nombreux films ayant traité de la guerre du Vietnam. Des sites tels que China Beach, My Lai, les tunnels de Cu Chi, la zone démilitarisée (DMZ), la prison de Hoa Lo et Diên Biên Phu figurent parmi les destinations privilégiées.

La fête nationale du Vietnam, le 2 septembre, réunit les générations lors d'une visite du musée de la Guerre à Huê.

Une telle curiosité est compréhensible chez les vétérans de guerre, car pour beaucoup ces sites sont associés à des souvenirs traumatiques depuis des décennies, et ils espèrent qu'une telle visite les débarrassera des vieux démons. Certains tour-opérateurs se sont d'ailleurs spécialisés dans l'organisation de voyages pour les vétérans.

Cependant, ceci n'explique pas l'affluence massive de touristes à Cu Chi (voir p. 214-216), pour découvrir les tunnels qui ont joué un rôle décisif dans l'issue du conflit. Ici, c'est le génie des Vietnamiens, poussés par la nécessité et l'urgence de la survie, qui captive l'imagination des touristes. À Hô Chi Minh-Ville, le musée des Souvenirs de guerre (voir p. 204-205) ne désemplit pas, en dépit (ou peut-être à cause) du fait que son contenu est de nature à briser le cœur.

Cela étant, il est presque impossible lorsque l'on visite le Vietnam de ne pas se rendre sur des lieux associés aux guerres, puisqu'ils couvrent presque la totalité du pays. Chaque petit village possède son mémorial et ses dalles commémoratives qui rappellent les souffrances endurées par ce peuple.

Le tourisme de guerre n'est bien sûr pas le fait exclusif des étrangers. À mesure que l'économie du Vietnam se développe et que ses habitants disposent de suffisamment d'argent pour visiter leur propre pays, beaucoup choisissent les sites comme les prisons de l'archipel de Con Dao (voir p. 233), où les traitements cruels infligés d'abord par les Français, puis les Américains, contribuèrent à ancrer le désir de souveraineté chez les prisonniers. De telles visites stimulent la fierté et le zèle patriotique chez les jeunes Vietnamiens.

Ironique ou non, le tourisme de guerre est un vrai business au Vietnam.

Au fond de la salle, une collection de **pièces des Nguyên** comporte des paravents, des urnes et des illustrations en couleur évoquant la cour, réalisées en 1895. D'autres collections sont visibles de l'autre côté de la rue, 25 Tong Dan, dans un bâtiment anciennement occupé par le **musée de la Révolution vietnamienne**. Ici, l'exposition est dédiée à la lutte contre les Français et les Américains pour l'indépendance.

À SAVOIR

Les Vietnamiens ne perdent pas de temps à passer l'histoire au crible, à débattre des mérites des uns et des autres, et à savoir qui a tué qui, où et quand, au cours d'une guerre vieille de 40 ans.

La prison des Femmes

Depuis sa rénovation il y a quelques années, ce musée est le plus intéressant de Hanoi. Vous pourrez y voir des clips vidéo sur les différents aspects de la vie des Vietnamiennes avec pour thèmes la famille, l'histoire et la mode.

Le rez-de-chaussée est consacré aux vendeuses de rue. Le premier étage est dédié au rôle qu'elles jouèrent dans les guerres de libération. Le deuxième étage traite de la vie familiale et la galerie du niveau supérieur présente des vêtements traditionnels y compris ceux des minorités.

La prison de Hoa Lo

Elle fut ironiquement surnommée Hanoi Hilton par les pilotes américains qui y furent prisonniers entre 1964 et 1973. Vers 1890, les autorités coloniales françaises construisirent une maison d'arrêt centrale, en rasant pour cela un village. Conçue à l'origine pour accueillir 450 détenus, elle en comptait près de 2 000 entre 1950 et 1953. Une tour d'habitation occupe maintenant la plus grande partie, mais, en 1993, la partie sud-est fut conservée pour en faire un mémorial, surtout dédié aux prisonniers ayant lutté contre le colonialisme français.

Après la porte principale, tournez à droite dans une salle où un diorama et des photos présentent en détail une prison de style colonial. Au mur, un tableau montre des détenus liés à de grands chevalets. Dans les cellules, les prisonniers étaient enchaînés à des dalles de béton inclinées; les marques laissées par les détenus témoignent de longues périodes de détention.

Deux petites **salles des prisonniers de guerre** veulent montrer comment les Nord-Vietnamiens traitaient les prisonniers américains et exposent des brosses à dents, des pulls, des lits et même un filet de volley-ball. La pièce de droite expose des photos de prisonniers de guerre.

Le **secteur des condamnés à mort** comporte plusieurs cellules et présente un fût de métal destiné à la torture à l'eau et également l'une des deux guillotines utilisées par les Français. ■

Prison des Femmes

61 C2
36 Ly Thuong Kiet
04/3825-9936
€

womenmuseum.org.vn

Prison de Hoa Lo

61 B2
1 Hoa Lo, quartier de Hoan Kiem
04/3824-6358
€

Une promenade dans la vieille ville

La vieille ville de Hanoi est un labyrinthe animé depuis que, il y a 600 ans, 36 guildes réclamèrent l'attribution d'espaces différents pour y vendre leurs marchandises. Même si ses ruelles ne sont plus spécialisées, elles portent toujours le nom du produit (*hang*) que l'on y vendait à l'époque impériale. Autrefois, chaque corporation était liée à un village éloigné et élevait un temple pour s'attirer la prospérité.

Les petits commerces envahissent les trottoirs animés de la vieille ville de Hanoi.

De l'extrémité nord du **lac Hoan Kiem** ❶ (voir p. 62-63), remontez la rue Hang Dan, où la plupart des boutiques vendent des vêtements qui débordent sur le trottoir. Du vendredi au dimanche, à partir de 19 h, cette rue est fermée à la circulation tout du long jusqu'au marché Dong Xuan. Un **marché de nuit**, très animé, où les étals s'installent au milieu de la rue.

En reprenant la rue Luong Van Can vers le nord, tournez à droite dans Hang Bo, puis à gauche dans Hang Ngang jusqu'au n° 48, la **résidence de Hô Chi Minh** ❷ (*fermé 11 h30-13 h30*) durant l'été 1945. C'est dans un appartement du deuxième étage que Hô Chi Minh rédigea le discours qu'il prononça le 2 septembre 1945 pour proclamer l'indépendance du Vietnam. Jusqu'en 2005, l'ancien propriétaire conserva la chaise et la table de Hô Chi Minh comme des reliques du héros national.

À NE PAS MANQUER

• La résidence de Hô Chi Minh • La porte de Quan Chuong • Le temple Bach Ma • La maison traditionnelle à deux étages

Plus loin, dirigez-vous au nord le long de Hang Ngang et Hang Duong (sucreries). Remarquez les **maisons-tubes** datant pour la plupart de la fin du XIXe siècle. Comme la vieille ville était très exiguë et que les marchands étaient taxés en fonction de la largeur de la

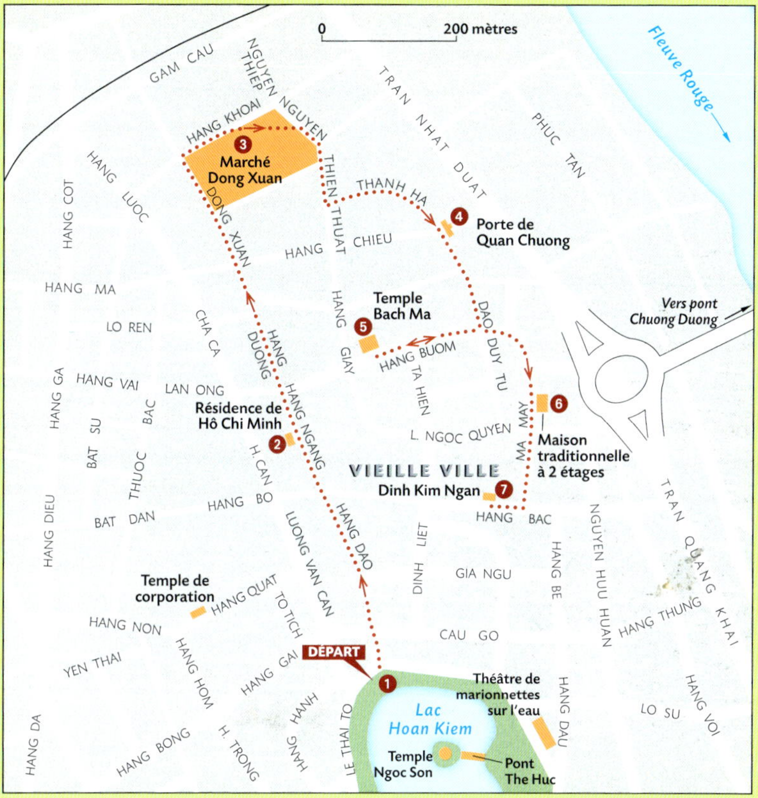

Traverser la rue au Vietnam

Dans la mesure où le trafic ne s'arrête jamais, traverser est très difficile et nécessite de l'entraînement. Placez-vous près d'un angle, où les véhicules ralentissent. Attendez que le trafic soit assez faible, puis traversez rapidement. Vous sentirez les motos et les voitures vous frôler, mais vous arriverez par miracle de l'autre côté. Soyez particulièrement vigilant dans les rues à plusieurs voies, car la vitesse des véhicules à l'approche est parfois difficile à évaluer.

- Voir aussi carte p. 61
- Lac Hoan Kiem
- 1,6 km
- 1 heure 30
- 87 Ma May

façade sur la rue, ils limitèrent celle-ci à 2-3 m. Pour compenser cette étroitesse, ils construisirent des locaux de 20 à 30 m de profondeur, parfois même 100 m. La loi limitait ces maisons à un unique étage pour empêcher les assassins potentiels d'agir depuis les fenêtres du second. Ainsi, personne ne pouvait observer le souverain d'en haut. Aujourd'hui, plusieurs maisons comptent de cinq à dix étages ce qui leur vaut le nom de **maisons-fusées**.

Au n° 21 de Hang Duong, une **boutique** est restée fidèle à l'activité d'origine de la rue. Depuis les années 1930, avec une interruption de 1975 à 1990, elle propose toutes sortes de fruits confits – caramboles, abricots, tamarins, etc. –, qui sont aussi prescrits par la médecine traditionnelle.

En bas de Dong Xuan, le **marché** (3) du même nom fait face à une petite place où les autorités coloniales construisirent cinq halles à structure métallique en 1889. Rebâti en 1990, le marché a brûlé en 1994. L'édifice actuel date de 1996. Une plaque commémore une bataille de 1947 entre les Français et le Viêt-minh – ce dernier y perdit quatre tanks et compta une centaine de blessés.

Les lieux branchés, comme ce bar salsa, insufflent au quartier une nouvelle vie.

Traversez le marché, tournez à droite dans Nguyên Thien Thuat puis à gauche dans Thanh Ha (ou Hang Chieu) en direction de la **porte de Quan Chuong** (4). Bâtie en 1749, cette triple porte est la seule sur 16 qui subsiste d'une citadelle détruite par les Français à la fin du XIXe siècle. À l'origine, elle s'appelait Dong Ha (porte de l'est vers le fleuve Rouge).

Dans Hang Buom (voiles), les marchands vendaient des voiles pour les bateaux qui empruntaient la Lich, un affluent du fleuve Rouge que les Français ont couvert. Au n° 76, le **temple Bach Ma** (cheval blanc) (5) (*fermé 11 h-13 h 30*) est l'un des quatre qui protégèrent Hanoi aux points cardinaux. Remontant à la fondation de Hanoi en 1010, ce gardien de l'est est le plus vieil édifice du quartier. Il porte le nom du légendaire cheval blanc qui montra au roi Ly Thai To comment tracer l'enceinte de sa citadelle. L'espace central abrite un palanquin rouge que l'on porte à travers le quartier les jours de fête.

Vous reviendrez sur vos pas en suivant Hang Buom jusqu'à la rue Ma May. Au n° 87 de cette rue se trouve une **maison traditionnelle à deux étages** (6) construite à la fin du XIXe siècle par un praticien aisé de la médecine chinoise. De 1984 à 1999, après son acquisition par le Comité populaire de Hanoi, cinq familles y vivaient. La « maison-tube » traditionnelle est divisée en cinq parties. Celle donnant sur la rue est réservée au commerce, la deuxième sert de réserve, la troisième est une cour ouverte, également appelée puits céleste par les Vietnamiens ; la quatrième abrite les pièces d'habitation et la cinquième la cuisine. Bien qu'elle comporte un second étage, cette maison se conforme en grande partie à ce plan.

Poursuivez vers le sud dans Ma May et tourner à droite dans Hang Bac où de nombreuses boutiques vendent des objets en argent. Au n° 42, **Dinh Kim Ngan** (6) (*fermé 11 h 30-14 h*), est l'une des nombreuses maisons communales de la vieille ville qui font office de temples ou de lieux de réunion pour les habitants. C'est là que les artisans travaillaient leur précieux argent. Ces maisons servent à la fois aux communautés et aux concerts de *ca tru* (voir Informations pratiques p. 264).

À SAVOIR

Ne manquez pas le marché de Dong Xuan, où vous trouverez toutes sortes de curiosités. Les fruits tropicaux sont un délice !

L'ouest du lac Hoan Kiem

L'ouest du lac Hoan Kiem abrite des sites de renom comme la cathédrale Saint-Joseph, le superbe musée de la Littérature, la citadelle de Hanoi récemment rouverte et le musée d'Histoire militaire. Cet ensemble rappelle le passé du pays, déchiré par la guerre.

La cathédrale Saint-Joseph

La cathédrale néogothique Saint-Joseph, au cœur de Hanoi, chapeaute les quelque 480 églises et chapelles catholiques et les 113 paroisses de l'archidiocèse. C'est un lieu de culte vivant pour les 400 000 catholiques de Hanoi.

Édifiée par un missionnaire français, Monseigneur Puginier, qui obtint l'autorisation des autorités coloniales françaises d'organiser deux loteries pour réunir les fonds nécessaires, elle est en briques recouvertes de ciment, bien qu'elle semble en pierre. La façade est encadrée par deux tours carrées de 31,50 m de haut abritant chacune cinq cloches. De hauts vitraux, des arches pointues et de hauts plafonds à croisée d'ogives évoquent l'Europe médiévale.

La nef est assez mal entretenue, victime du climat tropical, mais le sanctuaire regorge de sculptures sur bois rouges et dorées, évoquant la cathédrale de Phat Diem (voir p. 116) et l'architecture impériale de Huê. Autre concession aux coutumes locales, un palanquin rouge et doré supportant une statue de la Vierge occupe le côté gauche de la nef.

La cathédrale se trouve à l'extrémité de la rue Nha Tho (église), une artère branchée dont les boutiques proposent des objets pour la maison, des soieries haut de gamme et autres produits.

Une simple porte donne accès au jardin de la **pagode Ba Da**, fondée en 1056, sous le règne de Ly Thanh Tong. En 1946, Hô Chi Minh s'y rendit pour demander aux moines de participer au combat pour l'indépendance.

Un peu plus loin, on trouve la **pagode Ly Trieu Quoc Su**. Dans le temple principal, de longues phrases de couleur mandarine ornent les hautes colonnes en bois dur. La partie droite abrite une galerie de moines gisant, la partie

L'imposante façade néogothique de la cathédrale Saint-Joseph, au bout de la rue branchée Nha Tho, évoque l'Europe médiévale.

Cathédrale Saint-Joseph
- 61 B2
- Nha Tho
- 04/3828-5967
- Fermé 12 h-14 h

Citadelle de Hanoi
61 B2-3
9 Hoang Dieu
04/3734-5427
Fermé lun. et 11 h 30-14 h
€

gauche une galerie de statues aux couleurs de bonbons.

La citadelle de Hanoi

Au Patrimoine mondial de l'Unesco depuis 2010, la citadelle est désormais ouverte au public, après avoir été pendant une centaine d'années le domaine de l'élite impériale. À la différence de celle de Huê (voir p. 131, 134), intacte, celle de Hanoi, sur 5 ha, présente un ensemble discontinu de monuments.

À DÉCOUVRIR
Un bar *bia hoi*

Une expérience typiquement vietnamienne consiste à aller boire quelques bières pression (*bia hoi*) avec des amis, dans un bar *bia hoi*. On trouve ces bars dans tout le pays, mais plus particulièrement à Hanoi. Confortablement installés en terrasse, les clients discutent au soleil, en dégustant quelques tapas et de la bière locale. La *bia hoi* ne contient aucun conservateur, elle doit donc être consommée immédiatement ; mais à environ 15 cents d'euros le verre, les établissements ne désemplissent pas. Pour vous initier à l'art de consommer la *bia hoi*, rendez-vous au Bia Hoi Ha Noi, 2 Pho Duang Thanh, dans l'ouest de la vieille ville.

Ayant fixé sa capitale à Hanoi en 1010, Ly Thai To agrandit la citadelle érigée par les gouverneurs chinois deux siècles auparavant. Les dynasties successives ajoutèrent d'autres bâtiments mais les Français rasèrent la majorité du site lorsqu'ils prirent la ville au XIXe siècle.

En 1805, le premier souverain Nguyên, Gia Long, ajouta le **Cat Co**, la tour du Drapeau haute de 18,20 m avec six fenêtres en forme d'éventail et 36 fenêtres en forme de fleur. On y accède par le musée d'Histoire militaire sur Dien Bien Phu (voir p. 75) pour découvrir un panorama restreint de la ville.

De l'entrée principale vers le centre de la citadelle, dans Hoang Dieu, en tournant à gauche, vous pourrez voir cinq structures importantes. La première est **Doan Mon** (porte centrale) où l'on peut acheter les billets d'entrée. Ce bâtiment massif donnait accès au domaine interdit des souverains, et des portes de bois ferment toujours ses arches.

À l'intérieur, les archéologues ont découvert une chaussée de briques en forme de fleur datant de la dynastie Ly (1009-1225). En continuant vers le nord, vous verrez d'autres vestiges : deux balustrades en forme de dragon surmontant une volée de marches qui conduisaient autrefois au **palais Kinh Thien**, démoli à la fin du XIXe siècle.

L'édifice suivant, le **D67**, fut construit en 1967. Il évoque les conférences sur la guerre qui se déroulèrent ici à la fin des années 1960. Le nom des participants est toujours inscrit sur les tables, y compris celui du général Giáp, la tête pensante militaire dont la mort, en 2013, donna lieu à un deuil national. Plus en profondeur dans le bâtiment se trouve un bunker fortifié.

Au nord de cet édifice, vous découvrirez le **Hau Laug**, ou Lau Cong Chua (palais des princesses), la résidence des princesses impériales quand les Nguyên venaient à Hanoi, et le **Bac Mon** (porte du nord). Traversez la rue vers le site archéologique au **18 Huang Dieu** (via une porte vers l'ouest du palais Kinh Tien) dont vous constaterez le gigantisme à son origine. Lorsque les fondations furent fouillées en 2002 pour l'édification du nouveau Parlement, des artefacts d'une valeur inestimables furent mis à jour. Ils témoignaient de façon évidente de l'existence d'autres palais royaux. Le site du Parlement fut déplacé afin de préserver ce précieux héritage.

Les autres musées

Le **musée des Beaux-Arts** abrite une collection de céramiques, de sculptures et de peintures. Les œuvres du rez-de-chaussée proviennent en grande partie des pagodes et des maisons communales du delta du fleuve Rouge. Les gravures sur bois figurant des fêtes de village, des scènes de lutte et des tigres se battant sont des chefs-d'œuvre. Observez aussi les portes finement sculptées des pagodes Pho Minh et Keo. Les deux étages supérieurs sont consacrés à la peinture, apparue dans les années 1930. Les peintures sur soie et les laques sont très intéressantes, mais les thèmes sont souvent étroitement nationalistes. Une galerie de céramiques se situe dans l'annexe adjacente.

À quelques pas de là, le **musée d'Histoire militaire** couvre toute l'histoire, des têtes de flèches et des plastrons des débuts aux guerres médiévales contre les Chinois et les Mongols ou à celles, plus récentes. On peut voir le tank T-54 qui a enfoncé les portes du Palais présidentiel de Saigon en 1975.

Le musée d'Ethnologie

Le **musée d'Ethnologie**, situé aux portes de la ville, présente l'art et la culture des minorités ethniques du Vietnam. Le sentier conduit d'abord à un espace comportant cinq **maisons cham**. Au Thang Lam central, on peut voir, à l'intérieur du *garong*, un tronc muni de roues utilisé pour conserver les objets d'un ancêtre mort et une boîte contenant l'os de son front.

L'édifice le plus impressionnant est la **maison communale bahnar** (ou ba na), avec son toit en pente aux pans de 170 m^2 chacun. Quatre troncs taillés donnent accès au plancher de bambou de 90 m^2, où les villageois se réunissaient pour tenir conseil, pratiquer des rituels ou des célébrations.

La **maison ede** (ou e de), de 42 m de long, est remarquable par sa longueur (certaines de ces maisons, près de Buon Me Thuot, atteignent 200 m) ; les seins très visibles sculptés sur l'un des escaliers d'accès rappellent que ce groupe ethnique est matrilinéaire.

Les pénis taillés des serviteurs des morts qui entourent la **tombe giarai** voisine sont tout aussi voyants. À l'intérieur du musée, des dioramas montrant des funérailles et des rites d'initiation accompagnent des vidéos montrant des cérémonies. Le musée fait aussi découvrir la culture de la majorité ethnique du Vietnam, les Kinh, ou Viêts. ■

Musée des Beaux-Arts
- 61 B2
- 66 Nguyên Thai Hoc
- 04/3823-3084
- €

vmfam.vn

Musée d'Histoire militaire
- 61 B3
- 28 Diên Biên Phu
- 04/3733-4682
- Fermé lun. et ven., et 11 h 45-13 h 30
- €

btlsqsvn.org.vn

Musée d'Ethnologie
- 61 A3
- Nguyên Van Huyen
- 04/3756-2193
- Fermé lun.
- €

vme.org.vn

Le temple de la Littérature

Le Van Mieu (temple de la Littérature) est un extraordinaire lieu de culte et une expression très particulière de l'importance que les Vietnamiens attachent à l'éducation, à la littérature et au confucianisme. De 1070 à 1919, les esprits les plus brillants du Vietnam affluèrent sur ces 5,6 ha pour recevoir l'enseignement des maîtres et s'efforcer d'obtenir le titre de *tien si* (docteur). Les Vietnamiens ont inventé le concept le plus abouti de philosophe-roi.

La grande porte du Milieu mène à la Constellation de la Littérature, connue ici sous le nom de Van Mieu.

Temple de la Littérature

- 61 A2
- Entrée au 58 Quoc Tu Giam
- 04/6290-8825
- €

Inspiré du temple de Confucius de Qufu, en Chine, le temple de la Littérature fut fondé par Ly Thanh Tong en 1070. Six ans après, son successeur Ly Nhan Tong y créa la première université du pays (Quoc Tu Giam, ou « école des fils de la nation »), d'abord réservée aux membres de la famille royale, puis progressivement aux fils des mandarins, et ouverte ensuite à tous les candidats disposant d'une éducation suffisante. Au XIVe siècle, l'âge d'or de l'université fut lié à son recteur le plus vénéré, Chu Van An (1292-1370). En 1484, l'école commença à honorer tous ceux qui obtenaient le doctorat en inscrivant leur nom et leur lieu de naissance sur une stèle en pierre, tradition qui se poursuivit jusqu'en 1779.

Dans un pays qui a connu tant de pertes dues aux guerres, il est remarquable que ce temple ait subsisté. Les Mongols comme les Chinois auraient pu le raser lors de leurs incursions du XIIIe et du XVe siècles, mais ils ne l'ont pas fait, par respect pour Confucius.

Visite du temple

Le temple de la Littérature, auquel on accède par le **grand Portique**, est un espace allongé comportant cinq cours. Ce portique est doté de deux étages et de trois portes gardées par deux chiens-lions mythiques qui laissent entrer les bons et repoussent les méchants. Une inscription en chinois, surmontant la porte vieille de 300 ans, énonce : « Parmi les doctrines du monde, la nôtre est la meilleure et elle est honorée par tous les pays affamés de culture. »

Après l'entrée, on passe par la **cour d'accès**, divisée en deux moitiés symétriques par une allée carrelée. Suivez-la jusqu'à la **grande porte du Milieu** (Dai Trung Mon), dont le nom ne se réfère pas seulement à son emplacement entre la **porte de l'Accomplissement de la vertu**, à droite, et la **porte de la Réalisation du talent**, à gauche, mais fait aussi allusion aux titres de livres de deux disciples de Confucius. Le poisson obéissant surmontant la porte représente la déférence des étudiants qui aspirent à devenir docteurs, comme la carpe aspire à devenir dragon.

Ensuite, la **grande Porte du milieu** mène à la **Constellation de la Littérature** (Khue Van Cac). En 1802, lorsque l'empereur Gia Long transféra l'université à Huê, où il bâtit son propre temple de la Littérature, il fit ériger à titre de compensation cet élégant pavillon à deux étages. Les quatre cercles de bois des fenêtres du belvédère représentent le Soleil.

La troisième cour, le **jardin des Stèles**, avec au centre le beau puits de la Clarté céleste (Thien Quang Tinh), abrite de précieuses reliques. Les noms de 1 306 étudiants ayant obtenu leur doctorat entre 1442 et 1779 sont inscrits sur 82 stèles détaillant également leur date de naissance et parfois l'âge de chacun; le plus jeune avait 16 ans, le plus âgé

Cinq conseils pour la visite du temple

1. Prévoyez suffisamment de temps. On peut facilement passer une demi-journée à explorer cet ensemble.
2. Ne manquez pas les stèles, où sont inscrits les noms de ceux qui ont réussi les examens.
3. Prenez le temps de réfléchir à l'histoire millénaire du temple, près du puits de la Clarté céleste.
4. Profitez des airs interprétés par des musiciens traditionnels, dans la salle de Musique, près de l'autel dédié à Confucius.
5. Ne vous attardez pas aux étals de souvenirs de la cour Thai Hoc, où les prix sont souvent excessifs.

61 ans, mais la plupart des étudiants obtenaient leur diplôme entre 26 et 33 ans. Les lauréats ciselaient aussi des maximes pour l'éternité, comme celle-ci de 1442 : « Les hommes vertueux et talentueux sont le souffle vital du pays. »

Durant la guerre du Vietnam, les autorités enterrèrent les stèles et les tortues de pierre dans le sable et le ciment pour les protéger des bombardements. Après la guerre, elles sont plus ou moins restées à l'abandon, lézardées et s'enfonçant dans le sol, jusqu'en 1993. On construisit alors huit pavillons de chaque côté du puits pour les abriter.

On emprunte ensuite la **porte des Grands Résultats** (Dai Thanh Mon) vers la **cour des Sages**, bordée de deux édifices rebâtis, où l'insistance des marchands

Temple de la Littérature

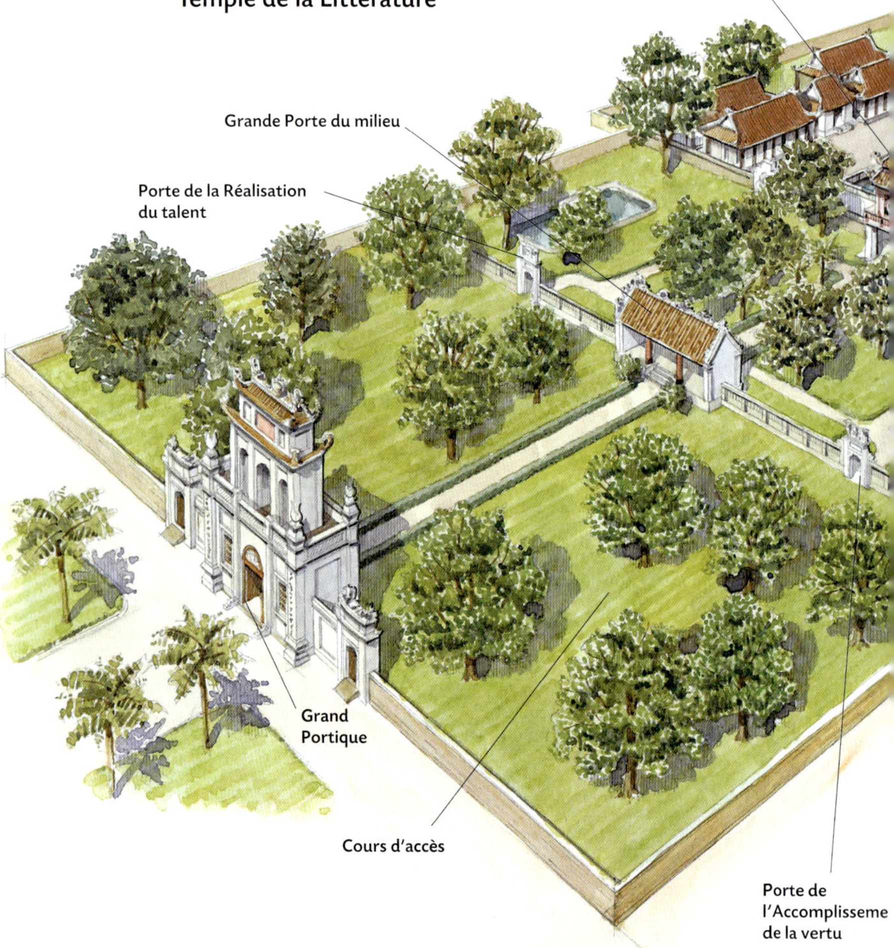

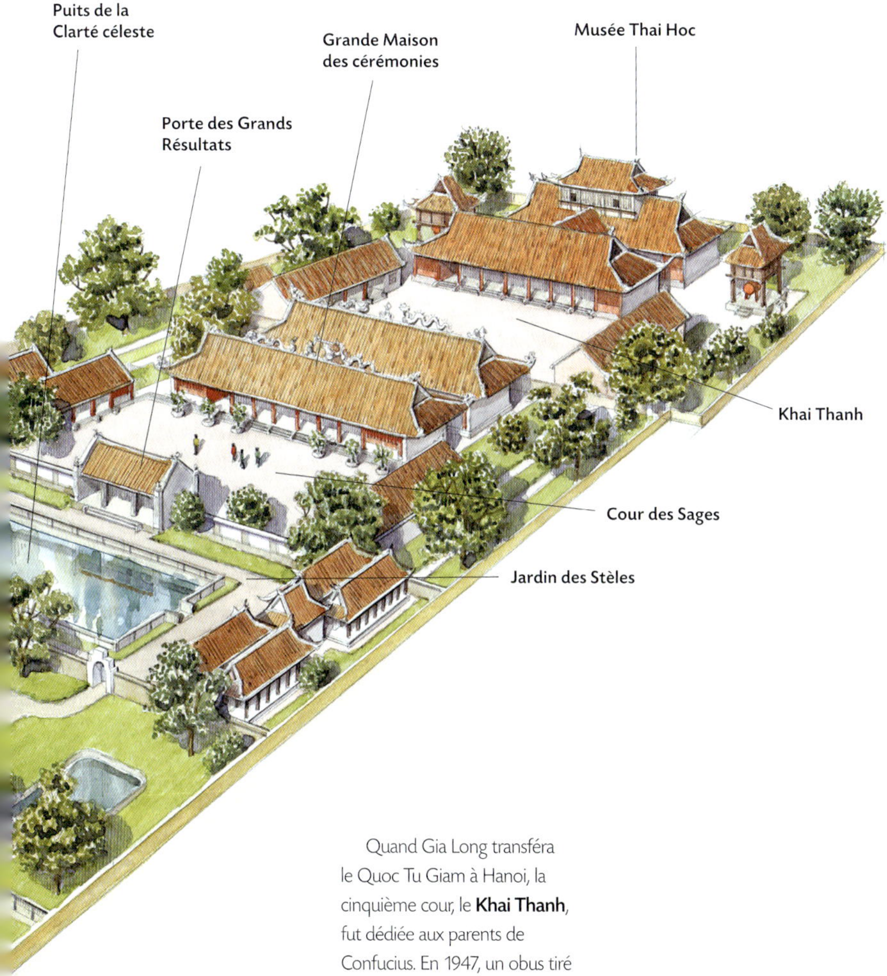

de souvenirs vient rompre le charme de la contemplation. De l'autre côté de la cour se trouve la **Grande Maison des cérémonies**, le sanctuaire où une statue de Confucius – le « Maître de dix mille générations », comme l'annonce un écriteau – trône éternellement, flanquée des statues de ses quatre disciples les plus proches.

Quand Gia Long transféra le Quoc Tu Giam à Hanoi, la cinquième cour, le **Khai Thanh**, fut dédiée aux parents de Confucius. En 1947, un obus tiré accidentellement par les Français détruisit le sanctuaire.

En 2000, la cour retrouva son lustre quand on y inaugura le **Thai Hoc**, un magnifique musée-sanctuaire dédié à trois grands rois vietnamiens, qui abrite également une statue en bronze du recteur Chu Van An, un éminent enseignant vietnamien. ■

Ba Dinh et le lac de l'Ouest

Le 2 septembre 1945, Hô Chi Minh proclama l'indépendance du Vietnam place Ba Dinh. Aujourd'hui, tout un ensemble de hauts lieux – le mausolée de Hô Chi Minh, le musée Hô Chi Minh, le Palais présidentiel et la pagode au Pilier unique – attire aussi bien les touristes vietnamiens que les étrangers. Les files d'attente sont longues et les sites envahis, mais c'est l'endroit le plus sacré du pays. Tout près, le lac de l'Ouest offre un calme reposant.

Place Ba Dinh
61 A3

La place Ba Dinh

Le corps embaumé de Hô Chi Minh repose dans une salle réfrigérée du mausolée de marbre qui domine la place. Si vous ne connaissez pas sa vie, visitez d'abord le **musée Hô Chi Minh** voisin *(19 Ngoc Ha, tél. 04/3845-5435; fermé lun. et ven. après-midi, €, baotanghochiminh.vn)*. Cet édifice, massif et d'un blanc austère, est une interprétation soviétique sans grâce d'une fleur de lotus. Ouvert en 1990, c'est le plus grand des nombreux musées Hô Chi Minh répartis dans tout le pays. Il abrite des photos, des lettres manuscrites, des dioramas, des coupures de journaux jaunies ainsi que des installations artistiques ahurissantes.

Le troisième étage du musée est le plus intéressant. On peut y voir le métier à tisser, le lit et le hamac que le père de Hô Chi Minh, l'éminent érudit confucéen Nguyên Sinh Sac, aurait utilisés entre 1890 et 1895. Par la suite, s'étant élevé contre la coterie dirigeante, il s'adonna à la médecine traditionnelle chinoise. On peut aussi voir son pilon et d'autres instruments de travail. Le musée abrite également des œuvres d'art surréalistes, kitsch et parfois déroutantes telles que cette voiture défonçant un mur ou ces soldats en train de courir autour d'un enchevêtrement de prises électriques.

La dernière demeure de Hô Chi Minh est un lieu de pèlerinage.

Le mausolée de Hô Chi Minh

Glissez-vous maintenant dans la longue file de fidèles venus honorer la dépouille de Hô Chi Minh, condamné à un repos incertain dans un mausolée de marbre – provenant du réduit viêt-cong des montagnes de Marbre, près de Da Nang. Les dernières volontés de Hô Chi Minh indiquaient qu'il désirait être incinéré et que ses cendres soient réparties en divers points du pays, au nord, au sud et au centre. Les apparatchiks au pouvoir en ont décidé autrement. Avant son 77e anniversaire, ils envoyèrent secrètement une délégation à Moscou pour s'informer sur une possible conservation du corps du vénérable leader. Lorsqu'il mourut d'une crise cardiaque en 1969, il fut embaumé pour être exposé au public, comme les Soviétiques l'avaient fait pour Lénine.

Le mausolée actuel, à l'ouest de la place, a été ouvert le 29 août 1975. La phrase célèbre de Hô Chi Minh – « Rien n'est plus précieux que l'indépendance et la liberté » – figure bien en évidence sur la façade du bâtiment.

Cet idéal universel souligne son nationalisme et fait écho aux premières lignes de la déclaration proférées sur la place Ba Dinh en 1945, reprises à Thomas Jefferson : « Tous les hommes sont créés égaux; ils sont doués par le Créateur de certains droits inaliénables; parmi ces droits se trouvent la vie, la liberté et la recherche du bonheur. »

Rendre visite à l'Oncle Hô

Attendre debout dans une longue file, dans une tenue adéquate (ni short ni chemise sans manches), puis filer en silence à travers le mausolée, sous les regards attentifs des soldats vietnamiens, est une expérience étrange pour beaucoup d'Occidentaux. Cependant, cela vaut la peine de la tenter aux côtés des Vietnamiens, pour qui cette visite n'est rien moins qu'un pèlerinage. Tâchez d'apercevoir l'expression paisible de l'Oncle Hô, derrière ses parois de verre, avant d'être rapidement conduits vers la sortie. Les Vietnamiens quittent souvent ce lieu les yeux remplis de larmes.

Autres sites à visiter

En sortant du mausolée, dirigez-vous vers le nord pour apercevoir le **Palais présidentiel**, de style Renaissance italienne. Édifié en 1906, il fut l'ancienne résidence du gouverneur général de l'Indochine. Hô Chi Minh, de tempérament plutôt ascétique, refusa d'y vivre. Aujourd'hui, il est réservé aux affaires de l'État et n'est pas ouvert au public. Son coloris ocre doré témoigne de ses origines coloniales.

Fuyant le palais en 1954, Hô Chi Minh s'installa dans trois des modestes pièces réservées aux domestiques, situées à l'arrière. Derrière le bungalow, on peut encore voir deux voitures d'un gris sobre, une Peugeot 404 et une Pobieda M20 russe, que le président utilisa dans les

Mausolée de Hô Chi Minh

- 61 A3
- Entrée à l'angle de Hung Vuong et Lê Hong Phong
- 04/3845-5128
- Fermé lun. et ven. après 11 h, la majeure partie de sept. et tout oct.-nov.

Lac de l'Ouest (Ho Tay)
61 A4

années 1950 et 1960. Ce sont des Vietnamiens expatriés à Moscou qui lui avaient offert la M20 en 1963.

Ensuite, flânez le long de l'étang jusqu'à la **maison sur pilotis** (Nha San, *fermée lun. et 11h-14h,* €) où vécut Hô Chi Minh de la construction de sa maison en 1958 à sa mort en 1969. C'était un hommage aux minorités ethniques du Vietnam, pour lesquelles il éprouvait un vif intérêt. Lorsqu'il revint de Chine en 1941, après avoir passé 30 ans à l'étranger, il porta le costume de la minorité Nung et vécut quelque temps dans une maison Nung.

Aujourd'hui, on peut monter l'escalier latéral de la maison et observer l'intérieur du second étage depuis une passerelle qui fait toute sa longueur. Une pièce contient son lit à matelas de paille, un éventail, un réveil, une radio, un chapeau et des livres dans une vitrine. C'est dans l'espace ouvert du rez-de-chaussée qu'il rencontrait ses collègues.

De la maison sur pilotis, traversez la **pagode au Pilier unique** (Chua Mot Cot). D'un aspect étrange, la pagode, de forme carrée, est construite autour d'un unique pilotis de béton, comme un lotus fleurissant sur sa tige. Un écriteau en caractères chinois, au-dessus de l'entrée, indique « Lien Hoa Dai » (sanctuaire de la fleur de lotus). Il s'agit d'un caprice de l'empereur Ly Thai Tong, qui rêva que la déesse de la Miséricorde, Quan Am, le menait à une fleur de lotus et lui disait qu'il aurait bientôt un fils. Après s'être marié et avoir engendré un fils, le souverain édifia en 1049 cette pagode en signe de gratitude. Les soldats français rasèrent la pagode d'origine lorsqu'ils quittèrent le pays dans les années 1950.

Le lac de l'Ouest

Quelques rues plus au nord, le Ho Tay (lac de l'Ouest), comme le lac Hoan Kiem, est un vestige d'un ancien lit du fleuve Rouge. La plus ancienne pagode de la ville

L'autre quartier français de Hanoi

Le second quartier français de la ville est ancré autour du **ministère des Affaires étrangères** *(1 Ton That Dam)*, un mélange de style composite européen et d'esthétique asiatique datant de 1931. Notez les toits de type pagode à deux étages sur les maisons de gardien flanquant l'entrée et les motifs d'inspiration chinoise encadrant l'entrée principale. Le célèbre architecte français Ernest Hébrard conçut ce bâtiment qui fut la trésorerie de la Banque d'Indochine dans les années 1920. Il réalisa aussi nombre des villas voisines ; autrefois demeures de négociants et de fonctionnaires coloniaux, elles servent désormais d'ambassades et de résidences aux ambassadeurs.

Sur les larges trottoirs, admirez l'architecture des années 1920 et 1930, tel, au **10 Ba Huyen Thanh Quan**, ce chef-d'œuvre Art déco centré sur un escalier en façade, avec une longue baie vitrée au milieu. Au **10 Le Hong Phong**, une maison à l'architecture moderne voyante a été magnifiquement restaurée. Les ambassadeurs d'Allemagne et de Suisse vivent aux **47** et **49 Diên Biên Phu** ; la résidence du premier est en saillie et à pignon, avec un toit pentu.

et l'un de ses quatre temples protecteurs sont situés aux extrémités d'une courte chaussée bordée d'arbres, aménagée sur une digue qui sépare le lac de l'Ouest, plus étendu, du petit lac de Truc Bach, en partie grignoté par les travaux publics.

À l'extrémité sud de la digue de Thanh Nien, le **temple de Quan Thanh** (€) honore Huyen Thien Tran Vo, le protecteur de l'accès nord de la ville de Than Long. Édifié sous le règne de Ly Thai To (1010-1028), le fondateur de Hanoi, le temple est célèbre pour sa statue de bronze de Tran Vo de 3,6 t, réalisée en 1677, visible au fond. Les fidèles déposent de l'argent à ses pieds, touchent la statue puis se frottent le corps avec la main pour se bénir.

Les infrastructures de bois et les 180 panneaux couverts de paysages dorés et de poèmes inscrits en nacre sur du bois laqué de noir sont, toutefois, plus remarquables. La salle intermédiaire abrite la statue de Trum Trung, l'artisan du XVIIe siècle qui fit passer Tran Vo du bois au bronze et fondu la cloche de 1,50 m accrochée au sommet de la triple porte d'entrée. Dans la première salle, deux phénix flanquent une frise de guerriers en train de se battre devant un temple, avec tout un univers improbable d'animaux mythiques.

Plus au nord sur la chaussée, un **mémorial de guerre** honore la batterie antiaérienne qui abattit un grand nombre d'avions pendant la guerre du Vietnam. Le 26 octobre 1967, elle fit tomber un A-4 piloté par le futur candidat à la présidentielle, John McCain, qui allait rester prisonnier pendant cinq ans dans le fameux « Hanoi Hilton » (voir p. 69), avant de devenir un champion de la normalisation des relations entre les États-Unis et le Vietnam.

Comme son nom l'indique, la pagode au Pilier unique est soutenue par un seul pilier (en béton).

Un peu plus loin le long de la chaussée, sur la gauche, se trouve la **pagode Tran Quoc** (défense du pays, *fermée 11 h 30-13 h 30*), fondée au VIe siècle sous le règne de Ly Nam De. Son axe unit une tour octogonale de 11 étages au temple principal qui présente sept niveaux, chacun plus haut que les autres, de bodhisattvas et de bouddhas. La cour abrite un arbre de la Bodhi, issu de celui sous lequel Sakyamuni atteignit l'Éveil. ■

Autres sites à visiter

Jardin botanique

C'est l'un des espaces verts les plus accueillants de Hanoi. Davantage un parc qu'un jardin botanique, il offre un havre de paix loin des klaxons et de l'agitation. Vous y trouverez la paix après avoir arpenté la citadelle de Hanoi ou la place Ba Dinh.

61 A3 ✉ 3 Hoang Hoa Tham, juste au sud du lac de l'Ouest

Mur en céramique

Nguyen Thu Thuy, journaliste d'art et peintre, est l'instigatrice de cette magnifique mosaïque couvrant 6 950 m² sur 4 km, le long de la digue du fleuve Rouge. Alors qu'elle passait chaque jour devant une morne étendue de béton pour rejoindre son lieu de travail, elle se demanda pourquoi l'on n'utilisait pas de la céramique pour décorer ce mur.

Achevé pour la célébration du millénaire de la ville, en 2010, ce travail est le fruit d'une véritable collaboration entre des artistes européens, sud-coréens et russes venus rejoindre des peintres vietnamiens renommés et des écoliers pour décorer différentes parties du mur. C'est le plus grand mur en céramique au monde. Les thèmes relatent l'histoire et la culture du pays ainsi que des représentations de l'art moderne de Hanoi. Bien que le lieu soit magique, il est préférable de le voir depuis une voiture plutôt qu'à pied. Les rues qui longent le mur (Au Co, Nghi Tam, Yen Phu, Tran Nhat Duat et Tran Quang Khai) ne sont pas recommandées pour les piétons.

61 B4-D1 ✉ De Au Co to Tran Quang Khai, sur la rive ouest du fleuve Rouge

Le mur en céramique, un antidote artistique au béton

Parc de la Réunification

Tous les matins, des gens âgés pratiquent le tai-chi dans le parc de la Réunification (Cong Vien Thong Nhat), anciennement le parc Lénine. Des adeptes du jogging empruntent ses allées le jour et des couples s'installent sur les bancs le soir. Un grand lac, appelé autrefois lac des Sept-Hectares, en occupe le centre. Durant la période coloniale, ce site servit de décharge publique. Après la guerre d'Indochine, Hô Chi Minh le reconvertit en espace public.

61 B1 ✉ Entrée par le boulevard Lê Duan

La pagode Ho Tay

Fondé au XVIIe siècle, ce sanctuaire occupe une langue de terre qui s'avance dans le Ho Tay (lac de l'Ouest), où l'on dit que la déesse mère, Thanh Mau, apparut sous la forme d'une belle jeune fille à un mandarin, lui récita un poème, puis disparut. La déesse est maintenant vénérée dans une grotte artificielle du temple. Notez la cloche de bronze de 1,4 t, le fourneau dans lequel on brûle des offrandes de papier et les racines du banian qui envahissent tout l'espace du temple. Les fidèles affluent ici le 1er et le 15 de chaque mois lunaire, dans l'espoir de s'attirer la félicité.

61 B4 ✉ Après l'hôtel Sheraton situé dans Xuan Dieu, tournez à gauche dans Dang Thai Mai. La pagode se trouve au bout de la rue, à 4 km du centre. ■

Des splendeurs de la baie d'Along aux villages exotiques des montagnes et aux sites vietnamiens les plus anciens du delta du fleuve Rouge.

Le Nord

Sanctuaire représenté en bas-relief dans l'une des pagodes de Ha Tay

Le Nord

Au-delà de Hanoi, le fleuve Rouge devient un enchevêtrement de cours d'eau, de canaux et de digues. C'est là que la culture vietnamienne naquit il y a 3 000 ans et continue de se développer. Au nord-est, la baie d'Along se montre à la hauteur des splendeurs promises, alors qu'au nord et au nord-ouest, les montagnes de l'intérieur sont habitées par des minorités ethniques aux costumes parmi les plus colorés d'Asie.

L'excursion la plus prisée depuis Hanoi est celle qui mène à la pagode des Parfums (Chua Huong). Bien que son architecture et sa statuaire ne vaillent pas celles de ses voisines, le site et les grottes sont superbes. À Bac Ninh, la pagode But Thap présente la quintessence de l'art bouddhique du Vietnam, du point de vue à la fois architectural et sculptural.

Avec sa superbe maison communale et son architecture française omniprésente, Haiphong constitue une intéressante porte d'accès à la baie d'Along. Plutôt que de dormir dans un hôtel, choisissez de passer la nuit sur un bateau climatisé. Dans la province de Ha Giang, la plus au nord du pays, le géoparc du

LE CENTRE-NORD p. 111

plateau karstique Dong Van laisse le souvenir mémorable d'une ligne d'horizon déchiquetée et de marchés ethniques colorés. Interdite aux touristes pendant des décennies, cette région est située aux confins du Vietnam.

Au nord-ouest, Sa Pa attire les randonneurs. Bien que légèrement dénaturée du fait de sa popularité, la région reste à juste titre l'une des cinq grandes destinations du Vietnam. Les montagnes granitiques abritent des villages où vivent des minorités ethniques. Leurs habitants en costume traditionnel semblent directement issus du XVIIIe siècle. ■

À NE PAS MANQUER

La pagode des Parfums **88–90**

Les villages d'artisans **90–91**

Les plages et les grottes de l'île de Cat Ba **95**

La baie d'Along **95–99**

Une promenade en bateau dans le parc national de Ba Be **102**

Un trekking dans les environs de Sa Pa **103-108**

Au sud de Hanoi

Malgré tous les charmes de Hanoi, les pagodes les plus intéressantes de la région sont nichées dans les montagnes, à une trentaine de kilomètres de la capitale, tout comme les nombreux villages d'artisans. S'il est possible de les visiter seul, il est nettement plus intéressant d'opter pour les services d'un guide ou une excursion organisée.

La pagode des Parfums

La pagode des Parfums (Chua Huong) est un ensemble de 16 salles, temples et grottes implantés au milieu d'un paysage escarpé, au sud-ouest de Hanoi. Aucun autre site du Vietnam ne reflète aussi bien l'univers de la peinture à l'encre de Chine. Cette pagode, parmi les plus célèbres, attire des étrangers et des pèlerins locaux, en particulier lors d'un festival annuel vieux de 300 ans qui se tient du 6e au 15e jour du premier mois de l'année lunaire (en janvier-février).

La grotte sacrée de Huong Tich, dédiée à Quan Am, est la principale curiosité de la pagode des Parfums.

Impressionné par la splendeur du cadre, le roi Lê Thanh Tông (1460-1497) baptisa l'endroit « Cuisine céleste » quand, lors d'une partie de chasse, il y fit halte pour se restaurer dans un sanctuaire proche de l'actuelle pagode Thien Tru. Sous le règne de Lê Hy Tong (1680-1705), on aménagea des terrasses et des escaliers en pierre. Les Français ravagèrent le site durant la guerre d'Indochine, mais la beauté naturelle de la région et la réputation légendaire de la pagode lui valurent d'être restaurée.

Trois ensembles de pagodes et de sanctuaires sont groupés le long d'affluents du Day. L'itinéraire le plus prisé remonte la rivière de la Queue d'hirondelle (Yen). De l'embarcadère de Ben Duc à **My Duc**, des sampans maniés par des pagayeuses font traverser aux touristes un paysage karstique de plus en plus beau vers l'amont sur 3 km.

En chemin, on aperçoit le **temple Trinh**, dédié à un général légendaire du sixième roi Hung qui aurait sauvé le royaume de

Van Lang des envahisseurs Yin. Sur une route menant à deux pagodes, on passe sous un pont rouge.

Les sampans mènent les passagers à un débarcadère situé au pied de la **pagode Thien Tru,** presque entièrement reconstruite après la guerre d'Indochine. La triple porte fut restaurée en 1989, et le beau clocher, à l'intérieur, en 1986. Dans le principal sanctuaire, deux panneaux ornés de bas-reliefs figurant des singes improbables et des démons méritent le coup d'œil.

À partir de Thien Tru, on peut parcourir 3 km à pied jusqu'à Huong Tich – l'une des grottes les plus spectaculaires du Vietnam et l'élément le plus intéressant du complexe de pagodes – ou y monter en funiculaire (€).

En chemin, vous verrez deux pagodes d'un intérêt modéré. À plus de 1 km de Thien Tru, un petit sentier, sur la gauche, mène aux pagodes de **Giai Oan** (du Purgatoire) et à sa collection de statuettes dorées, dans une niche creusée dans le calcaire. Une étroite crevasse, sur la droite, donne accès à une pièce basse contenant des statues polychromes.

En revenant sur le sentier principal menant à Huong Tich, vous atteindrez **Cua Vong**, un sanctuaire vieux de 200 ans, dédié à la Sainte Mère des montagnes et des forêts parée de vert, où Hô Chi Minh s'arrêta une fois pour déjeuner en 1958.

En poursuivant l'ascension vers Huong Tich, les pèlerins bouddhistes frappent leurs paumes pour se saluer, tout en récitant des prières : *Nam mo a di dat phat* (« Loué soit le Bouddha Amitabha »).

Le vestibule de **Huong Tich** est fabuleux. Une inscription en chinois, datant de 1770, due à un seigneur Trinh, décrit Huong Tich comme la « plus belle grotte sous le ciel du Sud ». On compare l'entrée à la gueule d'un dragon ; la stalactite visible à l'intérieur est sa langue. Plus loin dans la grotte dédiée à Quan Am, deux autres stalactites servent d'autel aux femmes qui prient pour avoir un enfant. Elles les tapotent en marmonnant « Viens avec moi mon petit garçon (ou ma petite fille) ».

Le temple des rois Hung

Ce complexe, à Phu Tho, sur le mont Nghia Linh, évoque la légendaire Au Co, dont les 100 œufs éclorent sur le site du temple Ha, créant la population du Vietnam. L'un de ces œufs contenait le premier des 18 rois Hung, qui pria sur le site de l'actuel temple Thuong. Après avoir repoussé des envahisseurs, le 6e roi Hung mourut et fut enterré ici, à flanc de colline. Au pied de Nghia Linh, les filles du 18e roi se miraient dans l'eau du puits du temple Gieng pour se coiffer. Le temple accueille le festival des rois Hung. Les défilés et autres activités se déroulent le 10e jour du troisième mois lunaire de chaque année (habituellement en avril).

Pagode des Parfums

87 E1

62 km au sud-ouest de Hanoi par la nationale 6 et la route 21B. Des bateaux remontent la rivière de la Queue d'hirondelle vers la pagode (€€€) depuis l'embarcadère de Ben Duc à My Duc.

€

Temple des rois Hung

87 E2

Tran Phu, Viet Tri, à 85 km au nord-ouest de Hanoi

Villages d'artisans

Informations touristiques

✉ Hanoi Toserco, 8 To Hien Thanh, Hanoi
☎ 04/3926-2828
handspan.com

Pagodes de Ha Tay

87 E2

Informations touristiques

✉ Queen Travel, 65 Hang Bac, Hanoi
☎ 04/3826-0860

À NOTER : la façon la plus simple de visiter les pagodes Thay et Tay Phuong est de participer à une visite organisée par votre hôtel.

Après avoir observé la statuaire de la grotte et les fantastiques formations calcaires, empruntez le sentier beaucoup moins abrupt vers la grotte de **Tien Son** (montagne magique), située à 200 m au nord de Thien Tru.

L'entrée de la grotte est un charmant passage triangulaire, au milieu de stalactites dont certaines résonnent comme des tambours quand on les frappe.

En revenant à Ben Duc, n'oubliez pas de donner un pourboire aux pagayeuses. Elles en attendent un et peuvent se montrer agressives si on ne s'exécute pas.

À SAVOIR

Commencez la matinée en vous rendant sur les marchés, pour voir chacun se préparer pour la journée. La plupart des Vietnamiens se lèvent tôt, ne les manquez pas !

En retournant à Hanoi, observez les très nombreuses maisons communales (*dinh*) situées sur la droite de la route surélevée. Si vous ne voyagez pas en groupe, faites un détour pour en voir deux dans le village de **Binh Da**, à une vingtaine de kilomètres au sud-ouest de Hanoi.

Les villages d'artisans

Le Nord compte des centaines de villages d'artisans qui s'adonnent à diverses activités – céramique, tissage de la soie, sculpture et gravure sur bois, chapellerie, fonte du bronze et autres. Certains artisans, en particulier autour de Hanoi, accueillent les touristes dans leurs ateliers et dans leurs salles d'exposition flambant neuves.

Les villages d'artisans les plus intéressants, Bat Trang et Van Phuc, sont aussi les plus proches de Hanoi. À 14 km, sur le fleuve Rouge, **Bat Trang** (fabrique de bols ; *carte 87 E2*), un vieux village aux maisons à toit de chaume, a atteint son apogée au XVIIIe siècle et au début du XIXe siècle – le musée du Louvre possède certaines de ses créations. C'est le village de potiers le plus connu du Vietnam. Une rue étroite bordée de boutiques et d'ateliers serpente sur un demi-kilomètre jusqu'à un marché en plein air. Dans tout le village, des monticules noirs – un mélange de charbon et d'argile utilisé dans les fours – sèchent contre les murs de briques.

Depuis 1 000 ans, les paysans de **Van Phuc** (*carte 87 E2*), à 12 km au sud-ouest de Hanoi, récoltent les cocons de vers à soie. L'un des plus célèbres ateliers de tissage de la soie est celui de Trieu Van Mao, une entreprise familiale vieille de quatre générations, dont on peut voir les métiers en action.

Au nord-est de Hanoi, la route vers **Dong Ky** (*carte 87 E2*) est bordée d'ateliers qui produisent en série des meubles et des sièges à dossier en forme de dragon aux couleurs criardes. On peut observer les artisans en train de tailler et d'incruster des motifs en nacre.

À **Dong Ho** (province de Bac Ninh – *carte 87 E2*, voir p. 55), à 35 km à l'est de Hanoi, quelques artisans créent des gravures sur bois. L'un des plus célèbres est Nguyên Dang Che.

Les pagodes de Ha Tay

À Ha Tay, dans les faubourgs de Hanoi, les pagodes Thay et Tay Phuong, dans un beau paysage calcaire, abritent une profusion de statues bouddhiques ; c'est le plus bel ensemble de pagodes doubles du pays.

Située à 30 km à l'ouest de Hanoi dans le village de Sai Son, la **pagode Thay** (XIe siècle) se dresse au pied d'un affleurement calcaire. Elle est dédiée au maître Tu Dao Hanh, l'un des pères fondateurs des marionnettes sur l'eau. Durant les vacances et les fêtes, des spectacles de marionnettes y sont toujours organisés, sur une scène aménagée au milieu d'un étang.

L'ensemble compte trois édifices parallèles qui évoquent le caractère chinois *Tam* (trois). Avant d'entrer, observez l'étrange pierre en forme de rein perchée sur un piédestal figurant un poumon, installée là pour extirper le mal du corps des passants. Les caractères chinois souhaitent santé et bonheur.

L'espace extérieur, utilisé lors de cérémonies, célèbre Tu Dao Hanh dont une statue, dans la niche du milieu, est habillée de vêtements jaunes. Dans la niche de gauche, deux ambassadeurs se prosternent aux pieds de Ly Thanh Tong, un roi du XIe siècle censé être la réincarnation de Tu Dao Hanh. Dans la niche de droite, un autel clos renferme une macabre statue de Hanh qui aurait été élaborée à partir de ses cendres, de ses os et d'un dépôt minéral calcaire. La statue attenante fut installée pour apparaître le jour de fête où la porte est ouverte. Mais un général Tây Son mit fin au spectacle il y a 200 ans en prétendant qu'un saint aussi vénérable que Tu Dao Hanh

Pagode Thay
87 E2

La scène de la pagode Thay est réputée pour ses spectacles de marionnettes sur l'eau.

Pagode Tay Phuong
87 E2

ne devait pas être exposé au commun des mortels. Notez les deux phénix du XVIe siècle sculptés dans un seul morceau de jaquier.

La pagode du milieu abrite des statues plus impressionnantes. Les corpulents gardiens du bouddhisme (*ho phap*) – que les Vietnamiens

Des enfants franchissent la porte de pierre encadrée d'inscriptions de l'une des pagodes de Ha Tay.

appellent Monsieur Sévérité et Monsieur Bienveillance – datent du XVIIe siècle. On y trouve aussi les huit bodhisattvas rois diamants (*kim cuong*), de féroces protecteurs de Bouddha en train de méditer.

La troisième pagode est un espace ouvert où les moines dispensent un enseignement.

À 6 km plus à l'ouest, dans un petit village, juchée sur la colline de Cau Lau, la **pagode Tay Phuong** a été fondée entre le IIIe et le VIe siècle. Au IXe siècle, un proconsul chinois magicien nommé Cao Bien la restaura pour servir de prison symbolique à un dragon qui vivait sous la colline et qui aurait pu s'échapper et rendre le peuple vietnamien fort. Son apparence actuelle, également conçue pour évoquer le caractère chinois *Tam,* date des rénovations de la dynastie Tây Son, au XVIIe siècle et à la fin du XVIIIe siècle.

Dans la première salle, dite des Prosternations, huit rois diamants revêtus d'armures se répartissent aux quatre points cardinaux sous un toit à deux étages.

Dans la salle du milieu, des autels à plusieurs niveaux supportent deux des 18 *arhats* (saints) de la pagode, ainsi qu'une magnifique représentation de Bouddha sur la montagne Enneigée. Le sanctuaire est éclairé par des fenêtres circulaires *thi,* une forme qui joue à la fois sur des composants visibles et sur leurs correspondants invisibles. Notez les colonnes en bois de fer sur des piédestaux de pierre bleue, sur lesquelles sont sculptées des feuilles de mûrier et de banian, des dragons, des phénix et des têtes de tigre.

Dans la salle du fond, les *arhats* constituent l'ensemble de statues le plus intéressant de la pagode. Elles datent d'une restauration du début du XXe siècle. Chacune représente une histoire des annales du bouddhisme. Observez Hiep Ton Gia, le vieil homme qui commença à étudier le bouddhisme à la fin de sa vie et qui fit vœu de ne jamais se coucher avant d'avoir assimilé la doctrine en entier.

La **pagode Tram Gian**, à une vingtaine de kilomètres au sud-ouest de Hanoi, dans le village de Tien Lu (*carte 87 E2*), représente le style *noi cong ngai quoc*, caractérisé par les corridors latéraux encadrant les salles intérieures. La pittoresque pagode, vieille de 800 ans, fut longtemps considérée comme l'apogée de l'architecture bouddhique mais, si le clocher reste élégant, la restauration moderne de l'intérieur est déplorable.

Les pagodes de Bac Ninh

Proche de Hanoi, la province de Bac Ninh est l'un des trois anciens centres du bouddhisme au Vietnam. **Chua Dau** est la plus vieille pagode du pays ; malheureusement, une restauration récente a partiellement altéré le charme du vénérable édifice. À côté, la **pagode But Thap**, un chef-d'œuvre d'architecture, abrite un magnifique ensemble de statuaire bouddhique. En 1876, de passage à la pagode Ninh Phuc Tu vieille de 230 ans, l'empereur Tu Duc la renomma But Thap (pointe du pinceau) car sa tour octogonale de 13,50 m évoque un pinceau. Au-delà du clocher à triple porte, sept bâtiments s'alignent sur un axe de 100 m flanqué de deux corridors soutenus par 26 colonnes.

De la **maison où l'on brûle l'encens**, une galerie couverte mène aux trésors de la **maison supérieure**, et notamment à la déesse de la Miséricorde aux mille mains et aux mille yeux, véritable chef-d'œuvre de la sculpture vietnamienne sur bois, aux 11 faces, aux 994 bras et aux 994 yeux. Un ensemble de trois bouddhas domine l'autel central, flanqué par une galerie de divinités bouddhiques polychromes.

À SAVOIR

Goûtez l'alcool à base de riz et de maïs, fabriqué dans la région. Mais attention, il est fort ! Ceux qui ont un estomac fragile feront mieux de s'abstenir.

De l'autre côté d'un pont de pierre en dos-d'âne, une tour à neuf étages en forme de lotus s'élève dans **l'ermitage de la Vertu** datant du XVIIe siècle. Tournant sur son axe comme un moulin à prière, la tour est décorée de bas-reliefs figurant la Terre pure. À l'extérieur du couloir de droite, le clocher honore les maîtres zen ayant inspiré les fondateurs de la pagode. Une balustrade de pierre ornée de tigres, de dragons, de buffles, de nuages et d'un maître zen ceint le premier des cinq étages d'un stupa.

Non loin de là, à Dau (province de Thuan Thanh), la **pagode Dau**, fut la plus ancienne du Vietnam, probablement édifiée au IIIe siècle de notre ère. Ce fut, autrefois, le principal centre du bouddhisme vietnamien. Sa tour à trois étages abrite un gong de bronze de 1817 et une cloche de 1793, ainsi que les statues d'adeptes de la déesse de la Miséricorde. ■

Pagode Tram Gian
Carte 87 E2

Pagodes de Bac Ninh
Carte 87 F2

Informations touristiques
✉ Bac Ninh Tourist, Ninh Xa
☎ 0241/3831-296 (uniquement en vietnamien)

Pagode But Thap
Carte 87 F2

Pagode Dau
Carte 87 F2

Haiphong et la baie d'Along

Haiphong, troisième ville et principal port du Vietnam, est la voie d'accès vers la baie d'Along. Elle souffre de cette proximité, car les voyageurs la délaissent pour les splendeurs de la baie. Pourtant, le patrimoine culturel de Haiphong mérite une halte. Quant à la baie, elle est inscrite depuis 1994 au Patrimoine de l'humanité, une reconnaissance tardive pour l'une des merveilles naturelles les plus stupéfiantes au monde.

Le parc national de Cat Ba, face à la baie d'Along, est classé réserve de biosphère par l'Unesco.

Haiphong
87 F2
Informations touristiques
18 Minh Khai
098/3222-201
haiphongtourism.gov.vn

Haiphong

Parmi les centres d'intérêt de Haiphong figurent une maison communale (*dinh*), une superbe pagode et le centre-ville où abondent les édifices coloniaux français, les uns en ruine, les autres restaurés. En outre, la ville propose d'excellents hébergements et dégage une formidable énergie.

Si vous n'avez pas encore visité l'une des 700 *dinh* du Vietnam, situées pour la plupart dans le delta du fleuve Rouge, allez voir la **maison communale Hang Kenh**, dans la rue Hang Kenh, dans le centre-ville. Elle mesure 32 m de long sur 13 m de large, et son toit ploie sous le poids de milliers de tuiles. L'espace central honore Trân Hung Dao, qui mit les Mongols en déroute non loin d'ici, dans le Bach Dang, au XIIIe siècle. Bien que l'office de tourisme date le *dinh* de 1856, un gardien prétend qu'il remonte à 1718. Quoi qu'il en soit, les 308 dragons sculptés dans la structure en bois de fer de l'édifice sont bien conservés.

De l'autre côté de la ville, 121 rue Chua Hang, la traditionnelle **pagode Du Hang** (ou Phuc Lam) présente des ornements dus à un moine singulier nommé Thong Hanh, qui vécut ici en 899. Dix statues de marbre d'*arhats*, quelque peu gothiques, entourent un étang où s'ébattent de grosses carpes. Parmi les statues, on note celle en bronze de Bouddha heureux, triomphant, les bras levés. Derrière lui se profile le clocher de Thong Hanh. Dans le temple principal, des piliers divisent la travée centrale en cinq sections, ornée chacune d'un autel toujours plus élevé et d'un splendide ensemble de sculptures religieuses.

Un grand parc domine le **centre-ville**. L'architecture distinguée des alentours laisse transparaître l'héritage français. Le somptueux **Opéra** de Haiphong, restauré en 2005, se trouve à deux pas du parc, dans la rue Trân Hung Dao.

L'île de Cat Ba

Cat Ba est aussi le nom de la localité et du parc national qu'abrite cette île karstique du sud de la baie d'Along. En 2004, l'Unesco a désigné l'archipel de Cat ba réserve de biosphère. Village de pêcheurs à l'origine, le bourg s'est tourné vers le tourisme : des hôtels bordent le front de mer. Aujourd'hui, la plupart des bateaux font le tour de la baie à partir de Cat Ba mais surtout depuis la ville d'Along.

De Cat Ba, une route asphaltée emprunte une étroite vallée panoramique dans l'intérieur montagneux. Juste après Hai Son, un escalier mène à la grande **grotte de Quan Y** (€). En 1960, les Vietnamiens et les Chinois se sont associés pour y construire un hôpital en béton. Le gardien des lieux, un vétéran âgé de plus de 70 ans nommé Vu Dihn Khoi qui y travailla 10 ans, guide maintenant les visiteurs. Dans la salle de conférence à l'acoustique extraordinaire, il vous chantera son interprétation de *Vietnam, Hô Chi Minh*. Négociez le prix de la visite à l'avance pour éviter les surprises.

À SAVOIR

Au lieu de réserver votre croisière dans la baie d'Along depuis Hanoi ou Haiphong, partez de l'île de Cat Ba ; vous aurez moins l'impression d'avoir hérité du bateau spécial « heures de pointe ».

Quan Y est la plus intéressante des nombreuses grottes calcaires qui parsèment le **parc national de Cat Ba**, une réserve naturelle de 9800 ha couvrant près du tiers de l'île. Les collines accidentées pouvant atteindre 300 m abritent la dernière colonie de langurs à tête dorée du monde.

L'entrée du parc est située sur la principale voie nord-sud de l'île, à 14 km au nord de Cat Ba. De là, un chemin mène au sommet du **Ngu Lam** (200 m), où une tour d'observation permet de découvrir un panorama du parc. Une randonnée de quatre heures longeant le lac des Grenouilles mène au village de **Viet Hai**, d'où un ferry vous ramènera à Cat Ba.

Plusieurs belles plages bordent un promontoire, à l'est de la ville.

Île de Cat Ba

87 G2

Informations touristiques

Cat Ba Travel Service, 210 1 Thang 4

031/3888-783

catbatravelservice.com

À NOTER : chaque matin, des hydrofoils quittent la jetée à l'extrémité de Cu Chinh Lan, à Haiphong, et descendent le Bach Dang jusqu'à Cat Ba ; compter 45 minutes.

Parc national de Cat Ba

87 G2

Hai Son, 16 km au nord-ouest de la ville de Cat Ba

031/3888-741

€

Baie d'Along
87 G2
Informations touristiques
Queen Travel, 65 Hang Bac, Hanoi
04/3826-0860

À NOTER : la plupart des bateaux d'excursion partent du port d'Along. Un ou deux ferries partent aussi chaque matin du port de plaisance de Ben Beo à Cat Ba.

On a aménagé une promenade de planches, peu sûre, sur la falaise. Des escaliers et des sentiers mènent à des points de vue sur la mer.

La baie d'Along

Le majestueux paysage marin de tours karstiques à pic se dressant à des dizaines de mètres au-dessus de l'eau vert jade de la baie d'Along est une merveille à ne pas manquer. Près de 2000 îles parsèment cette subdivision de 1553 km^2 du golfe du Tonkin. En 1994, l'Unesco a inscrit 434 km^2 de la baie parmi les sites du Patrimoine de l'humanité.

D'après la légende, la baie s'est formée lorsqu'un dragon plongea dans la mer en la fouettant de sa queue avec frénésie, morcelant la région en un vaste archipel (Ha Long signifie « dragon descendant »). La version des géologues est bien sûr différente. Au cours des 500 derniers millions d'années, la pluie et l'océan auraient érodé le paysage et ainsi fait naître une série de tours, ou *fenglin*, et des chapelets de rochers à pic coniques, ou *fengcong*. En même temps, le va-et-vient des marées a entaillé leur base karstique, donnant à ces expressions primitives de la roche une apparence chancelante. En 2000, l'Unesco a, de nouveau, inscrit la baie d'Along au Patrimoine de l'humanité, en considérant que sa géomorphologie unique était digne d'être préservée.

Les hommes ont fait leur apparition dans la région il y a près de 25000 ans, et plusieurs cultures – celles de Soi Nhu, de Cai Beo et de Ha Long – s'y sont épanouies

Dans la baie, on peut faire une croisière sur une jonque ou une réplique de bateau à aubes français.

À DÉCOUVRIR Du kayak dans la baie d'Along

Pourquoi ne passeriez-vous pas la nuit à bord d'une jonque dans la baie d'Along et ensuite la journée à faire du kayak en plein cœur de ces splendides paysages ? Non seulement les kayaks sont une option écologique, mais c'est aussi le seul moyen d'accès aux *phong* (suites de falaises) et aux lagunes, où règne un calme ancestral. Certains reliefs karstiques de la baie abritent deux, parfois trois, *phong*, qui doivent être approchés à marée basse, quand les grottes alentour sont accessibles. Ce n'est pas garanti, mais si vous êtes chanceux, vous verrez des oiseaux multicolores, des singes, des reptiles et toutes sortes de poissons dans les eaux.

La plupart des visites organisées commencent par une initiation au maniement de la pagaie et un exposé des procédures de sécurité. Les débutants sont ainsi mis à niveau. Le personnel encadrant assure l'essentiel de la navigation, ce qui permet d'apprécier les environs. Des bateaux d'escorte accompagnent les groupes durant leurs déplacements (pour plus d'informations sur le kayak, voir p. 265).

dans la préhistoire. En 1149 un port de commerce fut créé sur la côte, à Van Don. Quand l'empereur Lê Thanh Tông chanta la baie en vers au XVe siècle, la région prit sa place dans l'imaginaire vietnamien.

Découverte de la baie d'Along La meilleure façon de découvrir la baie est de partir d'Along, une commune séparée en deux par un bras de mer et unie, en 2006, par un impressionnant pont suspendu. D'un côté, **Hon Gai** est un crasseux port exportateur de charbon ; de l'autre, **Bai Chay**, pimpant, accueille les touristes, avec toute une série d'hôtels sur le front de mer. La baie est aussi accessible depuis Cat Ba (voir p. 95). Bien qu'il s'agisse d'une île de la baie, elle est particulièrement vaste.

L'office de tourisme local insiste beaucoup sur les grottes des îles – certaines sont, il faut l'admettre, superbes –, mais le principal intérêt d'Along réside dans la mer. Il convient de passer le plus de temps possible en bateau au milieu d'un paysage aussi fantastique qu'irréel.

Beaucoup de voyageurs font une excursion d'une journée en bateau dans la baie. Pour vivre une expérience plus riche, on peut faire une croisière de nuit à bord de l'*Émeraude* (voir Informations pratiques p. 249), une fidèle reconstitution de bateau à aubes français des années 1920 qui incarne le mythe de l'Indochine coloniale ; ou, pour plus d'authenticité, une promenade à bord d'une des jonques amarrées à Bai Chay. Leurs voiles à lattes de bambou ne servent pas à la propulsion, mais ajoutent une note romantique.

Côté faune, des aigles s'élancent dans le ciel et plongent, saisissant des poissons – il y en a un millier d'espèces différentes. Alors que les aigles semblent aussi répandus que les papillons, les langurs et autres petits singes des îles sont plus farouches.

Cependant, la faune n'est pas la curiosité majeure de la baie d'Along. On vient ici pour les fantastiques reliefs karstiques à la végétation rabougrie, façonnés au cours des ères géologiques, en forme de cygnes, de bouilloires, de crapauds, de selles, de monstres, de brûle-parfums et d'autres choses encore. Les tours les plus spectaculaires sont six fois plus hautes que larges. Mais, plus extraordinaires que les formations individuelles sont ces reliefs karstiques vus à distance – comme une ligne barrant l'horizon ou les limites du panorama, se dressant de tous les côtés, telles les parois d'une arène.

La baie de Bai Tu Long

Les conditions géologiques ayant présidé à la formation de la baie d'Along ont aussi créé la baie de Bai Tu Long, plus au nord. Avec, toutefois, une différence majeure : il n'y a presque pas de touristes. La baie d'Along étant la première destination touristique du pays, le détail est d'importance. En contrepartie, les aménagements touristiques sont plus rares, mais certains tour-opérateurs (voir p. 239) permettent de visiter ce joyau méconnu.

Curiosités Les excursions laissent beaucoup de temps pour se livrer à la contemplation, mais les curiosités ne manquent pas. Ces dernières années, les croisières proposent beaucoup plus d'arrêts. Il est donc nécessaire de s'informer sur les itinéraires afin de découvrir des lieux moins connus. Quel que soit l'itinéraire choisi, on visite forcément la **Hang Sung Sot** (grotte des Surprises), la plus belle des innombrables grottes de la baie. Elle fut ouverte aux touristes en 1995, mais les Français avaient été les premiers au début du XXe siècle, comme le prouvent les graffitis peints ou gravés dans le calcaire.

Un sentier permet de parcourir 800 m dans la grotte de 12 000 m², en traversant les trois salles, chacune plus vaste que la précédente. Des stalagmites et stalactites fantasques revêtent les aspects habituels – tortues, voiles de jonque, singe, Bouddha heureux, racines de molaire – et un pénis de dragon, éclairé en rouge et braqué vers un trou du plafond vérolé de cratères à orifices lisses. La troisième salle est très caverneuse et, bien qu'elle ne vaille pas Phong Nha (voir p. 118-119), la plus belle du Vietnam, elle vaut la peine d'être vue.

À SAVOIR

Les 2 000 îles calcaires de la baie d'Along sont sans doute l'image la plus connue du Vietnam.

Laissée de côté par les circuits nocturnes en bateau, la **Hang Thien Cung** (grotte du Palais céleste) rivalise avec Sung Sot pour le titre de plus belle grotte d'Along. Elle abrite une poitrine de pierre en

Les balades en bateau dans la baie d'Along passent par plusieurs villages de pêcheurs.

réponse au « pénis de Sung Sot ». Dans la **Hang Dau Go** (grotte des Pieux de bois), Trân Hung Dao, le héros guerrier du XIIIe siècle, stocka les fameux pieux couronnés de pointes de fer qu'il utilisa pour éventrer la flotte mongole.

À **Hang Luon**, dans l'**île de Bo Hon**, des canots et des kayaks s'aventurent sous un passage surbaissé pour atteindre une lagune grandiose dont l'eau abrite certains des plus beaux jardins de corail de la baie. L'influence corrosive de l'eau salée a également évidé six lagunes dans **l'île de Dau Be**.

Bien que les plages ne se forment pas naturellement sur ces îles karstiques, on peut s'adonner à la natation, car la forte salinité de l'eau permet de flotter facilement. La profondeur varie de 8 à 12 m, avec de nombreux bas-fonds de 5 m. Des échelles, à la poupe de la plupart des bateaux, permettent de se baigner ; et on encourage parfois les plus braves à plonger du toit du bateau.

Alors que la plage de **l'île Titov** semble artificielle, le vrai frisson, ici, se ressent au sommet, après avoir escaladé 420 marches : on y découvre un panorama de la baie à 360°, aussi parfait qu'une carte postale. L'île est nommée ainsi en l'honneur du cosmonaute russe qui contempla ce panorama avec Hô Chi Minh en 1962.

L'aura de la baie d'Along est également cinématographique : en 1991, Régis Warnier y tourna des scènes de son film *Indochine*, avec Catherine Deneuve. Les excursions en bateau passent non loin de l'un des lieux du tournage. ■

L'extrême Nord

Région de montagnes calcaires et de paysages creusés par les cours d'eau, l'extrême nord du Vietnam a beaucoup à offrir. C'est l'occasion d'aller à la rencontre des ethnies montagnardes, dont les membres, vêtus de tenues traditionnelles, mènent une vie retirée.

Le géoparc du plateau karstique de Dong Van offre l'un des panoramas les plus spectaculaires du Vietnam.

Ha Giang

Ha Giang, la province la plus au nord du pays, est restée interdite aux touristes pendant des années, à cause du long conflit entre le Vietnam et la Chine. Les paysages de la région en font une destination de plus en plus prisée. Aujourd'hui, pour s'y rendre, les visiteurs ont besoin d'un permis, scrupuleusement contrôlé. Il s'obtient facilement au bureau de l'immigration de Ha Giang.

Bien que la capitale de la province, Ha Giang, soit superbement située entre deux montagnes, peu de choses, toutefois, y retiennent les touristes, exceptés un musée banal et un marché animé.

Le spectacle commence vraiment à environ 40 km au nord de Ha Giang, où l'autoroute 4C vire vers l'est et grimpe dans le **géoparc du plateau karstique de Dong Van**, le premier de ce genre au Vietnam. Il couvre plus de 2 500 km^2 de sommets calcaires atteignant 1 500 m de haut. Le terrain accidenté exige un 4 x 4 ou une moto puissante. Les vues sont inoubliables. Des panneaux situés aux principaux points de vue donnent des explications sur les conditions géologiques particulières qui ont façonné ces paysages uniques.

Le premier point de vue se trouve à **Quan Ba** (porte du Paradis), où une ligne infinie de crêtes karstiques encadre la petite ville paisible de Tam Son. En continuant vers l'est, à travers **Yen Minh**, le paysage devient encore plus impressionnant : des villages de Hmong blancs ponctuent la route vers **Dong Van**, la ville le plus au nord du pays. Peu avant cette dernière, à Sa Phin, découvrez le **palais Vuong**, édifié par les Français pour un roi hmong.

Comme la plupart des villes de cette région, Dong Van accueille un **marché** très animé. Les villageois parcourent des kilomètres pour s'y rendre le dimanche. Ici s'échangent porcelets, canne à sucre, tabliers aux couleurs chatoyantes... Grand lieu d'attraction, surtout pour les Vietnamiens, la **tour du drapeau Lung Cu**, à 22 km au nord de Dong Van, marque le point le plus au nord. De là, les vues sur la campagne chinoise sont remarquables.

Autrefois, les visiteurs de cette région reculée devaient revenir sur leur pas via Ha Giang, mais désormais l'amélioration de la route entre **Meo Vac** et **Cao Bang** permet de continuer vers le nord-est du pays. Des paysages les plus beaux de la région, peu sont équivalents à ceux qui se trouvent entre Dong Van et Meo Vac. En effet, la route, qui traverse le col de **Ma Phi Leng**, offre une vue vertigineuse sur le **fleuve Nho Que**, lové dans un profond canyon.

Cao Bang

Près de la frontière chinoise, Cao Bang est un gros marché grouillant d'activités, à la limite de l'une des régions les moins fréquentées mais les plus spectaculaires du Vietnam. De la grotte de Pac Bo à l'ouest aux chutes de Ban Gioc plus à l'est, les montagnes calcaires escarpées offrent de superbes panoramas que l'on peut découvrir en empruntant une route défoncée à moto, à bicyclette ou en 4 x 4.

À SAVOIR

Les provinces de Ha Giang et Cao Bang, au nord, comptent probablement au nombre des plus beaux paysages karstiques du Vietnam, avec leurs lignes de crêtes tapissées de forêts luxuriantes.

En février 1941, après avoir passé 30 ans à l'étranger, Hô Chi Minh, venu de Chine, parcourut 65 km à pied jusqu'à la **grotte de Pac Bo** (la source). Il passa une semaine dans une cabane, juste à la frontière. Elle a aujourd'hui disparu, mais un escalier abrupt taillé dans la roche permet de voir son emplacement. La grotte voisine est plus intéressante ; Hô Chi Minh y vécut en février-mars de cette année-là, avec Vô Nguyên Giáp et Pham Van Dông. Ils mangeaient du poisson pris dans un torrent qu'il avait baptisé Lénine et, la nuit, sous la masse sombre des monts Karl Marx,

Dong Van Karst Plateau Geopark

- 87 E5
- Bureau de l'immigration, 5 Tran Quoc Toan, Ha Giang (obtention d'un permis)
- 0219/3875-210
- €€€

Cao Bang

- 87 F4

Informations touristiques

- Cao Bang Tourist, 42 Kim Dong
- 026/3852-245

Les habitants de Sa Pa sont à la fois les bénéficiaires et les victimes d'une florissante activité touristique.

Chutes de Ban Gioc

- 87 F4
- Province de Trung Khanh
- €€€ (l'autorisation du poste de police, situé près des chutes, est nécessaire)

il parlait d'histoire et de politique. La grotte peu profonde abrite une réplique de son lit de bois ; des panneaux, plus bas, indiquent les endroits où il pêchait, et puisait l'eau pour faire son thé, et où il travaillait sur un bureau fait d'une dalle de calcaire. Un musée, peu fréquenté, présente sa valise de bambou, sa machine à écrire Hermès et la tunique nung qu'il portait en 1941. Plus à l'est, les **chutes de Ban Gioc** tombent de Chine en grondant. Depuis des années, les Vietnamiens et les Chinois s'en disputent la possession.

À SAVOIR

Si vous vous rendez dans les montagnes du Nord, n'hésitez pas à prendre le train de nuit qui mène à Lao Cai (et ensuite le minibus jusqu'à Sa Pa). Vous gagnerez une journée de voyage, et vous pourrez admirer les rizières avant l'arrivée du train.

Le parc national de Ba Be

Le plus grand lac naturel du Vietnam, le Ho Ba Be, au nord de Hanoi, dans la province de Bac Kan, est au cœur de ce parc national. Long de 8 km et bordé de collines calcaires couvertes d'une flore luxuriante, il est dominé par le Pac Ngoi, un promontoire à pic de 787 m au sud. Le parc abrite des ours, des loris et des petits singes noirs aux favoris blancs, les langurs de François. Le parc national de Ba Be abrite aussi des papillons. On en rencontre plus de 350 espèces.

À un peu moins de 2 km de l'entrée du parc, des sampans partent pour faire le tour du lac alimenté par trois rivières.

Deux promenades en bateau (*cinq heures*) empruntant des itinéraires différents mènent à la **grotte de Puong** (300 m) sur la Nang et aux **chutes de Dau Dang**. Une promenade tranquille de deux heures (€€) permet de parcourir le lac d'une extrémité à l'autre. Au nord, les arbres enveloppés d'un enchevêtrement de lianes jaillissent du sol comme de grotesques stalagmites.

Au sud, la Cho Leng à l'eau claire coule en dessous du **Pac Ngoi** et le long d'un village tay du même nom, qui signifie « bouche du lac ». Les Tay s'installèrent dans la région il y a 2000 ans et vivent toujours dans des maisons sur pilotis dans les vallées et près des rivières. En tout, 3000 personnes appartenant à des minorités ethniques habitent 13 villages dans le parc; plus de la moitié sont des Tay. Les Dao, arrivés dans la région il y a un siècle, vivent à mi-pente, alors que les Hmong habitent sur les hauteurs.

Une route asphaltée longe le sud du lac, en offrant un magnifique point de vue sur le Pac Ngoi depuis le pont. Dans le **village de Pac Ngoi**, les Tay proposent des hébergements dans leurs maisons sur pilotis. Sinon, on peut dormir dans les pensions, gérées par l'État, situées à l'entrée du parc. Elles n'ont rien de particulier si ce n'est qu'il faut s'attendre à subir les karaokés du week-end.

Sa Pa et ses environs

Nichée au milieu des montagnes du Nord-Ouest, Sa Pa est le point de rencontre des minorités ethniques les plus traditionnelles. La petite ville est envahie de visiteurs vietnamiens et étrangers venus observer les superbes costumes des Hmong, des Dao rouges et des Day. La ville peut aussi servir de base pour se rendre dans les villages reculés, où les ethnies minoritaires cultivent riz, cardamome et maïs.

Bac Ha et plus à l'est

Même si le trajet est long de Sa Pa à Bac Ha, à travers la vallée du fleuve Rouge, des bus assurent la liaison chaque dimanche et emmènent les touristes au marché de Bac Ha. Les collines qui entourent cette petite ville sont parsemées de villages de montagnards; les Hmong sont la principale communauté. Leur présence fait de ce marché un spectacle inoubliable. Le marché du dimanche à Can Cau, à environ 20 km au nord de Bac Ha, est également à voir.

La notoriété a quelque peu dénaturé Sa Pa. Ainsi, les femmes hmong noires se pressent aux portes des hôtels et proposent, d'une voix douce, des souvenirs aux touristes. Le nombre de chambres d'hôtel a considérablement augmenté depuis que les autorités ont ouvert la région au tourisme en 1993, mais l'endroit conserve son intérêt. Engagez un guide et rendez-vous dans les villages de l'intérieur, à pied, à moto ou en 4 x 4.

À **Lao Cai**, sur le fleuve Rouge, on peut prendre un minibus pour parcourir les 30 km jusqu'à Sa Pa. Le trajet d'une heure et demie permet d'observer les flancs des

(*suite p. 106*)

Parc national de Ba Be

- 87 E4
- Entrée du parc : à 44 km à l'ouest de Na Phac sur la nationale 279
- 0281/3894-014
- €

Sa Pa

- 86 C4

Informations touristiques

- Office de tourisme de Sa Pa et centre d'informations, 28 Cau May
- 020/3871-975
- Fermé dim.

Les ethnies montagnardes

Outre les Viêts, les Chinois, les Khmers et les Cham, les montagnes du Vietnam abritent 50 minorités ethniques regroupant quatre ou cinq millions d'individus. En 1993, les autorités ont permis aux touristes d'avoir accès aux pittoresques villages des environs de Sa Pa et à leurs habitants aux costumes très colorés ; depuis, les montagnes sont devenues un intérêt touristique majeur.

Les Dao rouges, identifiables à leurs coiffes rouges, sont venus de Chine il y a 300 ans.

Appelés *moi* (sauvages) par les Vietnamiens et montagnards par les Français, les habitants des hautes terres étaient largement ignorés jusqu'à ce que les planteurs français découvrent au début du XXe siècle que la riche terre rouge était adaptée à la culture du café. Durant la guerre du Vietnam, les montagnards souffrirent terriblement des bombardements et des largages de défoliants visant la piste Hô Chi Minh. L'ethnographe Gerald Hickey estime que la guerre a fait 200 000 morts parmi les montagnards du Centre et détruit 85 % de leurs villages.

Après la guerre, les autorités permirent aux Vietnamiens des basses terres (Kinh) de constituer de nouvelles zones économiques dans les hautes terres. Quand la demande mondiale de café crut, les plantations de café purent s'étendre. Les montagnards accusèrent alors les Kinh d'empiétement sur leurs terres et de persécutions religieuses.

Quand les Français prirent contact avec ces montagnards à la fin du XIXe siècle et au début du XXe siècle, ils rencontrèrent des populations primitives, à cheval entre l'univers des chasseurs-cueilleurs et celui des paysans. Aujourd'hui encore, beaucoup d'ethnies montagnardes vivent entre la tradition et la modernité.

Dans tout le Vietnam, les groupes minoritaires présentent les mêmes particularités. Beaucoup pratiquent l'agriculture sur brûlis. Ils vivent dans des maisons sur pilotis pour se protéger des animaux dangereux (bien que les tigres et autres félins soient devenus rares). Ils boivent du vin de riz dans des récipients collectifs et ils sacrifient des buffles pour affirmer la richesse de la communauté ou pour l'inauguration d'une nouvelle maison communale.

Au cours des siècles, les Vietnamiens et les montagnards s'associèrent à plusieurs reprises. Le roi An Duong, un chef tay, fonda le royaume de Âu Lac au IIIe siècle av. J.-C. Les Tay sont l'une des minorités ethniques les plus anciennes du Vietnam. Aujourd'hui, environ 1,2 million de Tay vivent dans le Nord, pour l'essentiel autour de Cao Bang. Les ethnies se distinguent surtout par leur façon de s'habiller, en particulier les robes des femmes. À la différence des hommes, elles tiennent particulièrement à leur costume traditionnel. Pour les femmes hmong et dao, la perfection des vêtements importe plus que celle de la maison. Les femmes dao rouges portent des coiffures rouges sophistiquées, souvent ornées de chapelets de pièces de monnaies enfilées sur des cordelettes, alors que les femmes hmong noires ont une prédilection pour les tuniques brodées, les grandes boucles d'oreille et les chapeaux sans bord.

Comme beaucoup de minorités ethniques, les Hmong se divisent en sous-groupes – Hmong noirs, rouges, blancs et fleurs. De même qu'il existe des Thaïs blancs et des Thaïs noirs. Ces distinctions ont autant à voir avec les différences de coutumes et de dialectes qu'avec les costumes. À la différence des Tay, qui adoptèrent les croyances des Vietnamiens, la plupart des Thaïs conservent les leurs, fondées sur le culte des ancêtres et les génies. L'intérêt des 44 groupes ethniques des hauts plateaux du Sud et du Centre réside plus dans leur architecture que dans leurs costumes. Les E De (Ede) matrilinéaires vivent près de Buon Ma Thuot dans des maisons sur pilotis pouvant mesurer 50 m de long, avec des pièces communes et des espaces propres à chaque famille. Les maisons communales des Bahnar (Ba Na) sont coiffées de toits de chaume pouvant atteindre de 15 à 19 m de haut. Chez les Bahnar et les Giarai, le mari vit dans la famille de son épouse et n'a pas droit à l'héritage.

À SAVOIR

Faites appel à un guide hmong ou yao pour vos treks dans les environs de Sa Pa (indépendants ou via certains hôtels). Vous aurez une meilleure approche de la vie des montagnards.

À DÉCOUVRIR Les marchés des ethnies montagnardes

Vous devez absolument aller voir le spectacle fabuleux que représente un marché des ethnies des montagnes. Les habitants revêtent leurs plus beaux atours, comme les turbans rouges des Dao ou les robes des Hmong aux couleurs chamarrées. Vous ne pourrez pas vous empêcher de prendre quelques photos, mais faites preuve de courtoisie ; la plupart des habitants sont ravis, mais certains sont réticents face à l'objectif. Concernant les achats, cela dépend de vos goûts. Porcelets, canards et vaches sont prisés par les locaux, moins par les touristes. Jetez un coup d'œil aux étals qui proposent ornements et accessoires ; s'il y a un endroit où vous pourrez trouver sac à main, châle ou napperon brodé en souvenir de votre visite, c'est bien là. Les objets de décoration sont également splendides. Les marchés se tiennent le samedi et le dimanche à Sa Pa, le samedi à Can Cao, le dimanche à Bac Ha et le lundi à Po Sa.

montagnes escarpées, zébrées de rizières en terrasses caractéristiques de la région. D'autres paysages montagneux du Vietnam sont plus spectaculaires – comme les reliefs karstiques de Cao Bang –, mais leurs habitants ne portent pas des costumes aussi splendides que ceux de Sa Pa.

Bien que l'atmosphère évoque un peu la ruée vers l'or, Sa Pa conserve une grande partie du charme qui attira les Français dans les années 1930. Son altitude (1 586 m) la met à l'abri de la chaleur, bien que la ville soit souvent dans la brume. Par temps dégagé, la vue est extraordinaire, en particulier du **Ham Rong** (bouche du dragon), dont le sommet domine Sa Pa de près de 200 m. Pour l'atteindre, prenez le sentier qui commence derrière l'église de pierre au centre de la ville.

Du sommet, on peut contempler les vallées de Muong Hoa au sud, de Trung Chai au nord, de Ta Phin au nord-ouest et de O Quy Ho à l'ouest. À distance, on aperçoit le **Fan Si Pan**, le plus haut sommet du Vietnam (voir encadré ci-dessous).

Sa Pa est surtout connue pour son **marché** fréquenté par les villageois de la région en costume traditionnel portant d'énormes paniers de bambou sur leur dos. Autrefois, ils commerçaient entre eux, mais aujourd'hui, les touristes constituent une meilleure source de profit. À quelques pas du Cau May, un escalier flanqué de marchands de légumes descend jusqu'à un attirant marché largement dominé par les Vietnamiens (Kinh). À gauche, au fond, des étals de bouchers proposant des foies de bœuf, des cœurs et des têtes de vache sont une épreuve pour les végétariens...

Les touristes préféreront les salles du haut, où les minorités de la région vendent des vêtements et des bijoux. Les couvertures ornées de brocards, les gilets, les rouleaux de chanvre teints à l'indigo, les couvre-chefs d'homme et les

À DÉCOUVRIR Un trek dans les environs de Sa Pa

Que ce soit l'attrait de l'air vivifiant ou de la brume, ou encore l'idée de passer la nuit dans des villages traditionnels, toutes les raisons sont bonnes pour planifier un trek dans la région de Sa Pa, au cœur des collines du Nord-Ouest. Les tour-opérateurs (voir Informations pratiques, p. 239) en proposent plusieurs, allant d'une demi-journée aux abords des villes à des périples d'une semaine dans les vallées profondes ou à flanc de colline, avec nuit dans les villages montagnards.

Culminant au-dessus de Sa Pa à 3 143 m, le Fan Si Pan compte parmi les destinations favorites des trekkeurs ; nul besoin de vêtements ni d'équipements spéciaux, mais des pentes douces en apparence et un climat clément peuvent s'avérer trompeurs. Sur 19 km à l'approche de Cat Cat, un village à 3 km au sud de Sa Pa, le trajet est difficile, le sommet est généralement noyé dans la brume et le tour dure au minimum trois à quatre jours. Ce trek exige un niveau d'entraînement bien supérieur à la moyenne.

bracelets d'argent sont tentants, mais achetez-les avec prudence. Ces broderies ont peut-être été produites en série à Hanoi. C'est sans doute pour cela que les plus beaux objets sont si peu chers. Les marchés des villages reculés tels que Lao Cai et Ban Ho, dans la vallée voisine de Muong Hoa, sont moins fréquentés et plus authentiques.

On trouve un nouveau marché en plein air pour touristes de l'autre côté de la place en contrebas, au-dessus du Cau May, et un autre sur le parvis de l'**église de pierre** (*Ham & Phan Xuan Huan*), construite par les Français en 1935. Derrière l'office de tourisme le **musée culturel** propose des vidéos et des informations sur les minorités de la région.

Les villages autour de Sa Pa Le village de Hmong noirs, **Cat Cat**, se situe à 3 km de Sa Pa. Il est donc facile de le visiter seul (d'autres villages plus reculés requièrent un guide). Vous verrez des cuves de teinture indigo, essentielle aux robes de Hmong, et sans doute des canalisations en bambou qui approvisionnent les villageois en eau et en électricité.

De Sa Pa, on accède facilement à **Ta Phin**, un village Dao rouge, à 12 km au nord; l'office de tourisme vante sa grotte, assez quelconque.

Vers le sud-est se trouve le village tay de **Ban Ho**, au bord du Muong Hoa. Notez les maisons sans fenêtres des Hmong. Après les Xa Pho, les Hmong sont la minorité la plus pauvre de la région, bien que la plus joliment vêtue. Chaque maison est centrée sur l'autel familial tout simple, une sorte de liasse de papiers suspendue à un crochet agrémentée de trouvailles récentes – plumes, cornes de gibier.

En parcourant les sentiers reliant les villages, notez les soucoupes de bambou remplies de cardamome, une épice aromatique de la famille du gingembre, en train de sécher, et

Comme cette vue prise du Topas Eco-Lodge le suggère, les vraies splendeurs de Sa Pa vous attendent hors de la ville.

Diên Biên Phu
✉ 86 B3
Informations touristiques
✉ Diên Biên Tourism, 7 Thang 5
☎ 023/3824-410

la fumée odoriférante des fours, à l'entrée du village.

Parmi d'autres villages où l'on peut passer la nuit, citons **Sin Chai**, **Ta Van** et **Giang Ta Chai**. Vous pourrez voir des tisserands travailler dans le village hmong de Sin Chai. Des communautés dao et giay habitent dans les bourgades de Ta Van et de Giang Ta Chai.

vieille ville a disparu sous le lac créé par un nouveau barrage hydraulique. Une ville est en construction près de l'A 12.

Diên Biên Phu

À Diên Biên Phu, en 1954, les Vietnamiens gagnèrent leur plus grande bataille moderne, s'assurant ainsi le départ définitif des Français.

Un ancien rend hommage aux soldats tombés à Diên Biên Phu.

Vers la province de Lai Chau À l'ouest de Sa Pa, la route jusqu'à Muong Lay monte, en passant devant la cascade d'Argent, jusqu'à la **porte du Ciel** (2000 m), le plus haut col d'Indochine. La province reculée de Mai Chau offre surtout de splendides paysages. **Muong Lay** se situe au sud du confluent du Song Da et du Nam Na. La

Aujourd'hui, la ville, née après le conflit, est en plein essor. Elle est surtout visitée par des vétérans vietnamiens et des passionnés de la guerre d'Indochine. Fin 1953, quelque 16000 soldats français furent parachutés dans cette vallée isolée pour couper les lignes de ravitaillement vietnamiennes et extirper la guérilla. Le général Vô Nguyên Giáp saisit l'occasion et leur opposa 55 000 combattants. Le 6 mai 1954, il lança une attaque en règle et battit les Français après un siège de 55 jours, renforçant ainsi la position du Vietnam aux négociations de paix Genève.

Commencez votre visite par le **musée de Diên Biên Phu**, à un peu moins de 1 km du principal carrefour de la ville, près du marché. Le pavillon externe présente des pièces d'artillerie du type utilisé par les forces de Giáp. Un autre pavillon comporte un cimetière de matériel français – des jeeps rouillées, le fuselage d'un avion abattu et des tanks. À l'intérieur, un diorama panoramique présente le fond de la vallée et la série de collines basses occupée par la garnison française. On y trouve aussi des vestiges hétéroclites, comme une baignoire de métal utilisée par le commandant en chef français, le général de Castries, dans son bunker. De l'autre côté de la rue, des rangées de tombes anonymes emplissent l'un des **cimetières** où sont enterrées les 10 000 victimes vietnamiennes. Sa porte de granit blanc évoque les triples portes du Vietnam impérial.

À l'intérieur sont indiqués les noms et l'origine des victimes, surtout les provinces de Nghe An et de Thanh Hoa, où sont nés deux des grandes figures du Vietnam, Hô Chi Minh et Lê Loi.

Au-dessus du musée, on peut voir une redoute récemment restaurée au sommet d'une colline, avec des tunnels, des tranchées et un énorme cratère de bombe. Et de l'autre côté de la ville, se trouve le **bunker de commandement du général de Castries**.

La vallée de Mai Chau

Bien que les costumes des habitants des villages thaïs blancs proches de Mai Chau ne soient pas aussi hauts en couleur que ceux de Sa Pa, cette vallée est prisée pour son charme bucolique, sa proximité de Hanoi (135 km au sud-ouest) et ses maisons sur pilotis. Presque tous les visiteurs passent la nuit à Tan Lac ou à Pom Coong, des villages thaïs situés à quelques kilomètres de Mai Chau.

À SAVOIR

Pour effectuer une belle randonnée, rendez-vous à 12 km de Ban Lac, prenez un ferry qui descend la rivière Ma sur 3 km vers le village de Co Loung et revenez à pied par un sentier.

Comptant près de 75 maisons sur pilotis, **Ban Lac** est un peu plus grand et plus fréquenté par les touristes que **Pom Coong**, non loin. Au cours d'une visite de cette région, on peut dormir chez l'habitant, sur de minces matelas protégés par des moustiquaires. En montant vos bagages, notez les queues de poisson sculptées sur le cadre de la porte. Traditionnellement, les fils célibataires en gravent une pour chaque poisson pris, afin de prouver à d'éventuels beaux-parents leur aptitude à nourrir une famille. ■

Musée de Diên Biên Phu

✉ 7 Thang 5

☎ 023/3824-971

€ €

Mai Chau

Carte 86 D2

Informations touristiques

✉ Hoa Binh Tourist, route n° 6, Hoa Binh, près de Mai Chau

☎ 018/3854-374

Autres sites à visiter

Le parc national de Ba Vi

Le parc national de Ba Vi, qui couvre 73 km^2, part d'une plaine assez plate et culmine à 1 296 m. Une route mène au **Ngoc Tan** couronné de nuages, où l'on vénère le dieu de la Montagne Tan Vien au **temple Thuong**. Par temps clair, on peut voir le delta du fleuve Rouge et Hanoi, à 50 km plus à l'est. À l'époque coloniale, les Français construisirent 200 villas à Ba VI. Les ruines d'une église catholique, au clocher de 11 m, maintenant envahie par la forêt continuent à attirer les photographes. La minorité muong vit au pied des montagnes, les Dao habitent plus haut sur les pentes. Ces forêts sont aussi renommées pour leurs plantes médicinales.

87 E2 034/3881-205 **Office de Hanoi** 144 Hoang Quoc Viet, province de Cau Giay 04/33388-1082

Co Loa

Fondée à la fin du IIIe siècle av. J.-C. par le roi An Duong et occupée par la dynastie Ngô au milieu du Xe siècle, Co Loa est la plus ancienne capitale du Vietnam. Son nom, signifiant « vieil escargot », fait allusion à la ressemblance des murs concentriques de la cité avec les anneaux d'une coquille d'escargot. On discerne encore 14 km de remparts de terre sur le site d'origine, à 18 km de Hanoi. Dans la citadelle, la **maison communale de Co Loa** occupe le site de l'ancien palais royal. À côté se trouve le **sanctuaire consacré à My Chau,** la fille du roi. Les archéologues y ont trouvé des tambours de bronze, des stèles de pierre et des dizaines de milliers de pointes de flèche, de haches et de couteaux.

87 E2 à 16 km au nord du centre de Hanoi, dans la province de Dong Anh €

Lang Son

À 11 km de la frontière chinoise, Lang Son a supporté tout le poids du conflit entre le Vietnam et la Chine en 1979, d'où l'aspect relativement neuf d'une ville assez ancienne. Les grottes, qui furent habitées il y a 500 000 ans, demeurent une curiosité.

Dans les trois **grottes de Tam Thanh** (€), notez le poème gravé au XVIIIe siècle par le mandarin garde frontière Ngo Thi Si.

87 F3 **Informations touristiques**
Lang Son Tourism, 9 Tran Dang Ninh
025/3814-848

Son La

En 1908, les Français construisirent un pénitencier dans cette province reculée, à 328 km au nord-ouest de Hanoi. La **prison de Son La** (*Tien Le, fermée 11 h 30-13 h 30,* €) a abrité des milliers de révolutionnaires entre 1930 et 1945. Partiellement détruite par un bombardement en 1952, c'est aujourd'hui un mémorial.

Ses cellules souterraines évoquent un passé sinistre. Un **musée** y présente les cultures d'une douzaine de minorités ethniques de la province.

86 C2 Hôtel Trade Union, 6 Thang 4
022/3852-804. ■

Changements de nom dans le Nord-Ouest

À peine s'est-on habitué à différencier Hoi An et Hanoi ou Lao Cai et Lai Chau, que le gouvernement a commencé à tout modifier. Récemment, Lai Chau est devenu Muong Lay, Muong Lay est désormais Moung Tra et Tam Duong s'appelle dorénavant Lai Chau.

Une région connue pour son exceptionnel réseau de grottes, ses splendides paysages karstiques et les villages natals des plus grands héros du pays.

Le Centre-Nord

Une tablette portative réfléchissante permettait au mandarin de conserver une apparence solennelle.

Le Centre-Nord

Le centre-nord du Vietnam forme un pédoncule long et fin entre la large bande des hauts plateaux centraux au sud et le vaste renflement du delta du fleuve Rouge et des montagnes du Nord. La côte présente de longues étendues de dunes blanches et de plages inexploitées. Le charmant paysage montagneux de l'intérieur recèle des grottes, des reliefs karstiques et des hauts lieux du nationalisme vietnamien.

De spectaculaires reliefs karstiques caractérisent le paysage intérieur vers Ninh Binh.

À NE PAS MANQUER

Au sud-est de Hanoi, la province de Nam Dinh est une zone fertile du delta du fleuve Rouge qui intéressera les amateurs de pagodes et de temples. Trân Hung Dao, originaire de Nam Dinh, repoussa les invasions mongoles au XIIIe siècle et érigea un palais sur le site actuel du temple de Thien Truong.

La province de Ninh Binh présente de nombreux attraits. L'office de tourisme local vante les reliefs karstiques de Tam Coc comme une baie d'Along de l'intérieur. Ils ne sont pas aussi extraordinaires, parce que la baie est hors catégorie. La cathédrale de Phat Diem, un fabuleux hybride d'architecture asiatique et occidentale, conçue par un prêtre catholique excentrique à la fin du XIXe siècle, est intrigante. Au milieu d'un pittoresque paysage calcaire, le complexe de temples de Hoa Lu est un merveilleux tribut architectural aux éphémères dynasties médiévales du pays.

Les curiosités de Ha Tinh, Nghe An et Thanh Hoa – la maison où Hô Chi Minh a passé son enfance, la citadelle de Lam Kinh – paraissent bien pâles à côté de ce que l'on peut voir ailleurs. Le voyageur pressé peut les éviter. Mais en notant tout de même que cette région peu fertile a vu naître deux des trois principaux héros du Vietnam :

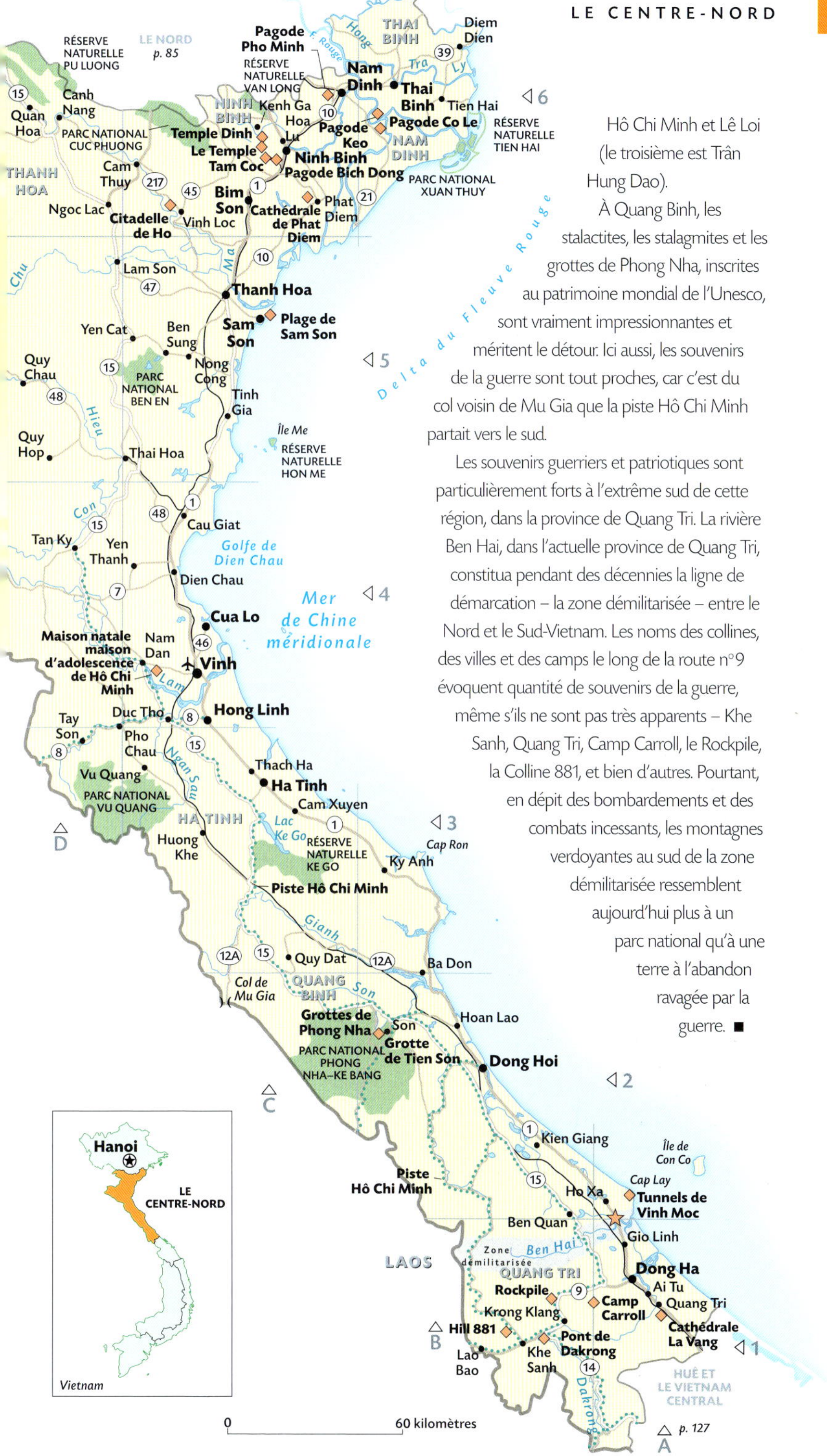

Hô Chi Minh et Lê Loi (le troisième est Trân Hung Dao).

À Quang Binh, les stalactites, les stalagmites et les grottes de Phong Nha, inscrites au patrimoine mondial de l'Unesco, sont vraiment impressionnantes et méritent le détour. Ici aussi, les souvenirs de la guerre sont tout proches, car c'est du col voisin de Mu Gia que la piste Hô Chi Minh partait vers le sud.

Les souvenirs guerriers et patriotiques sont particulièrement forts à l'extrême sud de cette région, dans la province de Quang Tri. La rivière Ben Hai, dans l'actuelle province de Quang Tri, constitua pendant des décennies la ligne de démarcation – la zone démilitarisée – entre le Nord et le Sud-Vietnam. Les noms des collines, des villes et des camps le long de la route n°9 évoquent quantité de souvenirs de la guerre, même s'ils ne sont pas très apparents – Khe Sanh, Quang Tri, Camp Carroll, le Rockpile, la Colline 881, et bien d'autres. Pourtant, en dépit des bombardements et des combats incessants, les montagnes verdoyantes au sud de la zone démilitarisée ressemblent aujourd'hui plus à un parc national qu'à une terre à l'abandon ravagée par la guerre. ■

Le delta du fleuve Rouge

Nam Dinh, une ville importante du delta du fleuve Rouge, donne accès aux jolies pagodes de la province de Thai Binh, alors que Ninh Binh est le point de départ pour Tam Coc, un monde aquatique à l'intérieur des terres qui évoque les reliefs karstiques de la baie d'Along. Au-delà de Tam Coc, plusieurs temples et une cathédrale méritent qu'on y passe la journée.

Nam Dinh
113 C6
Informations touristiques
Nam Dinh Tourism, 115 Nguyên Du
035/3849-439

Nam Dinh et ses environs

Les touristes n'y sont pas nombreux, alors que ses pagodes et ses temples séculaires sont parmi les plus anciens qui subsistent au Vietnam. Trân Hung Dao, l'un des trois grands héros du panthéon vietnamien, est né à Nam Dinh, et des admirateurs lui vouent toujours un culte enthousiaste, comme en témoigne l'intense activité de la zone des temples.

La tour Pho Minh de 14 étages domine la pagode depuis 1305.

Agréable ville de quelque 230000 habitants aux rues animées ombragées, Nam Dinh fait peu de concessions aux voyageurs. La colossale statue de Trân Hung Dao dominant un lac du centre-ville ressemble beaucoup à celle de Lê Loi, érigée au centre de Thanh Hoa.

À une trentaine de km à l'est de Nam Dinh, la **pagode de Keo** (*carte p. 113 B6*; €) est la principale attraction de la province de Thai Binh. Édifiée entre 1133 et 1154, elle fut rebâtie à son emplacement actuel en 1611, car le fleuve Rouge avait inondé son ancien site. Aujourd'hui, la pagode est renommée pour ses statues de bois, pleines de fantaisie. Plus de 20 sculptures de divinités bouddhiques occupent l'entrée en forme de T du temple principal, et une cinquantaine d'autres ornent une succession d'autels longeant l'axe principal. Le second temple abrite un bateau laqué miniature que l'on porte à l'extérieur lors de la grande fête qui se déroule ici durant le neuvième mois lunaire.

De l'autre côté du fleuve Rouge, la **pagode de Co Le** (*carte p. 113 B6*) fut édifiée sous la dynastie Ly restaurée en 1920. Une série de tablettes votives inscrites en caractères chinois au XIIe siècle orne ses murs. La salle principale, de 29 m de haut, est dominée par un bouddha peint en bois de fer, placé sur un autel proche du plafond. Devant la pagode, une tour de 29 m à neuf étages se dresse sur le dos d'une tortue.

À 3 km du nord-ouest de Nam Dinh se trouve la **pagode Pho Minh**, dont la tour de 630 t et de 13 étages a réussi par miracle à ne pas s'enfoncer dans la plaine inondable qui l'entoure. La tour, construite en 1305, appartient à la pagode d'origine édifiée par les Ly. À côté, les habitants du lieu vénèrent Trân Hung Dao avec ferveur dans le **temple Thien Truong**.

Ninh Binh et ses environs

Le premier roi de la dynastie Dinh fit entrer cet endroit dans l'histoire au XIe siècle lorsqu'il transféra la capitale de Co Loa à ce site karstique, à 90 km au sud de l'Hanoi actuelle.

Les Dinh implantèrent leur capitale au milieu des formations karstiques de **Hoa Lu**, au nord de Ninh Binh, parce que l'endroit était plus éloigné de la Chine et plus facile à défendre. Les Ly abandonnèrent le site en 1010 pour s'installer à Thang Long, l'actuelle Hanoi. Les ruines se limitent à quelques tronçons des murs de la citadelle, à des tuiles du palais, à de simples statues, à des os et à de la porcelaine. Mais les deux temples édifiés ici au XVIIe siècle à la mémoire des dynasties éphémères méritent une visite.

Embaumant l'encens au jasmin, les **temples des Dinh** et des **Lê** ont des piliers de bois de fer couverts de laque vermillon et ornés de dragons dorés ; ils reposent sur un socle de pierre car ce bois résiste bien aux insectes mais pourrit dans l'eau. Les sculptures dorées des poutres sont très minutieuses.

La réserve naturelle de Van Long

À l'instar de Tam Coc et Kenh Ga, la réserve naturelle de Van Long est souvent décrite comme une baie d'Along dans les terres. Ses 3 000 ha sont constitués de montagnes calcaires qui entourent des champs inondés. Des bateaux emmènent les touristes à la rencontre des oiseaux de la réserve. Au milieu de cette nature enchanteresse, une espèce menacée, le langur de Delacour, y mène son dernier combat.

La **pagode Bai Dinh**, elle aussi récente, construite à 12 km de Hoa Lu, mérite également une visite. Elle compte un ancien temple dans les contreforts et un immense ensemble d'autres temples répartis à flanc de coteaux. Tout y est à grande échelle, y compris le **Tham The Hall**, large de 59 m et haut de 34 m. À cela s'ajoutent une statue de bronze de Bouddha (91 t), une cloche (33 t) dans une superbe tour et 500 statues d'*arhats* sculptées dans une pierre locale.

Au sud de Hoa Lu, à **Tam Coc** (trois grottes), on peut remonter la rivière Ngo Dong en traversant

Ninh Binh
113 C6
Informations touristiques
Ninh Binh Tourism, Trân Hung Dao
030/3884-101
dulichninhbinh.com.vn/en

Hoa Lu
113 C6
Handspan Travel, 78 Ma May
04/3926-2828
€€€€€ (visite d'une journée)
handspan.com

Réserve naturelle de Van Long
Informations touristiques
113 C6
Ninh Binh Tourism, Dinh Tien Hoang
030/3884-101
Circuit en bateau : €€
dulichninhbinh.com.vn/en

Tam Coc
113 C6
Handspan Travel, 78 Ma May
04/3926-2828
€€€€€ (visite d'une journée)
handspan.com

À NOTER : pour se rendre à Kenh Ga il est préférable d'opter pour un tour organisé d'une journée en bateau (€€€€€), qui inclut la réserve naturelle de Van Long (voir p. 115)

les trois grottes. En général ce sont des femmes qui conduisent les canots. Les montagnes karstiques prennent de plus en plus de relief et bientôt la rivière s'enfonce dans la **Hang Ca**, la première grotte de 127 m de haut, puis dans la **Hang Giua** et la **Hang Cuoi**. Au fur et à mesure que l'on remonte la rivière, le paysage devient plus spectaculaire ; des rochers escarpés bordent les deux rives.

À SAVOIR

Quand vous ferez le tour de la réserve naturelle de Van Long en bateau, ne manquez pas les singes et les oiseaux.

À 2 km environ au nord de Tam Coc, par la nationale 1, la **pagode de Bich Dong**, dédiée à Bouddha, occupe une grotte intéressante. Pour l'atteindre, il faut escalader deux volées de marches glissantes.

Plus au nord en suivant la nationale 1, une autre promenade en bateau sur l'eau boueuse du Hoang Long mène au village flottant de **Kenh Ga** (canal du poulet), dont le nom fait référence à la source chaude (53 °C) voisine où les habitants plongent les poulets pour les plumer plus facilement. Après avoir emprunté le tronçon de la rivière faisant office de grand-rue, le sampan s'aventure sur les méandres plus profonds en longeant des collines calcaires qui alimentent les usines de ciment.

À 28 km au sud-ouest de Ninh Binh, à deux pas de la nationale 1, la **cathédrale de Phat Diem** (*carte p. 113 C6*) fut imaginée il y a 100 ans par Tran Luc, un prêtre catholique. Ses paroissiens préparèrent le site instable en enfonçant des milliers de pieux dans le sol inondable, puis en disposant des couches de terre, de gravier et de tas de bambou.

L'héritage de Graham Greene

Aujourd'hui, l'ensemble de 2 ha comprend la cathédrale elle-même, quatre chapelles et trois grottes artificielles. C'est du haut du clocher de 26 m que le romancier Graham Greene a vu le Viêt-minh affronter les Français durant la guerre d'Indochine ; il rapporta la scène dans *Un Américain bien tranquille*. La cloche de 1,8 t fondue en 1890 s'entend à des kilomètres.

La cathédrale a, toutefois, plus l'air d'une pagode bouddhique que d'un sanctuaire catholique. Ainsi, une guirlande de fleurs de lotus en pierre, symbole du bouddhisme, encadre la porte. À l'intérieur, 32 colonnes en bois de fer supportent un toit qui peut abriter 1 500 fidèles. L'autel vermillon comporte des sculptures en bois dorées qui évoquent la Cité impériale de Huê. Les statues des évangélistes Matthieu, Marc, Luc et Jean sont perchées sur quatre tourelles en forme de pagode qui encadrent la tour centrale. ■

Vinh

Chef-lieu de la province de Nghe An, Vinh reste connue des voyageurs pour ses affreux ensembles d'immeubles d'habitation à six étages, de conception est-allemande en plein centre-ville. La prospérité pourrait changer cela, mais pour l'instant, il existe une seule et unique raison de s'arrêter à Vinh : la proximité de la maison natale de Hô Chi Minh et de celle où il a passé son adolescence, deux lieux bucoliques situés à l'ouest de la ville.

Comptant parmi les régions les plus densément peuplées et les moins fertiles du pays, la province de Nghe An fut un foyer de mécontentement, donnant naissance à des générations de révolutionnaires, parmi lesquels Hô Chi Minh, né à Hoang Tru, un hameau situé à 14 km du centre de Vinh.

De son vrai nom Nguyên Tat Thanh, il est né le 2 mai 1890, dans une maison assez simple que son grand-père maternel construisit en 1883 pour l'offrir en cadeau de mariage à ses parents. La maison à toit de chaume n'a pas subsisté, mais les autorités la reconstruisirent en 1959, en hommage au président de ce qui était alors le Nord-Vietnam.

Hô Chi Minh est né près de Vinh, en 1890.

La maison natale de Hô Chi Minh

Aujourd'hui, elle ne renferme que quelques meubles simples en bois. Mais la spacieuse demeure rurale donne une bonne idée du mode de vie des mandarins de la campagne à la fin du XIXe siècle.

La maison est jouxtée par un temple que son grand-père édifia pour honorer ses ancêtres, et par la maison du grand-père, plus grande. C'est là que Nguyên Sinh Sac, le père de Hô Chi Minh, étudia pour obtenir son doctorat. Quand il eut son diplôme, les villageois bâtirent une nouvelle maison pour lui et sa famille, à peu près à 2 km de là, à Kim Lien. Hô Chi Minh y passa son adolescence, de 1901 à 1906. Encore plus vide que sa maison natale, la **maison de son adolescence** est moins intéressante. De l'autre côté de la route se trouve un **musée Hô Chi Minh** également terne et peu fourni.

À Vinh, jetez un coup d'œil aux trois portes restaurées de la citadelle construite en 1831. Toutefois, le principal attrait est la plage de Coa Lu, à 16 km de là, très fréquentée en fin de semaine. Les passionnés de littérature peuvent se rendre à 8 km au sud de Vinh, dans la province de Ha Tinh, où est né le grand poète Nguyên Du, en 1765. ■

Vinh

113 C4

Informations touristiques

Nghe An Tourist, 13 Quang Trung

038/3844-298

Maison natale et maison d'adolescence de Hô Chi Minh

De Vinh, allez vers Phan Dinh Phung par la route 46. Après 10 km, suivez Kim Lien. La maison natale est à Hoang Tru. Celle de l'adolescence 2 km plus loin, à Kim Lien.

€

Les grottes de Phong Nha

Bien que célébrées par les habitants de la région depuis des siècles, les grottes de Phong Nha durent attendre 2003 pour que l'Unesco les inscrive au Patrimoine de l'humanité et pour se voir enfin citées parmi les plus belles du monde. Ces grottes calcaires constituent la pièce maîtresse du parc national de Ke Bang, en bordure de la plus grande forêt du Vietnam, qui réserve encore des surprises.

Des néons de couleur habillent les stalactites et les stalagmites dans la grotte de Tien Son (Montagne magique), l'une des deux grandes grottes du parc national de Phong Nha-Ke Bang.

Parc national de Phong Nha-Ke Bang

113 B2-C2

Village de Son Trach

052/3677-021

Promenade en bateau : €€€

phongnhakebang.vn

Dès les IXe et Xe siècles, les Cham priaient dans ces vastes salles souterraines. Au XIXe siècle, l'empereur Minh Mang immortalisa ces grottes calcaires sur l'une des neuf urnes du temple de la dynastie Nguyên (The Mieu), à Huê. Un jésuite français de Huê, Léopold Cadière (1869-1955), explora les grottes en 1899.

Durant la guerre du Vietnam, les troupes nord-vietnamiennes utilisèrent les grottes comme campement et comme cache d'armes, à deux pas de la piste Hô Chi Minh ; cela n'échappa pas aux Américains qui bombardèrent durement la zone. On peut voir des impacts d'obus au-dessus de l'entrée de la grotte.

Le **parc national de Phong Nha-Ke Bang** est situé à 50 km à l'ouest de **Dong Hoi**. Les hôtels de la ville, revigorés par l'inscription du site à l'Unesco, vous conduisent parfois au parc, où vous pouvez louer une moto (€€) pour la journée. Depuis le centre d'accueil des visiteurs, des sampans remontent la Son sur 5 km au milieu d'un paysage pittoresque et pénètrent dans la **grotte de Phong Nha** par une fissure à la base d'une falaise abrupte de 150 m de haut. À la saison sèche *(fév.-août)*, le niveau plus bas de l'eau permet aux bateaux de parcourir 600 m dans la grotte en passant par une grande salle appelée Bi Ky.

Le sampan accoste sur une plage de sable dans une salle incroyablement vaste de 50 m de haut hérissée de stalactites et de stalagmites. Croissant au rythme de 1 cm par an, une stalagmite massive atteint 17 m de haut et 6,5 cm de diamètre. Au-dessus de cette formation fantastique, une stalactite de 25 m tombe, pareille à une chevelure féminine.

Une nature illuminée

À l'extérieur, 300 marches permettent d'accéder à l'entrée de la **grotte de Tien Son**, une salle de 915 m dont la moitié est ouverte aux visiteurs. Alors que Phong Nha écrase par son immensité, Tien Son présente surtout une fantastique formation rocheuse. Comme à Pong Nha, les fissures sont illuminées en rouge, vert et bleu fluorescent. Alors que l'engouement des Vietnamiens pour les couleurs criardes tend au kitsch (par exemple, les halos très disco que l'on trouve autour des têtes des bouddhas dans de vénérables pagodes), à Phong Nha il souligne le côté spectaculaire des formations.

Le parc abrite deux autres grottes intéressantes, dont une seule est ouverte au public. La première, **Thien Duong** (grotte du Paradis, €€€€€) est accessible par des marches raides conduisant dans une grande caverne de 100 m de large. Vous devrez être accompagné par un guide. Le site est géré par le Sun Spa Resort à Dong Hoi (voir Informations pratiques p. 250). Cette grotte était considérée comme la plus vaste du Vietnam jusqu'à la découverte, en 2009, de celle de **Son Doon** (grotte de la Rivière de la montagne), la plus grande connue à ce jour.

En attente de classement

Le Vietnam compte sept sites inscrits au Patrimoine de l'humanité et espère en ajouter. Les sites en cours d'examen sont le parc national de Ba Be (voir p. 104-105), celui de Cat Tien (voir p. 184-185), la grotte Con Moong, les complexes de Huong Son et de Yen Tu et les pierres taillées de Sa Pa.

Un gratte-ciel entier tiendrait sous sa voûte haute de 240 m. L'énorme chambre de cette grotte abrite des stalagmites de 60 m de haut et des perles de caverne remarquables. Malheureusement, la seule manière de la découvrir est de se rendre sur le site Internet *sodoongcave.org*. ■

La piste Hô Chi Minh

Durant la guerre, les Nord-Vietnamiens introduisirent subrepticement un million de soldats au Sud-Vietnam en empruntant la piste Hô Chi Minh, un réseau de 19 200 km de sentiers et de routes tracés sommairement à travers la jungle. L'axe principal, parti du col de Mu Gia, près des grottes de Phong Nha, traversait le Laos et le Cambodge. Aujourd'hui, des sections de la piste ont été reliées pour créer la route Hô Chi Minh.

En 1955, quand ils comprirent que Ngô Dinh Diêm s'opposerait aux élections prévues l'année suivante, les Nord-Vietnamiens envisagèrent une ligne d'approvisionnement nord-sud en vue de la guerre inévitable. En 1959, plus de 400 volontaires unifièrent un réseau de sentiers sommaires, tracés à l'origine par les montagnards, comme la piste des Truong Son (longues montagnes).

Au début des années 1960, la piste était un simple sentier serpentant au milieu des bambous. Les soldats nord-vietnamiens mettaient six mois à parvenir à destination. En 1968, après des années d'amélioration, il leur fallait moins de temps, mais ils devaient toujours marcher de 11 à 12 heures par jour. À la fin de la guerre, le voyage en camion durait 23 jours.

L'armée américaine détecta très vite la voie d'approvisionnement mais ne fut pas en mesure de tarir le flot d'hommes et de matériel. Les diverses tentatives entraînèrent les batailles de la Drang et de Hamburger Hill, le siège de Khe Sanh, les séries de bombardements aériens Rolling Thunder, l'incursion au Cambodge ordonnée par Richard Nixon en 1970 et l'incursion sud-vietnamienne au Laos en 1971.

Les bombardements américains

Rien qu'en 1969, les Américains déversèrent 390 000 t de bombes sur la piste. À la fin de la guerre, ils avaient largué 1,5 million de tonnes d'explosifs, 1 bombe sur 300 tuant un ennemi, selon une estimation de la CIA. Entre 1965 et 1971, les batteries antiaériennes abattirent 43 aviateurs américains au-dessus du col de Mu Gia. Hanoi avance que ses soldats firent tomber 2 500 avions américains au-dessus de la piste ; le Pentagone parle de 500.

Il n'existe aucun consensus pour expliquer l'échec des bombardements. Les Américains s'en rendirent compte dès 1966 ;

À DÉCOUVRIR La route Hô Chi Minh

La route Hô Chi Minh fut construite pour désengorger le trafic, car le principal axe nord-sud, l'autoroute 1 – qui longe la côte de Hanoi à Hô Chi Minh-Ville –, est fréquemment endommagé par les pluies annuelles et le passage des poids lourds. La nouvelle autoroute, construite en 2000, traverse les territoires montagneux, reliant ainsi des régions rurales et reculées jusque-là inaccessibles. Le trafic n'est pas encore très dense.

Bonne nouvelle : si vous voyagez seul et voulez découvrir des régions plus sauvages : tout ce dont vous avez besoin, c'est d'une motocyclette (assurez-vous qu'elle est en bon état) et d'une carte. Certaines des plus belles parties de la voie se situent entre Hanoi et Vinh. Le paysage est ponctué de champs où les fermiers travaillent. Des charrettes sont tirées par du bétail sur les bas-côtés. Il n'existe pratiquement pas d'aménagements touristiques sur cette route, alors vous devrez vous contenter de ventes à emporter et d'hôtels rudimentaires.

Les porteurs qui empruntaient la piste Hô Chi Minh marchaient jusqu'à 12 heures par jour.

ils envisagèrent d'utiliser des armes nucléaires tactiques. Les stratèges écartèrent cette option, en montrant que les inconvénients politiques l'emporteraient largement sur les avantages d'une telle opération.

Les B-52 continuèrent donc leurs rotations, en détruisant d'immenses zones des hauts plateaux. Les bombardements tuèrent des milliers de soldats communistes et terrifièrent les autres, y compris les 300 000 terrassiers qui peinaient pour maintenir la piste en état. Les serpents, les noyades, les accidents et les maladies provoquèrent autant de victimes. Les premières années, près de 10 % des porteurs mouraient de paludisme. L'adversité forgea une camaraderie qui raffermit les forces communistes.

En 2000, les Vietnamiens entreprirent la construction d'une route empruntant le tracé de l'ancienne piste pour relier Hanoi à Hô Chi Minh-Ville. À l'époque, certains avançaient qu'il aurait mieux valu utiliser les fonds pour améliorer les infrastructures déjà existantes, tandis que d'autres voyaient dans le fait d'asphalter la piste légendaire une consécration de l'ancien sentier traversant la jungle. Jusqu'ici, l'autoroute s'est révélée d'un intérêt discuté sur l'économie et l'écologie de la région.

La province de Quang Tri

Bordant l'ancienne zone démilitarisée, la province de Quang Tri connut les pires combats de la guerre du Vietnam. Ses habitants durent lutter pour survivre. Les tunnels de Vinh Moc, qui abritèrent des centaines de réfugiés durant plusieurs années, et la ville de Quang Tri témoignent à la fois du courage et de l'ingéniosité des populations, et des ravages de la guerre.

Pendant six ans, des réfugiés ont vécu dans les tunnels de Vinh Moc.

Tunnels de Vinh Moc

- 113 A2
- De Huê, faites 100 km vers le nord sur la nationale 1 jusqu'à Ho Xa, tournez à droite et parcourez encore quelques kilomètres jusqu'aux tunnels, au cap Lay.
- 054/3816-263
- €

Les tunnels de Vinh Moc

Pendant six ans, les tunnels de près de 2 km de long de Vinh Moc abritèrent des centaines de réfugiés d'un village de pêcheurs rasé par les bombardements américains. Sur trois niveaux, entre 12 et 23 m de profondeur, des familles vécurent dans des cellules exiguës creusées de part et d'autre d'un passage mesurant entre 1,20 et 1,50 m. Vinh Moc est l'un des 14 ensembles de tunnels de la région située au nord de l'ancienne zone démilitarisée (DMZ), mais le seul qui soit accessible.

Les villageois mirent 19 mois à creuser leur refuge, où ils s'installèrent en décembre 1967. À part un bref répit en 1968, ils y vécurent sans interruption jusqu'en janvier 1973, endurant un tir nourri de 500 roquettes par jour en moyenne.

Aujourd'hui, un tronçon de 400 m est ouvert aux visiteurs. Le niveau supérieur s'est en partie effondré, mais les parties inférieures restent intactes. Des visites guidées partent du centre d'accueil des visiteurs. Apportez votre lampe de poche.

À la différence des tunnels oppressants de Cu Chi (voir p. 214-215), ceux de Vinh Moc, relativement spacieux, mesurent de 1,50 à 1,80 m de haut; les parois de planches laissent place ici à la latérite couleur cacao. Le corridor dessert de petites alvéoles qui servaient de chambres aux familles, de grandes salles de conférence et une maternité où 17 enfants sont nés. Au niveau inférieur, les occupants puisaient l'eau dans deux puits et entreposaient les vivres acheminés par la piste Hô Chi Minh. La nuit, ils transportaient du ravitaillement dans l'île de Con Co, à 28 km de la côte, au risque d'être découverts par des patrouilles de la marine américaine. De là, les vivres et les munitions gagnaient le Sud. Après avoir parcouru les tunnels, la visite s'achève au sommet d'un promontoire dominant une plage que King Bao Dai fréquentait.

Quang Tri

Plus que celle de Khe San, de la Drang ou de Huê, l'évocation de Quang Tri est douloureuse pour les Vietnamiens : en 1972, une bataille acharnée de 81 jours laissa la ville en ruine. Au printemps 1972, alors que l'armée nord-vietnamienne avançait sur Quang Tri, l'armée sud-vietnamienne évacua la citadelle et se joignit aux milliers de réfugiés fuyant sur la nationale 1 vers Huê, à 56 km plus au sud. Les communistes bombardèrent le tout, ce qui amena un correspondant de guerre à surnommer la nationale « la route des horreurs ». Au début des années 1950, les Français avaient déjà baptisé le même tronçon « la route sans joie » après de nombreux accrochages avec le Viêt-minh.

En arrivant à Quang Tri par le sud, on voit d'abord les ruines d'une église catholique, à droite – une pause photo rituelle des circuits dans la zone démilitarisée au départ de Huê. En tournant à droite dans Trân Hung Dao, on longe une **école bouddhique** bombardée; les murs criblés d'impacts indiquent la puissance de feu qui a arrosé Quang Tri. Plus loin, la **porte Cong Trong** donne accès à la **citadelle**, dont les murs en ruine marquent toujours le périmètre. Elle abrite un mémorial de guerre et un musée avec des photos de Quang Tri avant et après.

En revenant sur la nationale 1, près du pont blanc, prenez la rue Lê Loi jusqu'à la **cathédrale La Vang**. Cette église bâtie en 1928 devint une basilique en 1962. Son clocher et sa façade, qui résistèrent aux bombardements de 1972, sont maintenant complétés par une nef aux parois de verre. ■

Quang Tri
113 A1

Informations touristiques
Sepon Travel, 189 Le Duan, Dong Ha
053/3855-289
sepontravel.com

Les frontières

Il y a plus de 12 points de frontières entre le Vietnam et ses voisins (Cambodge, Laos et Chine). Leur nombre augmente chaque année. C'est une excellente nouvelle pour les voyageurs indépendants qui souhaitent inclure le Vietnam dans un grand circuit à travers l'Asie du Sud-Est. Cependant, certains de ces postes étant très reculés, il y a très souvent des douaniers ou des chauffeurs de taxi qui en profitent pour soutirer des frais de passage aux voyageurs. Aussi, choisissez l'un des postes les plus fréquentés, tel celui de Lao Bao, où vous pourrez passer sans encombres, via Savannakhet jusqu'à Vientiane.

Excursion dans l'ex-zone démilitarisée

Bien que l'ex-zone démilitarisée (DMZ) et les montagnes voisines aient reçu un déluge de bombes depuis la fin des années 1960, la nature a repris ses droits et il faut un œil très exercé pour détecter les cicatrices de la guerre dans le paysage. Et pourtant, une excursion de la Ben Hai à Khe Sanh confronte à des noms de lieux évocateurs.

Des sacs de sable remplis de ciment recréent un bunker américain de la bataille de Khe Sanh.

À NE PAS MANQUER

- **Rockpile** • **Pont de Dakrong**
- **Khe Sanh**

La plupart des circuits (*Sepong Travel, 053/3855-289,* €€) dans la DMZ partent de Huê et incluent les tunnels de Vinh Moc (voir p. 122-123). À 15 km au nord de Dong Ha, on atteint la ligne de démarcation entre le Nord et le Sud-Vietnam, la **Ben Hai** 1, sur le 17e parallèle. La zone démilitarisée s'étendait sur 5 km des deux côtés du fleuve. Sur la rive nord, le poste de la Commission de contrôle internationale se trouve devant une porte menant au **pont de Hien Luong**, détruit par les bombardiers américains en 1967. Restauré, il sert de mémorial.

Après **Dong Ha**, l'itinéraire se dirige vers l'ouest par la route 9, créée par les Français en 1904 vers les Truong Son. À un jet de pierre de **Cam Lo**, un poste d'artillerie américain, une route vire à droite vers **Con Thien** 2, un autre poste américain, à 12 km plus au nord. Au cœur des combats acharnés de l'été 1967, les magazines *Time* et *Life* publièrent en couverture des photos de soldats assiégés à Con Thien.

À 2 km à l'ouest de Cam Lo, une piste visible monte au sommet d'une colline, à 544 m ; c'était la **base Fuller** 3, d'où l'artillerie américaine tirait des obus jusqu'à Khe Sanh, à 40 km au sud-ouest. Plus loin sur la route 9, un court trajet, sur la gauche, mène à une plantation de poivre où se trouvait le **Camp Carroll**, baptisé ainsi en l'honneur d'un capitaine de marines tué par un tir ami en 1966. Avec ses 22 pièces d'artillerie, c'était le principal poste des collines autour de Khe Sanh. Plus loin, la route 9 contourne un rocher dénudé à pic qui ressemble plus à un tas de roches qu'au **Rockpile** 4, une colline de 230 m visible à droite de la route.

Champs de mines

La zone démilitarisée (DMZ), qui divisait le Vietnam au niveau du 17e parallèle durant la guerre, est l'une des plus mal nommées. En réalité, cette bande de terre de 10 km de large longeant la rivière Ben Hai, reçut plus de bombes que n'importe quelle autre zone du pays. Ce territoire est criblé de mines n'ayant pas explosé et qui ont fait plus de 10 000 morts depuis la fin du conflit. Ne vous écartez surtout pas de la route !

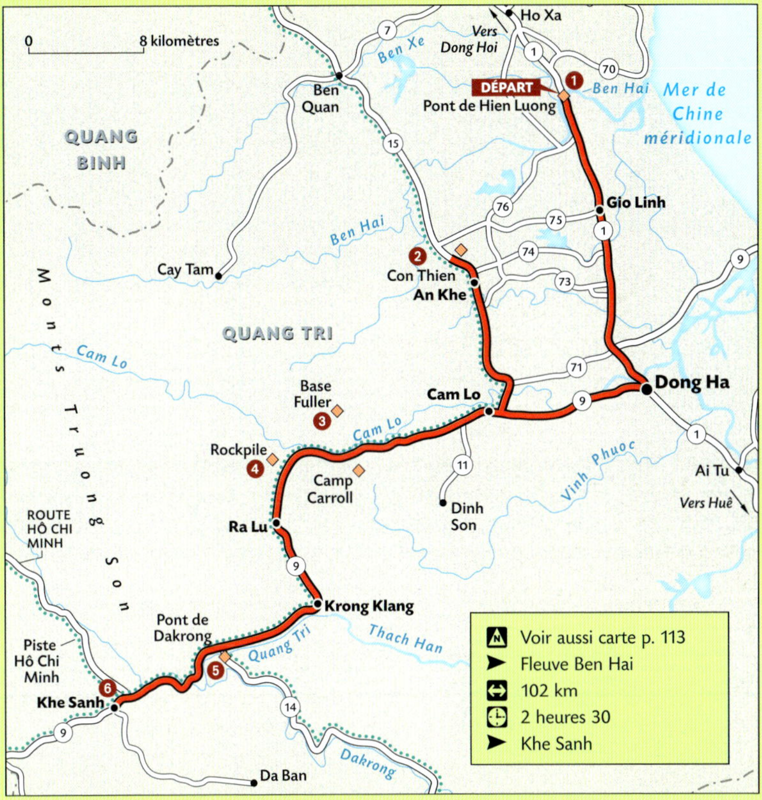

En 1966, les Américains y installèrent un poste d'observation. Jusqu'à son abandon en 1968, les marines soutenaient d'en haut les troupes progressant au sol.

En montant après les villages des montagnards Bru, la route, au-delà de Krong Klang, est maintenant utilisée par les camions venant du Laos et même de plus loin grâce à une nouvelle route menant en Birmanie. Au **pont de Dakrong** 5, sur le Quang Tri, une borne rappelle qu'un embranchement de la piste Hô Chi Minh y croisait autrefois la route 9.

À 13 km plus à l'ouest, la route zigzague sur le site de **Khe Sanh** 6, la plus grande base américaine dans la zone démilitarisée, où les combats firent rage entre janvier et avril 1968. Fin 1967, les Nord-Vietnamiens massèrent 20000 hommes dans les collines proches, pour détourner l'attention de l'offensive que le Viêt-cong préparait sur tous les fronts pour le Têt de 1968. En neuf semaines, les Américains larguèrent 68000 t de bombes sur les positions nord-vietnamiennes, faisant 10000 morts. Les tirs de mortier et d'artillerie nord-vietnamiens firent 200 morts dans les rangs américains.

Aujourd'hui, un **musée** (€) occupe le centre de l'ancienne base et de la piste d'atterrissage. Dehors, à côté d'hélicoptères et d'un tank, des sacs de sable remplis de ciment reconstituent un bunker américain. À l'intérieur, on peut voir des gilets pare-balles, des casques, des armes et des plateaux du mess de la base.

Les visites guidées repartent à Huê depuis ce musée.

Autres sites à visiter

Le parc national de Cuc Phuong

Le parc de Cuc Phuong, créé en 1962, fut le premier au Vietnam. À 120 km au sud de Hanoi et à 65 km à l'ouest de Ninh Binh, cet endroit accueillant permet de découvrir la diversité de la flore et, avec un peu de chance, de la faune du pays. Le site le plus intéressant est le **centre de protection des primates menacés**, qui accueille 120 primates, dont 15 espèces de gibbons et de langurs. Le parc abrite aussi la très rare civette d'Owston, des belettes, des loutres et de gros félins arrachés aux trafiquants. Des sentiers zigzaguent entre des arbres magnifiques jusqu'à des grottes et aux villages muong, où l'on peut passer la nuit dans des maisons sur pilotis. On peut aussi séjourner dans des bungalows du parc au bord du **lac Mac**. Le meilleur moment est la saison sèche *(oct. à mars)*; en avril et mai, des millions de papillons naissent ici.

113 C6-D6 45 km à l'ouest de Ninh Binh par la nationale 1. Suivez-la jusqu'à Kenh Ga et la réserve naturelle de Van Long. 030/3848-006 €

À SAVOIR

Dans le parc national de Cuc Phuong, demandez à gravir la colline argentée. C'est épuisant, mais vous arrivez au point le plus élevé et la vue est spectaculaire!

Les langurs, gracieux singes à longue queue, sont protégés à Cuc Phuong.

La citadelle de Ho

Le gouvernement communiste montre un surprenant talent dans la mise en valeur du passé impérial du Vietnam. La citadelle de Ho en est un bon exemple. Située près de Vinh Loc, au nord-ouest de Thanh Hoa, elle est inscrite au Patrimoine de l'humanité depuis 2001. La dynastie Ho ne dura que sept ans, de 1400 à 1407, mais les murs de la citadelle, bâtis grâce à d'énormes blocs de pierre et entourant presque 1 km^2, sont toujours debout, avec des portes d'entrée au point cardinaux. Quelques boulets de canon en pierre et des prairies sont tout ce qui reste mais l'Unesco a accordé son statut à ce site parce qu'il témoigne de l'ascension du néoconfucianisme au Vietnam, à la fin du XIVe siècle.

113 C6 **Informations touristiques** Thanh Hoa Tourist, 25A Quang Trung, Thanh Hoa 037/3852-517 €

La plage de Sam Son

À 15 km à l'est de Thanh Hoa, Sam Son est l'une des plages les plus connues du centre-nord du Vietnam. Les autorités coloniales françaises y créèrent un centre de villégiature en 1907. Aujourd'hui, les jeunes couples vietnamiens affluent au rocher de Trong Mai (coq et poule), une formation naturelle liée à une légende à propos d'une fée tombée amoureuse d'un mortel. Avant que le dieu du Tonnerre ne la punisse de cette transgression, elle transforma son amoureux et elle-même en pierre.

113 C5. ■

Une région où se concentre un nombre incroyable de richesses et où la grandiose architecture impériale le dispute au vieux port tombé dans l'oubli et aux ruines d'un royaume disparu.

Huê et le Vietnam central

Ces lampions de soie repliés attendent la touche personnelle de l'acheteur.

Huê et le Vietnam central

C'est dans les provinces du Centre que la proximité du mythe de l'Indochine devient le plus tangible. Les vestiges impériaux et coloniaux des villes, les villages envoûtants, les maisons-jardins, les rivières fertiles et la succession sans fin des montagnes semblent surgir d'un rêve. Le Vietnam offre ici toute sa splendeur. Par beau temps, c'est un pur enchantement.

On se retrouve encore sur les trottoirs pour jouer et échanger les derniers potins.

Thua Thien et Quang Nam (respectivement provinces des villes de Huê et Da Nang), devinrent viêts en 1306, lorsqu'un roi cham céda un pan entier de son royaume contre la main d'une princesse vietnamienne. Au XVIe siècle, sur les conseils d'une sorte de Nostradamus, Nguyên Binh Khiem, un membre de la maison seigneuriale des Nguyên en conflit avec son chef quitta la province de Thanh Hoa pour s'établir à la frontière sud.

Sous la souveraineté formelle de la dynastie Lê, les descendants de ce Nguyên et les Trinh, un clan rival d'aristocrates du Nord, se livrèrent d'incessants combats sur une frontière recouvrant peu ou prou la future ligne de démarcation entre le Nord et le Sud-Vietnam. En 1775, chassés de Huê par les usurpateurs Tây Son, les Nguyên

À NE PAS MANQUER

Une promenade rue Lê Loi **132-133**

La Cité pourpre interdite **135**

Les tombeaux impériaux Nguyên, sur un site idyllique **138-139**

L'observation des oiseaux à Bach Ma **149**

Les splendides panoramas du col des Nuages **151**

Une promenade dans les environs de Hoi An **153-157**

L'ancienne capitale cham, My Son **157-159**

entreprirent une reconquête qui allait aboutir en 1802 à l'unification du pays sous l'égide de Nguyên Anh (le futur empereur Gia Liong), avec Huê pour capitale.

L'ensemble des monuments impériaux de Huê constitue l'un des cinq sites vietnamiens inscrits au Patrimoine mondial de l'Unesco. Deux autres sites se trouvent au Quang Nam : Hoi An, l'ancien port du Sud-Est asiatique, et les ruines cham de My Son.

Bien que la météo puisse dissuader de nombreux touristes – d'octobre à janvier, en effet, le temps peut rester couvert et pluvieux pendant des semaines entières –, les tombeaux impériaux de Huê, ses palais, ses musées, ses pagodes, ses maisons-jardins, ses villas coloniales et ses bâtiments municipaux, le tout dans un cadre naturel splendide, dotent la ville d'un patrimoine d'une richesse exceptionnelle.

Au sud de Huê, Da Nang est davantage un point de départ pour rayonner vers les sites environnants (Hoi An, les montagnes de Marbre, My Son, China Beach) qu'une attraction en soi.

Vestige d'un autre temps, Hoi An réserve la flânerie urbaine la plus agréable de tout le Vietnam. ■

Huê

En 1945, le gouvernement de Hô Chi Minh mit fin à l'époque glorieuse de Huê en la privant de son titre de capitale impériale. Heureusement, une part importante de son patrimoine architectural et culturel fut préservée. La frénésie de rénovation urbaine a largement épargné la ville, où règne toujours l'harmonie séculaire des pagodes, des villas, des maisons-jardins et du fleuve.

Guides en costume traditionnel au temple Mieu, dans la Cité impériale

Huê

129 B4

Informations touristiques

Hue Tourist, 120 Le Loi

054/3816-263

huetouristvietnam.com

Mandarin Café, 24 Tran Cao Van

054/3821-281

€€

mrcumandarin.com

Huê est une ville d'une élégante nonchalance, dont la population à l'accent singulier paraît vivre hors du temps. Loin de diviser la ville, la rivière des Parfums en soude les deux parties : la rive nord, où les souverains Nguyên régnaient à l'abri des murs de la Cité pourpre interdite, et la rive sud, où le nouveau quartier français émergea à la fin du XIXe siècle.

La Cité pourpre interdite formait une enclave au cœur de la Cité impériale, dont les plus beaux bâtiments et vestiges survécurent à la guerre d'Indochine et, dans une moindre mesure, à la guerre contre les Américains. L'enceinte fortifiée de la citadelle, percée de 10 portes asiatiques, délimite un périmètre avec les deux cités emboîtées, elles-mêmes closes de murs, et une ville intérieure parcourue de rues ombragées, avec ses parcs, ses musées, ses marchés et ses bistrots.

Sur la rive sud, les Français laissèrent, en élégant contrepoint européen à la citadelle, de magnifiques constructions Art déco et une quantité de villas, d'églises et de bâtiments municipaux. Surplombant la rivière des Parfums en amont de la citadelle, on aperçoit la tour de la pagode Thien Mu. Non loin, le quartier de Kim Long distille le charme vieillot de ses maisons-jardins à colonnes et panneaux de bois. En sortant de Huê par Diên Biên Phu, le terrain se plisse en de pittoresques collines où sont érigés les tombeaux des rois Nguyên et autres personnages de moindre importance, ainsi que d'innombrables pagodes.

La citadelle de Huê

La citadelle de Huê, qui renferme entre ses murs la grandiose Cité impériale et la Cité pourpre interdite, cache dans sa masse imposante une féerie orientale de palais, de pavillons, de temples, de bassins, de jardins et de portes. Capitale de la dynastie Nguyên de 1802 jusqu'à l'abdication du dernier empereur, Bao Dai, en 1945, la Cité impériale est une heureuse relecture de la plus vaste et plus austère capitale dynastique chinoise. Malgré l'incendie, en 1947, d'une grande partie des 150 bâtiments et monuments bâtis en 143 ans de règne des Nguyên, les plus remarquables furent restaurés avec un véritable souci de fidélité.

Le gigantesque chantier de l'ensemble impérial fut lancé en 1804 par Gia Long, premier empereur Nguyên, qui ne réquisitionna pas moins de 30 000 de ses sujets pour réaliser son projet insensé. Il lui en fallut bientôt 80 000, et des voix européennes condamnèrent son despotisme.

À SAVOIR

La spécialité locale de Huê est le *banh khoai*, une crêpe farcie de germes de soja, de crevettes, de porc et d'œufs de caille. Idéal pour un déjeuner sur le pouce ou avec une bière fraîche. Deux des meilleures adresses de la ville : Hong Mai et Lac Thien.

Cet ensemble est enserré dans une **citadelle** (Kinh Thanh) de 400 ha, entourée d'une longue et épaisse muraille de 6 m de haut, de remparts, de parapets et de bastions, et dominée par la tour du Drapeau, du côté de la rivière des Parfums. Conçue au XVIIe siècle sur les principes de construction de l'architecte militaire français Vauban, l'enceinte est bordée d'une douve maçonnée de 4 m de profondeur et de 40 à 50 m de largeur.

Aussi inexpugnable qu'elle puisse paraître, la citadelle était déjà d'une conception militaire

(*suite p. 134*)

Citadelle de Huê

- 142
- Rive nord de la rivière des Parfums, par les ponts Phu Xuan et Trang Tien. Entrée porte Ngan.

Une promenade rue Lê Loi

Ayant pris le contrôle de Huê en 1885, les Français restituèrent la Cité impériale aux Vietnamiens et établirent une enclave européenne sur la rive sud. Le long de la rivière des Parfums, ils aménagèrent une voie ouverte par le roi Gia Long au début du XIXe siècle. Aujourd'hui, Lê Loi s'étire depuis la gare jusqu'au pont Trang Tien. Ses vieilles demeures coloniales ont accueilli quelques gloires de l'histoire du Vietnam.

Huê est réputée pour sa musique, sa poésie, sa cuisine et l'accent de ses habitants.

À NE PAS MANQUER

• Lycée Quoc Hoc • Monument impérial • Cercle sportif

Ouverte en 1906, et toujours rouge framboise, la **gare de Huê** ❶ (*2 Bui Thi Xuan*) fut d'abord le terminus de la ligne de Da Nang du Transindochinois. La construction du chemin de fer débuta en 1899, mais la liaison Saigon-Hanoi (1 715 km) ne fut achevée qu'au milieu des années 1930. Au nord de la gare, le pont Da Vien fut construit par l'atelier de Gustave Eiffel.

De l'autre côté du canal An Cuu, l'**hôtel La Residence** (*5 Lê Loi*), bâti en 1930, fut une résidence du gouverneur français. Sa façade en rotonde, ses longues lignes horizontales, ses fenêtres en hublots et autres références nautiques sont typiques du courant *streamline* moderne de l'Art déco.

Le **musée Hô Chi Minh** ❷ (*7 Lê Loi, fermé lun. et 11 h 30-13 h 30, €*) présente fièrement quelques objets offerts par Hô Chi Minh à des partisans locaux (une radio, deux montres, des chemises en coton...). À peine moins anecdotiques, la maison (reconstruite) de Duong No (*8 km au nord-est de Huê*), où il vécut enfant de 1898 à 1900, alors qu'il s'appelait encore Nguyên Tat Thanh, et celle du 112 de la rue Mai Thuc Loan, où il vécut en 1901.

En 1908, il entra au prestigieux **lycée Quoc Hoc** (*10 Lê Loi*), fondé par le roi Thanh Thai en 1896. Le jeune Hô a sa statue dans l'allée principale du lycée (qui ne se visite pas). L'établissement fut également fréquenté par Pham Van Dông et Vô Nguyên Giáp. Le premier directeur, Ngô Dinh Kha, était grand chambellan de Thanh Thai et père du président du Sud-Vietnam Ngô Dinh Diêm.

Face à la porte du lycée se trouve un monument impérial érigé en 1920 à la mémoire des soldats d'Indochine, français et vietnamiens, morts pendant la Première Guerre mondiale. Les noms des soldats se lisent encore côté fleuve. Côté rue, le monument servait jusqu'à une date récente de panneau d'affichage à la célèbre devise de Hô : « Rien n'est plus précieux que l'indépendance et la liberté. »

Un peu plus loin, le **collège Hai Ba Trung** ❸ (*12 Lê Loi*), ouvert en 1917. La façade de cet équivalent pour jeunes filles du lycée Quoc Hoc arbore le même rouge framboise, héritage de Ngô Dinh Kha.

On longe ensuite, sur la droite, le récent et imposant **bâtiment du Comité du peuple**. Puis on passe devant la façade latérale de

l'hôpital central de la ville, construit après la bataille de Huê en 1968.

Au carrefour de la rue Hanoi, le **Cercle sportif** est une autre illustration du style *streamline*. Depuis le pont Phu Xuan, on remarquera la vaste véranda, les hublots et le petit bâtiment en forme de pont qui donne sur la terrasse supérieure. À l'époque coloniale, le Cercle était un club de loisirs.

En poursuivant vers l'est, on arrive à l'**hôtel Saigon Morin** ❹ (*30 Lê Loi*). Objet d'une restauration discutable dans les années 1990, l'hôtel accueillit en 1936 Charlie Chaplin et Paulette Goddard en voyage de noces. Les écrivains André Malraux et Somerset Maugham ont également fréquenté l'établissement des frères Morin.

En traversant la rue Lê Loi, face au pont Trang Tien, on découvre un **obélisque de marbre** surmonté de la roue de la Loi bouddhique. Il commémore la mort, lors de l'émeute du 8 mai 1963, de huit opposants à la politique antibouddhiste de Ngô Dinh Diêm. Née à Huê, la contestation allait provoquer la chute de Diêm.

Construit par les Français, le **pont Trang Tien** (*rue Hung Vuong*) rime dans plus d'une chanson avec le ciel bas de Huê et les chagrins d'amour. Long de 400 m, cet ouvrage à sept chevalets fut inauguré en grande pompe en 1900. C'est le roi Thanh Thai en personne qui coupa le ruban.

obsolète lors de sa construction. Les soldats du Viêt-cong et du Nord-Vietnam y résistèrent pourtant 25 jours face aux marines américains pendant l'offensive du Têt, en 1968. Les combats ont laissé des traces, mais les travaux de restauration restituent peu à peu leur aspect originel aux monuments, inscrits au Patrimoine mondial de l'Unesco depuis 1993.

édifice en brique de 5 m de haut sert de soubassement au **belvédère des Cinq Phénix** (Lau Ngu Phung), d'où l'empereur présidait les cérémonies. Entre la tour du Drapeau et la porte sont disposés les **neuf grands canons sacrés**. Gia Long les fit forger en 1803 en fondant les armes prises aux Tây Son. Par le **pont Trung Dao**, on enjambe l'**étang des Eaux d'or** (Thai Dich), couvert de lotus, pour

Les rois Nguyên régnèrent pendant 150 ans depuis le palais de la Suprême Harmonie.

Cité impériale

✉ Entrée de la citadelle par la porte Ngo Mon (du Midi), 23 Thang 8

€ €€

À NOTER : des concerts de musique de cour sont donnés au Théâtre royal, dans la Cité impériale, chaque jour à 9 h, 10 h, 14 h 30 et 15 h 30 (€).

Dans la Cité impériale La Cité impériale, entourée d'une seconde enceinte de 2450 m, reprend la même disposition que la Cité interdite de Pékin. Vous découvrirez avec délices ses allées ombragées, ses palais en ruine et ses jardins.

Pénétrez dans la Cité par **Ngo Mon** (porte du Midi), dont l'entrée centrale, qui ouvre sur une cour en U large de 50 m, était jadis réservée au seul empereur. Cet gagner l'**esplanade des Grandes Salutations** (Dai Trieu Nghi), où les mandarins assistaient aux cérémonies, alignés en neuf rangs hiérarchiques. À l'extrémité de l'esplanade, l'empereur, qui se proclamait Fils du Ciel, trônait en son **palais de la Suprême Harmonie** (Dien Thai Hoa). Dans ce vaste espace dallé, orné de colonnes de laque vermillon et de bois doré sculpté se trouve un trône, disposé sur une estrade

À SAVOIR

Lors de votre séjour à Huê, prenez le temps de visiter le parc national de Bach Ma (voir p. 149, 152), pour la splendeur de sa vie sauvage, ses arbres et sa végétation florissante.

et surmonté d'un baldaquin représentant le ciel.

Derrière le palais, la guerre a rendu à la végétation de grands morceaux de terrain jadis occupés par d'autres bâtiments royaux, dont 8 ha dans la **Cité pourpre interdite**, troisième enceinte où seuls pouvaient pénétrer l'empereur, ses femmes, ses concubines et ses eunuques.

Les deux **maisons des Mandarins** encadraient jadis le palais Can Chanh, aujourd'hui disparu, seconde salle du Trône où l'empereur réglait les affaires courantes. En sa présence, les mandarins arboraient leurs habits de cour. Désormais, les touristes se font photographier revêtus de ces tenues dans la maison de gauche; celle de droite présente des œuvres du musée d'Art royal (voir p. 143).

À l'arrière, sur la gauche du palais de la Suprême Harmonie, une allée ombragée conduit à la **porte Chuong Duc,** aujourd'hui restaurée. Avant d'atteindre la porte, on trouve à gauche le **temple The Mieu**, construit en 1821 par Minh Mang pour son père, Gia Long. Restauré dans les années 1990, l'intérieur recèle une incroyable profusion de colonnes vermillon et de sculptures de bois doré. Ses 10 autels sont dédiés au culte des empereurs Nguyên. Les tablettes funéraires des empereurs rebelles Ham Nghi, Thanh Thai et Duy Tan, tous trois déposés par le colonisateur français, furent installées dans le temple en 1959.

En traversant la cour, on trouve les **neuf urnes dynastiques** disposées devant le **pavillon Hien Lam**, le plus haut bâtiment de la cité – et, aux yeux de beaucoup de Vietnamiens, le plus beau. Il honore ceux qui se sont distingués au service de la dynastie. Pesant plus de 2 t, les urnes ont été fondues entre 1835 et 1837. Elles étaient destinées à recueillir les ordres du ciel et à célébrer les splendeurs du pays et sa pérennité dynastique. Toutes les urnes sont décorées de 17 motifs de plantes, de paysages, d'animaux, de bateaux et d'armes, dont l'ensemble constitue un lexique de la culture vietnamienne. Chacune est dédiée à l'un des empereurs Nguyên et fait face à son autel dans le temple The Mieu.

Si vous le pouvez, terminez votre visite de la Cité impériale par

Cuisine impériale

La cuisine de Huê est considérée dans tout le Vietnam comme le summum de la gastronomie. Développée par les empereurs de Huê, elle se compose d'au moins sept plats et est présentée de façon « artistique ». Dans certains hôtels, comme le Saigon Morin (voir Informations pratiques p. 253), le cérémonial est complété par des tenues traditionnelles.

Pagode Thien Mu

129 B4

Depuis la citadelle, direction Kim Long après le pont de chemin de fer

un concert de musique de cour *nha nhac* (voir p. 57), qui accompagnait autrefois les couronnements, les funérailles et autres rites royaux.

La pagode Thien Mu

Avec ses sept étages, Thien Mu, la pagode de la « Dame céleste », est le monument emblématique de Huê, comme le prouve sa déclinaison à l'infini en cartes postales, T-shirts, gravures et autres souvenirs. Toutefois, le cadre enchanteur, l'origine légendaire et la richesse artistique de Thien Mu justifient pleinement sa réputation.

La tour de Thien Mu est un monument emblématique de Huê.

Selon la légende, une vieille dame apparut un jour en ces lieux et prédit que celui qui bâtirait une pagode sur cette colline fonderait aussi une grande dynastie. Nguyên Hoang paria qu'elle disait vrai et édifia la pagode en 1601. Toute sa descendance allait confirmer l'oracle, jusqu'à Bao Dai, dernier empereur du Vietnam.

Depuis Kim Long, un escalier s'élève jusqu'à quatre piliers ornés de caractères chinois célébrant le bouddhisme et la pagode. La **tour Phuoc Duyen** (source du bonheur) se dresse à 21 m au-dessus de la terrasse trapézoïdale de la pagode. Elle est flanquée de deux stèles : celle de droite décrit la construction de la tour ; celle de gauche comporte des poèmes de Thieu Tri.

En 1710, le seigneur Nguyên Phuc Chu fit fondre une cloche de 2,50 m de haut, qui fut installée dans un pavillon hexagonal à gauche de la tour. En 1715, il fit graver sur une stèle un éloge du bouddhisme et de lui-même. Cette stèle repose sur une tortue de marbre sculpté, dans le pavillon de droite.

Un portique à trois entrées, chacune flanquée de génies protecteurs bouddhiques, donne accès à la cour. Surmontant ce portique, côté cour, on découvre Ho Phap, le génie protecteur de la loi coiffé de son casque, au-dessus de l'empereur taoïste de Jade.

Le **temple du Grand Héros** abrite une collection de statues. Dans une vitrine du vestibule sourit un bouddha Di Lac ; on découvre ensuite 10 rois des enfers et une belle série de 18 *arhats* en terre cuite et porcelaine veinée de gris. Au-dessus d'une des portes, un Sakyamuni aux cheveux noirs est assis devant un autre Di Lac et les bouddhas du passé, du présent et de l'avenir.

Cependant, l'objet le plus émouvant est peut-être l'Austin turquoise qui transporta Thich Quang Duc, l'un des bonzes de la pagode, jusqu'au carrefour de Saigon où il s'immola par le feu en 1963 (voir p. 47).

D'autres pagodes

C'est un moine chinois, Giac Phong, qui fonda la **pagode Bao Quoc** (*près de l'extrémité nord de Diên Biên Phu*) à la fin du XVIIe siècle. En 1747, elle reçut son nom par ordonnance royale du seigneur Nguyên Phu Khoat, qui composa lui-même l'épigraphe du panneau ornant son bâtiment principal. Quelques années plus tard, Quang Trung, un roi tây son, y entreposa des armes et de la poudre. Pendant l'offensive du Têt, un incendie détruisit l'essentiel de ce que contenait la pagode, hormis le panneau de Nguyên Phu Khoat et une cloche de bronze qui fut fondue en 1808, sous le long règne de Gia Long. Admirez le stupa rose à trois niveaux de Giac Phong, après le bâtiment principal. Au pied des escaliers se trouve le **puits Ham Long** (la gueule du dragon). Son eau aujourd'hui boueuse était jadis fraîche et limpide, et réservée à l'empereur.

À environ 1 km au sud, en suivant Diên Biên Phu, la **pagode Tu Dam** est un haut lieu de la cause bouddhique depuis les années 1930. À droite du triple portique d'entrée, au bout de la grande cour, une maison de conférences de deux étages peut accueillir de véritables foules. Le figuier qui pousse au-dessous de la porte d'entrée provient d'un rejet prélevé dans les années 1930 sur l'arbre même au pied duquel Bouddha aurait atteint l'Éveil.

Les pagodes de Huê

Plus de 300 pagodes témoignent de l'influence bouddhique à Huê et aux environs, et valent à la ville sa réputation d'« âme du Vietnam ». Leurs statues et bois sculptés ne peuvent rivaliser avec le raffinement de ceux des pagodes du Nord, mais le cadre naturel et le *feng shui* sont ici plus favorables au *chi* que nulle part ailleurs.

À l'extrémité sud de Diên Biên Phu, prenez à gauche la rue Le Ngo Cat. Au bout de 1 km environ vous trouverez la pagode Tu Hieu. Elle doit sa taille imposante aux eunuques impériaux, qui, en 1848, lui léguèrent des fonds et des terres. En retour, les moines leur consacrèrent un cimetière et s'engagèrent à honorer leur âme. La pagode possède un lac en demi-lune couvert de lotus. Derrière le temple principal, la maison Quang Hieu Duong rend hommage à Le Van Duyet (voir p. 209) et à Quan Kong. Tu Hieu est aussi connue pour avoir

Pagode Bao Quoc
133

Pagode Tu Dam
133

Pagode Tu Hieu
133

Pagode Quoc An
133

Tombeaux Nguyên
133
Minh Mang, Tu Duc ou Khai Dinh : €

été la « pagode d'origine » de Thich Nhat Hanh, qui y vécut ses années de novice avant de devenir l'un des plus grands maîtres du bouddhisme en Occident après le Dalaï-Lama. Tournez à gauche au bout de Diên Biên Phu, puis prenez Dao Tan à gauche jusqu'à la **pagode Quoc An**. Comme à Bao Quoc et Tu Hieu, le plan de Quoc An reproduit la forme carrée du caractère chinois *khau* (bouche). Quatre bâtiments entourent une cour intérieure décorée de bonsaïs.

Le sanctuaire principal fait face au temple dédié aux bienfaiteurs de la pagode ; de part et d'autre, la maison des visiteurs et la maison des bonzes. Fondée en 1684 par le moine Nguyên Thieu, du Guangdong (Chine), la pagode est l'une des plus anciennes de Huê.

Les tombeaux Nguyên

Les tombeaux de la dynastie Nguyên sont en réalité d'imposants sanctuaires organisés autour d'un site funéraire et agrémentés de palais, de pavillons, de stèles, de cours, de portes monumentales, de bassins et de jardins. L'implantation des sept tombeaux, construits

entre 1814 et 1931 au sud de la citadelle, obéit aux règles de l'antique art asiatique du *phong thuy,* appelé *feng shui* en Occident.

La plupart des touristes limitent leur curiosité aux tombeaux de Minh Mang et Tu Duc, les plus majestueux et les mieux conservés. Sans la proximité de ces prestigieux voisins, les autres tombeaux passeraient pourtant, eux aussi, pour des sites de tout premier ordre. Dépourvus de mur d'enceinte, ceux de Gia Long, Thieu Tri et Dong Khanh s'intègrent harmonieusement dans la campagne environnante et semblent intimement reliés à la nature. Khai Dinh mêle les styles asiatique et occidental. Duc Duc fut enterré plus près de Huê, là même où son corps tomba accidentellement pendant le trajet.

À NOTER : le tombeau de Duc Duc est proche du centre de Huê, rue Duy Tan. Pour tous les autres, tournez à droite à l'extrémité sud de Diên Biên Phu. En prenant à gauche la rue Minh Mang, vous arrivez aux tombeaux de **Thieu Tri** et **Khai Dinh**.

Continuez tout droit, jusqu'au bout de la rue Le Ngo Cat, puis prenez à gauche la rue Huyen Tran Cong Chua pour rejoindre les tombeaux de **Tu Duc** et **Dong Khanh**. Ceux de **Minh Mang** et **Gia Long** sont accessibles en traversant la rivière des Parfums en sampan ou par le pont. L'entrée du tombeau de **Minh Mang** se trouve à 200 m du pont.

L'accès au tombeau de **Gia Long** est plus difficile, par un chemin mal indiqué qui longe la rivière.

Les Nguyên, souvent influencés par la Chine, calquaient leurs dernières demeures sur les tombeaux de la dynastie Ming. Leurs géomanciens déterminaient un site environné de collines protectrices, à proximité d'un point élevé faisant écran aux mauvais génies et d'une colline moins haute de l'autre côté pour y adosser le complexe funéraire. Dans la mesure du possible, ils disposaient les principaux monuments – le triple portique, la cour d'honneur, le pavillon de la Stèle, le temple et la sépulture – le long d'un axe unique, nommé la voie de l'Esprit. Les statues de mandarins, de chevaux et d'éléphants de la cour d'honneur se tiennent au service du défunt. Seul le tombeau de Minh Mang respecte exactement ces prescriptions.

Minh Mang (r. 1820-1841)

Depuis la **Grande Porte rouge**, fermée depuis que le corps de Minh Mang l'a franchie en 1841, la voie de l'Esprit traverse la **cour d'honneur**, le pavillon de la Stèle, édifié sur deux terrasses superposées, puis deux portes et deux ponts, un temple et un pavillon pour atteindre finalement le tumulus de Minh Mang après un trajet de 700 m. Les 40 monuments et les jardins sont entourés d'un mur de 3 m de haut et de 1 750 m de pourtour.

En 1840, l'empereur réquisitionna 3 000 soldats et ouvriers pour la construction de son tombeau. Il surveilla l'avancée du chantier depuis le **pavillon de la Clarté** (Minh Lau). Après sa mort, son fils Thieu Tri enrôla 9 000 soldats et ouvriers pour finir le travail, ce qui fut fait en 1843. Jusqu'au pillage du tombeau par des soldats français en 1885, le **pavillon de la Grâce immense** (Dien Sung An) renfermait les objets les plus précieux de l'empereur. Sur la **stèle**, une épigraphe en chinois de la main de Thieu Tri relate les hauts faits de Minh Mang et rappelle qu'il eut 142 enfants.

La visite aux morts

Le culte des ancêtres est un élément essentiel dans toutes les cultures du Sud-Est asiatique, et le Vietnam ne fait pas exception. On peut ainsi voir les Vietnamiens rendre hommage à leurs morts dans un grand nombre de lieux, dont les tombeaux impériaux de Huê, le mausolée de Hô Chi Minh (voir p. 80-81), le cimetière de Diên Biên Phu (voir p. 108-109) et les tombes de l'ethnie giarai.

Tu Duc (r. 1848-1883)

Bien qu'il eût 103 concubines, Tu Duc mourut sans enfant. Il laissa donc pour seule postérité la magie de sa dernière demeure quand il succomba à la variole. Certaines scènes du film *Indochine* (1992) ont été tournées dans le **pavillon Xung Khiem**, où Tu Duc écrivait de la poésie.

L'enceinte de 1 500 m de long englobe 50 éléments distincts, dont un théâtre et un lac. Après l'achèvement des travaux, en 1867, le roi se retira sur le site dans les périodes de troubles politiques. C'est en effet sous son règne que le Vietnam dut abandonner à la France l'essentiel de sa souveraineté.

De l'autre côté de la **porte Khiem Cung**, six grands pavillons reproduisent à échelle réduite l'ensemble impérial de Huê. À gauche et à droite se trouvent les maisons des mandarins civils et militaires. Tu Duc occupait le **palais Hoa Khiem**, où sont aujourd'hui honorées ses tablettes funéraires, et le palais **Luong Khiem**. Le mot *khiem,* commun à toutes les dénominations, signifie « modestie ». Le **théâtre royal Minh Khiem**, le plus ancien du Vietnam, accueille toujours des concerts traditionnels.

La **cour d'honneur**, le **pavillon de la Stèle** et le **tombeau** de Tu Duc sont alignés sur un axe latéral à l'ensemble Khiem Cung. En longeant la pointe du **lac Luu Khiem**, on passe devant le tombeau de l'épouse de Tu Duc puis l'on atteint celui de Kien Phuc, éphémère empereur de 1883 à 1884.

L'empereur Tu Duc a utilisé le mot *khiem* (modestie) dans tous les noms des monuments de son tombeau.

Gia Long (r. 1802-1819)

La « cité éternelle » voulue par Gia Long intègre beaucoup moins d'ouvrages construits. Ici, la nature fournit l'essentiel de l'ornementation. Le tombeau est environné de 42 collines, grandes et petites. Derrière le **temple Minh Thanh**, dédié à la mémoire de Gia Long et de sa femme, le premier empereur Nguyên et sa femme reposent côte à côte dans des mausolées de pierre bleu sombre qui portent les stigmates de la guerre. Des statues de mandarins de la **cour d'honneur**, également endommagées, ont pu être restaurées, de même que certaines statues d'animaux. Deux colonnes se dressent sur le **mont Thien Tho**, qui fait écran au tombeau.

Khai Dinh (r. 1916-1925)

Le tombeau de Khai Dinh se dresse au sommet d'une colline escarpée, sur des terrasses de béton, de ciment, de pierre et de marbre, dont l'austérité détonne avec l'ostentation de cet empereur mais s'explique par son goût du modernisme occidental. La première salle du **palais Thien Dinh** est décorée de mosaïques de porcelaine et de verrerie. Des panneaux représentent le bambou, le prunier en fleur, le lis et le chrysanthème, symboles des quatre saisons ; sur une double frise, on reconnaît les huit objets précieux (rouleau, luth, etc.), qui voisinent avec des attributs de la modernité tels que la raquette de tennis et le réveille-matin. La dépouille de l'empereur repose dans un caveau enfoui à 9 m au-dessous de sa statue.

dépourvu d'enceinte. De la vaste **cour d'honneur**, l'axe conduit à une seconde terrasse où le panégyrique de Thieu Tri, rédigé par son fils Tu Duc, occupe un abri très dégradé. Au-delà d'imposantes colonnes de pierre, trois ponts franchissent le **lac Ngung Hy** vers le tumulus.

Des mandarins de pierre gardent à jamais leur empereur dans la plupart des cours d'honneur des tombeaux Nguyên.

Dong Khanh (r. 1885-1888)

Après la mort de Dong Khanh, son successeur Thanh Thai transforma un temple que le roi précédent avait érigé à la mémoire de son père. De nombreux éléments de décoration volontiers cocardiers ont été offerts par les Français, tels des vitraux tricolores ou une lithographie représentant une bataille napoléonienne.

Thieu Tri (r. 1841-1847)

Comme les tombeaux de Gia Long et de Dong Khanh, cet ensemble funéraire est

Duc Duc (r. 1883)

Duc Duc, son fils Thanh Thai et son petit-fils Duy Tan ont leur culte au **temple Long An**, qui fut endommagé. L'autel de Duc Duc occupe l'emplacement central, flanqué des autels et des bustes de bronze de son fils et de son petit-fils. Les Français utilisèrent le tombeau comme cantonnement pendant la guerre et y laissèrent un bunker. Duc Duc a sa propre sépulture, sans statues ni stèle, derrière le palais. Thanh Thai et Duy Tan sont enterrés dans de simples tombes. ■

Autres sites à visiter

Le temple de Hon Chen

Le temple de Hon Chen est un ensemble de sanctuaires, de stèles, d'autels et de maisons des esprits accrochés à flanc de colline au-dessus de la rivière des Parfums. Sur ce site, les Cham vénéraient Po Nagar il y a 1 000 ans (voir p. 164-165). Assimilée par la tradition viêt, la déesse est toujours vénérée sous le nom de Thien Y A Na. Durant les troisième et septième mois lunaires, les fidèles affluent au temple pour accomplir les rites de son culte. L'empereur Dong agrandit le temple en 1886 et on y honore aussi sa mémoire.

✉ 9 km à l'ouest de Huê, accessible par bateau. Louer un sampan ou se joindre à une excursion sur la rivière (€).

Le musée d'Art royal

L'un des plus beaux palais du Vietnam, **Long An** est aussi un superbe musée. Il possède la plus importante collection d'objets de la dynastie Nguyên. À l'intérieur, 128 piliers de bois de fer cloisonnent l'espace en sept salles, avec une aile à chaque extrémité. Les chapiteaux de six piliers du vestibule sont ornés de peintures chinoises inspirées de poèmes du roi Thieu Tri. Les expositions présentent, entre autres, des robes impériales, du mobilier, des paravents et des gongs.

N 133 ✉ 3 Le Truc, Huê ☎ 054/3524-429 (ne parlent pas anglais) € €

L'esplanade Nam Giao

Sur cette esplanade en plein air aménagée en 1806, les empereurs Nguyên pratiquaient de grandes cérémonies pour favoriser la prospérité de la dynastie et du royaume. L'esplanade compte trois terrasses superposées : la première représente l'homme ; le deuxième tertre, carré, figure la terre ; la terrasse supérieure, de forme circulaire, matérialise le ciel. Jusqu'en 1942, l'empereur y menait tous les ans (tous les trois ans à partir de 1890) une procession composée de musiciens. Avant d'accomplir les sacrifices, l'empereur jeûnait trois jours au **palais du Jeûne**. Des pins plantés par les mandarins et la famille impériale symbolisent l'éternité et la noblesse.

✉ Depuis 5 Lê Loi, prendre vers le sud jusqu'au bout de la rue Diên Biên Phu.

Le temple de la Littérature

Après son accession au trône, en 1802, et le transfert de la capitale à Huê, Gia Long décida la construction d'un autre temple de la Littérature en complément du prestigieux Van Mieu de Hanoi (voir p. 76-79). Les sept charpentes de bois de fer n'ont pas survécu aux guerres, mais il reste le triple portique et 32 stèles de marbre reposant sur des tortues et gravées au nom des 293 lauréats.

N 133 ✉ Depuis le pont ferroviaire, suivre la direction de Kim Long le long de la rivière, en dépassant la pagode Thien Mu. Le temple est sur la droite, à 4 km du pont.

L'arène des Tigres (Ho Quyen)

Entre 1830 et 1904, les empereurs Nguyên organisaient des combats mortels de tigres et d'éléphants dans cette arène (Ho Quyen). Cet amphithéâtre de 44 m de diamètre intérieur est entouré d'un double mur en brique. Deux escaliers conduisent à la tribune où le souverain et sa suite assistaient au spectacle. Du côté opposé, le mur est percé de cinq portes donnant sur les enclos des tigres. Les éléphants passaient par une porte de 4 m de haut, à côté de la tribune. Avant le combat, les soigneurs affaiblissaient les tigres en les affamant, leur enlevaient les griffes et les crocs pour que l'éléphant, symbole royal, gagne.

N 133 ✉ De la gare, suivre le canal Ben Ngu jusqu'à la rue Bui Thi Xuan, qui longe la rivière. Les arènes sont à gauche, à environ 2,5 km de la gare. ■

Les maisons-jardins

Pendant que les empereurs Nguyên donnaient libre cours à leur fièvre bâtisseuse dans la Cité pourpre interdite, l'aristocratie de Huê façonnait le paysage urbain en y construisant des maisons-jardins. Tapies derrière de hautes clôtures végétales doublées d'un rang serré d'aréquiers, ces maisons illustrent une conception toute vietnamienne de l'espace de vie.

Les demeures des mandarins lettrés étaient au cœur des jardins, selon les principes du *feng shui*.

Les vastes toitures sont couvertes de quatre épaisseurs de tuiles de terre cuite plates pour une bonne isolation. Des portes s'ouvrent tout le long des façades. À l'intérieur, des colonnes de bois de fer et de jaquier tiennent lieu de cloisons et délimitent les différents espaces de vie. Dragons, vagues, fleurs et autres motifs traditionnels finement sculptés ornent souvent les assemblages de bois. Les Vietnamiens nomment *nha ruong* (maison de panneaux) ce type de construction, en raison des panneaux de bois, sculpté et incrusté de nacre, suspendus à la structure.

Le charme d'une maison-jardin ne tient pas simplement à son aspect mais à son harmonie avec le monde spirituel. Avant de construire, les propriétaires consultaient toujours des maîtres du *feng shui* (*phong thuy*, en vietnamien : « eau et vent ») afin que l'implantation de la maison respecte les règles de la géomancie. Ainsi, une maison-jardin doit toujours être orientée au sud, direction la plus propice à la vie. Face à l'entrée principale, un écran de maçonnerie, ou *binh phong*, détourne les mauvais esprits. Certaines maisons-jardins se fondent si parfaitement dans leur environnement qu'elles semblent avoir existé de tout temps.

Contrairement aux vénérables maisons de marchands de Hoi An (voir p. 154-155) qui affichent fièrement leur architecture caractéristique dans les rues du centre, les maisons-jardins cultivent la discrétion. Dissimulées aux regards par la végétation et les haies, elles sont regroupées en petits îlots dans différents quartiers de Huê, notamment Kim Long et Vi Da.

Les maisons-jardins de Huê se dressent à l'abri de murs et de haies.

Propriétés urbaines et réformes foncières

Ces demeures occupaient jadis le centre de véritables propriétés urbaines. Les réformes foncières intervenues depuis 1975, mais aussi la récession des années 1970-1980, ont contraint beaucoup de propriétaires à morceler leur parcelle. Les maisons ont subsisté, en se dégradant peu à peu faute d'entretien. Aujourd'hui elles sont réellement menacées.

Avec la croissance actuelle de l'économie vietnamienne, la tendance est aux maisons modernes, propres et fonctionnelles. Les descendants des aristocrates bâtisseurs de Huê vendent leurs demeures par morceaux; c'est ainsi qu'une charpente traditionnelle se négocie aux alentours de 1 800 €. On a vu un promoteur faire main basse sur 17 *nha vuon,* les démanteler et les transporter à Nha Trang pour construire un club de voile... Les nouveaux riches de Hô Chi Minh-Ville amateurs d'ancien achètent à Huê pour aller rebâtir dans le Sud.

Une association française a recensé plus de 800 *nha vuon* dans la province, dont plus de 200 à Huê. Une centaine pourrait être sauvegardée, l'objectif n'étant pas de maintenir dans un cadre immuable des familles ruinées, mais de créer de véritables lieux de vie.

À DÉCOUVRIR Les plus belles maisons-jardins de Huê

Le quartier de Kim Long abrite plusieurs maisons-jardins accessibles au public, soigneusement regroupées les unes à côté des autres. La plus spectaculaire est peut-être An Hien, autrefois propriété de Tu Du, un mandarin de haut rang sous l'empereur Gia Long; ses piliers massifs et ses toitures raffinées composent un ensemble de trois cours. Les portes et les baies sont richement sculptées. Comme toutes les maisons-jardins, Lac Tinh fut conçue en accord avec les principes du *feng shui,* et les quatre bâtiments séparés, répartis dans un jardin d'environ 2 000 m², créent un ensemble d'une parfaite élégance. Une troisième maison-jardin, Y Thao, n'a que 50 ans, mais sa structure traditionnelle et ses rochers soigneusement placés dans le jardin en font le cadre idéal pour savourer certaines spécialités de Huê (la maison sert de cadre à un restaurant). La meilleure façon de visiter ces maisons est de participer à un tour organisé avec Hue Tourist ou Mandarin Café (voir p. 130).

Le Vietnam central

Hoi An, Da Nang et My Son délimitent un triangle d'une exceptionnelle richesse touristique, avec le centre historique de Hoi An, véritable musée à ciel ouvert, les plages tropicales de Da Nang et les vestiges d'un royaume de légende à My Son. La région possède bien d'autres trésors : ses pagodes, ses villages et la chaîne des Truong Son qui plonge dans l'océan à la frontière des provinces de Quang Nam et de Thua Thien.

Hoi An a perdu son statut de grand port de commerce suite à son ensablement.

Au nord de la frontière de la province, s'étend le parc national de Bach Ma, célèbre pour ses villas coloniales, ses forêts spectaculaires et ses précipitations annuelles (7,5 m). On trouve également Phuoc Tich, un des villages ethniques du Vietnam, avec ses allées couvertes de feuillage et son architecture inchangée. Da Nang offre peu d'attraits, mais le musée Cham possède la plus belle collection d'art de cet ancien royaume. Et la baie de Da Nang est unique.

Au sud de Da Nang, sur la route qui mène à Hoi An, les montagnes de Marbre proposent au promeneur courageux un ensemble exceptionnel de grottes, de temples et de miradors naturels.

Sur le vieux port de commerce de Hoi An, les riches demeures de marchands, les maisons communautaires et les musées créent une atmosphère fascinante, plus magique encore que dans aucun autre site.

À partir de Da Nang ou Hoi An, l'excursion aux ruines cham se fait

China Beach

Près de Da Nang, les marines américains avaient créé une base de loisirs sur une étroite bande de sable qu'ils appelèrent China Beach. Il n'en reste rien qui soit accessible. Une nouvelle route a été construite le long de la plage en 2003, aujourd'hui bordée d'hôtels et de restaurants fréquentés par une clientèle locale. Pour voir ces lieux, et écouter leurs fantômes, tournez à gauche juste avant le Furama Resort et continuez environ 2 km. Vous êtes à China Beach.

dans la journée. Les ruines peuvent être décevantes, mais les tours dont les sommets dépassent de la jungle laissent un souvenir inoubliable.

Phuoc Tich

Maisons-jardins, temples familiaux et pagodes de Phuoc Tich font toute l'authenticité de ce village traditionnel vietnamien (Kinh) lové dans une boucle de la rivière O Lau. Les villages des minorités ethnolinguistiques des hauts plateaux sont des destinations aujourd'hui très en vogue, mais aucun ne rivalise avec la calme splendeur de ce village de l'ethnie kinh.

Phuoc Tich fut fondé en 1470 par des colons venus de la province de Nghe An. Au XIXe siècle, l'essor de la céramique lui apporta une prospérité dont témoignent les nombreuses maisons-jardins bâties à cette époque, et préservées des destructions de la guerre grâce à leur *feng shui*, selon les villageois.

En 2003, les spécialistes du patrimoine culturel ont découvert l'intérêt de Phuoc Tich, devenu le premier village classé du Vietnam, en 2009. On s'est peu préoccupé jusqu'ici de créer un minimum d'hébergement touristique, mais les habitants, souvent âgés, sont hospitaliers et toujours ravis qu'un étranger leur rende visite.

Sur 117 maisons, 31 sont aujourd'hui répertoriées comme maisons-jardins. Inutile de chercher un itinéraire balisé ou une route carrossable. Garez-vous à l'entrée du village et parcourez à pied les chemins en gardant la O Lau sur votre gauche. Sentiers bordés de haies, bosquets de bambous, jardins, tout ici évoque la splendeur intemporelle du Vietnam rural.

Près de l'ancien atelier de céramique se trouve la maison de **Truong Cong Thanh**, sans doute la plus ancienne du village. Ses 200 ans d'existence en font un modèle original d'architecture – la plupart des autres *nha ruong* se ressemblent beaucoup puisqu'ils ont tous été construits dans les années 1870. Ici, une enfilade de piliers en jaquier divise l'espace intérieur en trois travées sous un toit à forte pente, avec une aile à chaque extrémité. La façade est percée de neuf doubles portes.

Dans la maison de **Le Tran Phu**, les panneaux sont décorés de motifs floraux ou d'incrustations de nacre. Dans celle de **Ho Dinh Lan**, le mandarin qui administrait la circonscription de Phuoc Tich au début du XXe siècle, le panneau

Phuoc Tich

129 A4

Informations touristiques

Huê Tourist, 120 Le Loi

054/3816-263

huetouristvietnam.com

Mandarin Café, 24 Tran Cao Van

054/3821-281

mrcumandarin.com

Da Nang
129 C3
Informations touristiques
32A Phan Dinh Phung
0511/3550-111
danangtourism.gov.vn

À SAVOIR

Dans le train qui relie Huê à Da Nang, asseyez-vous côté gauche et profitez de la vue spectaculaire sur l'océan, tandis que le train traverse au ralenti le col des Nuages. Le trajet est peu onéreux et vraiment inoubliable.

calligraphié en forme d'éventail de la travée centrale est un cadeau de l'empereur Duy Tan. Les panneaux latéraux de bois gravé représentent des pinceaux de calligraphie et des luths. Dans la maison de **Ho Van Te**, les assemblages de charpente de la première travée sont couverts de sculptures d'une incroyable complexité. Le motif courant de vague *ba thuy* y côtoie souvent une tête de dragon. Parmi les poutres, on peut apercevoir le *Tho*, idéogramme chinois de la longévité.

Da Nang

Quatrième ville du Vietnam avec 800 000 habitants, Da Nang est plus un point de départ commode pour Hoi An, My Son et les montagnes de Marbre qu'un site touristique. Son musée d'Art cham abrite la plus belle collection de sculptures du pays, et la baie qui s'étend des pentes du Hai Van à la péninsule de Son Tra offre un panorama à couper le souffle.

Le musée d'Art cham

Construit en 1915, ce musée (*2 Thang 9, tél. 0511/3470-114, chammuseum.danang.vn*, €) ne présente pas moins de 300 sculptures de terre cuite, grès et bronze du royaume du Champa. L'œuvre la plus connue est une gracile apsara **de Tra Kieu**, danseuse céleste aux colliers de perles et écharpes. Autour d'elle, des musiciens jouent de la vina, un ancien instrument indien. Dans la même salle se trouve le **piédestal de Tra Kieu** (Xe siècle), bordé d'une frise illustrant des épisodes de la vie de Krishna.

La baie de Da Nang est devenue l'une des voies navigables les plus belles du monde.

À DÉCOUVRIR L'observation des oiseaux dans le parc national de Bach Ma

Plus de 350 espèces ont été identifiées dans le parc national de Bach Ma, ce qui en fait l'une des destinations privilégiées pour les amateurs d'oiseaux. Le parc fut créé en 1991, en partie pour protéger le rare faisan d'Edwards (*Lophura edwardsi*), qui est aussi le symbole du parc. Parmi les autres espèces rares résidant ici, on compte la torquéole à gorge rousse, le faisan argenté, l'argus ocellé et le barbu à ventre rouge, bien qu'ils soient si discrets qu'on a plus de chance de les entendre que de les voir.

Parmi les nombreux itinéraires que propose le parc, les visiteurs pourront sillonner les chemins des faisans et des rhododendrons. Un site est également répertorié pour la torquéole de Merlin, sur l'itinéraire principal, à environ 2-3 km en bas de la colline, à partir des bâtiments principaux. La zone autour des maisons d'hôtes, au sommet, est un bon point d'observation pour les eurylaimes de Gould, pomatorhins à queue courte et mésanges sultanes.

Dans l'aile gauche, admirez le **piédestal de l'autel de My Son**, surélevé de trois marches, dont les niches abritent un joueur de flûte à turban et un harpiste coiffé d'un chignon caractéristique. Remarquez les apsaras servant de télamons sur les contremarches, notamment le danseur aux bras écartés, au centre. À voir aussi dans cette salle, une **statue de Ganesh** du VIIe siècle (la plus ancienne statue cham complète) trempant sa trompe dans une coupe de sucreries.

Visite de la ville Depuis le musée, longez la **rivière Han** par la rue Bach Dang, bordée de bâtiments coloniaux, jusqu'au nouveau pont à haubans. Tournez à gauche, puis prenez à gauche la rue Tran Phu qui ramène au musée en passant devant une **cathédrale** néogothique de 1923, dont la flèche de 70 m de haut est surmontée d'un coq gaulois.

Si vous traversez un des ponts au hasard et continuez vers l'est, vous arriverez à la plage de My Khe et une route côtière qui se dirige au sud vers les montagnes de Marbre et Hoi An.

Le parc national de Bach Ma

Les ruines d'une station française en vogue dans les années 1930-1940 forment la pièce d'architecture centrale de ce parc de 220 km² et ajoutent une obsédante atmosphère de ville-fantôme à la majesté des paysages. Avec 7 500 mm de précipitations annuelles, Bach Ma est le site le plus arrosé du Vietnam. Mais, pendant la saison sèche (février-août), sa forêt tropicale luxuriante est un paradis pour les excursions, l'observation des oiseaux et la baignade dans les cascades.

En 1932, les Français commencèrent à construire de belles villas sur les hauteurs du Bach Ma (1 440 m) pour échapper à la chaleur humide de Huê, à 54 km au nord-ouest. En 1942, cette station d'altitude comptait 139 villas, un hôpital, un marché,

(*suite p. 152*)

Parc national de Bach Ma

129 B3
054/3897-360
€

bachmapark.com.vn

À NOTER : le **parc national de Ba Mach** n'est desservi par aucune ligne de bus régulière, et les demandes de navette à partir de Huê ou Da Nang sont assez rares. En voiture depuis Huê, prendre la nationale 1 vers le sud sur 40 km. À Phu Loc, prendre à droite la route 6 sur 3 km jusqu'au pavillon d'accueil. Voitures privées autorisées dans le parc, mais motos interdites.

Sur la route Mandarine

Entre Huê et Da Nang, la légendaire route Mandarine franchit trois reliefs montagneux et s'élève à 496 m au col des Nuages (Hai Van). Cette route, conçue par la dynastie des Hô, au début du XVe siècle, aurait été tracée pour que les étudiants aillent passer leurs examens mandarinaux dans la capitale. Au XIXe siècle, Gia Long en fit un grand axe d'unification nord-sud permettant de relier Gia Dinh (Saigon) à Thang Long (Hanoi).

Entre Huê et Da Nang, la nationale 1 offre un des plus beaux panoramas du Vietnam.

Au sud de Huê, l'enchevêtrement de maisons et de boutiques du **marché An Cuu** s'égrène le long de la très fréquentée route Mandarine, plus connue sous le nom de nationale 1. Une fois passée cette zone très dense, on aperçoit des casemates françaises qui semblent flotter dans les rizières, puis l'aéroport de Phu Bai, une ancienne base américaine.

De l'autre côté de la rivière Truoi, une vieille gare française marque le centre de **Loc Dien** ❶, un groupe de hameaux situé à 25 km au sud de An Cuu qui connut une éphémère médiatisation en 1965, lorsque le magazine *Life* consacra un long article à huit de ses habitants « condamnés à mort » par le Viêt-cong.

Après Loc Dien, la chaîne des Truong Son pique vers la côte à l'est, tandis que la lagune de Cau Hai ouvre l'horizon vers l'ouest. À 5 km, une plaque de marbre rose marque un chemin de la **piste Hô Chi Minh** ❷ (voir p. 120-121) par laquelle furent acheminés les hommes et le matériel en 1975.

À NE PAS MANQUER

• Lang Co • Col des Nuages • Plage de la léproserie • Baie de Da Nang

Une fois franchi le col de Phuoc Tuong, tournez à droite au hameau de Thuy Ta (*51 km au sud de An Cuu*). Continuez 4 km jusqu'aux **bassins des Éléphants** ❸ (*Suoi Voi*, €). Dans ce ravin abrupt, un rocher orné d'une trompe en ciment et de défenses cassées surplombe une suite de cascades et de bassins.

Plus au sud, la nationale 1 s'élève en lacets jusqu'au col de Phu Gia, offrant une vue superbe sur la **lagune de Lap An** creusée au pied des montagnes et ses barrages de pêche. La route plonge ensuite vers la longue et étroite langue de sable de **Lang Co** ❹, plus belle encore lorsqu'on se retourne pour l'admirer depuis la colline opposée. La plage de Lang Co compte parmi les plus belles du Vietnam.

Restez sur la droite en quittant Lang Co pour éviter le tunnel Hai Van (voir encadré ci-contre), et lancez-vous dans l'ascension du **col des Nuages** ⑤, à l'ombre des arbres et des buissons. En arrivant au col, à 496 m d'altitude, la route passe entre des fortins français et deux portes impériales. Sur la seconde, qui remonte au règne de Ming, sont gravés des idéogrammes chinois : « la porte des nuages et de la mer » et « la plus grandiose porte du monde ».

Environ 3 km plus loin, la somptueuse plage qui s'étend en contrebas abrite une **léproserie** où sont encore hébergées des dizaines de familles. La plupart, guéries par les soins des sœurs de Saint-Vincent-de-Paul, restent sur place en quarantaine. L'intérêt des promoteurs pour ce site prometteur pourrait, dit-on, en déloger les occupants actuels.

Après le pont de la rivière Cu De, prenez à gauche le boulevard qui longe la **baie de Da Nang** sur 11 km. Depuis le parking, à la hauteur du bloc sanitaire, on peut contempler la **plage Nam O, Xuan Thieu** ⑥, où ont débarqué les troupes américaines en mars 1965. De la base des marines, qui couvrait toute la plage, il ne reste guère que les débris d'un bunker. À 2 km de là, au nord du restaurant Xuan Thieu, se trouvent toujours les fondations en béton d'un ancien mess. On y lit encore la signature du soldat américain Ortiz Vasquez.

Le tunnel Hai Van

Bien que le col des Nuages, sur la nationale 1 qui relie Hoi An et Da Nang, offre de splendides panoramas, c'est un goulet d'étranglement pour le trafic. Ce problème a été résolu par la construction d'un des plus longs tunnels au monde (plus de 6 km), ouvert en 2005, qui fait gagner 10 km, soit 30 à 40 minutes. Les véhicules doivent payer un droit d'accès. Le tunnel est interdit aux motos, vélos et piétons.

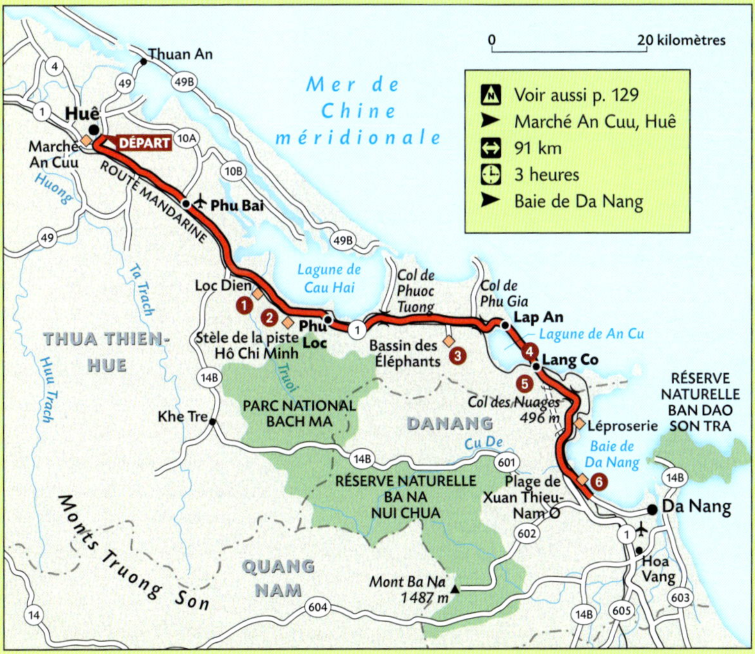

Montagnes de Marbre

129 C3

De Da Nang, rouler 8 km au sud par la route littorale, puis prendre à gauche à Huyen Tran Cong Chua. L'entrée est un peu plus loin sur la gauche.

€

des parcs, une piscine, des courts de tennis et deux hôtels. La plupart des constructions ont été détruites au cours des combats entre les Américains et le Viêt-cong.

Depuis le pavillon d'accueil, des minibus (€€) conduisent les visiteurs jusqu'aux ruines, 16 km plus loin, par une étroite route en lacets. Une fois arrivé, on accède par un chemin

Une pagode sur un versant des montagnes de Marbre

Informations touristiques

32A Phan Dinh Phung

0511/3550-111

danangtrourism.gov.vn

pavé à une maison octogonale construite sur le sommet. D'un côté du chemin, un escalier en pierre descend abruptement vers une ancienne base d'hélicoptères américaine. Non loin du pied de l'escalier, l'entrée non signalée d'une grotte fut une cache viêt-cong.

Quand, par chance, le Bach Ma n'est pas couvert de nuages, on y jouit d'une vue dégagée. Au-dessous du sommet, un chemin s'enfonce dans la forêt de mousson et aboutit après 2 km à une pépinière d'orchidées. Les chemins sont bien balisés; mieux vaut ne pas s'en écarter. Il peut en effet subsister des munitions n'ayant pas explosé, comme en atteste une exposition au pavillon d'accueil.

Bien que réputé pour sa biodiversité, Bach Ma a perdu ses plus grands animaux. Il n'y a plus d'éléphants depuis 1995 et les dernières traces de tigre ont été aperçues en 2001. L'ours brun d'Asie, le léopard et le saola (une espèce rare) sont encore présents dans les zones les plus sauvages du parc.

Les montagnes de Marbre

Au sud de Da Nang, les montagnes de Marbre forment un ensemble de cinq reliefs de calcaire et de marbre, riches en grottes et en pagodes, qui furent une place forte du Viêt-cong pendant la guerre. De ces hauteurs, on a une vue panoramique du rivage surnommé China Beach par les Américains (voir p. 147). Au pied de l'une des collines se trouve un village de tailleurs de pierre vieux de cinq siècles qu'on appelle ici Lang Da (village de pierre).

Le premier empereur de la dynastie Nguyên donna à ces affleurements le nom de Ngu Hanh (cinq éléments), en référence aux cinq éléments fondamentaux : l'eau, le bois, la terre, le métal et le feu. **Thuy Son** (montagne de l'eau) présente le plus d'intérêt. Deux escaliers raides ainsi qu'un ascenseur (€), situé près du premier, permettent de faire la montée.

Avant d'entamer l'ascension, allez voir la **pagode Tam Son**, à quelque distance sur la gauche. Au sommet de l'escalier, devant le triple portique de la **pagode Tam Thai**, montez sur la gauche jusqu'à **Vong Giang** (mirador de la rivière), d'où l'on découvre la rivière Han de Da Nang et les rizières du Quang Nam.

À SAVOIR

Pour avoir un aperçu du vrai Vietnam quand vous visitez Hoi An, levez-vous avant l'aube, promenez-vous dans les ruelles étroites, et observez discrètement les habitants qui se préparent pour la journée.

Derrière Tam Thai, un sentier mène à une grotte à deux niveaux utilisée par le Viêt-cong comme salle de commandement et poste de secours. Le niveau supérieur, **Hoa Nguiem**, abrite un autel et une stèle datant de 1640. Au niveau inférieur, **Huyen Khong**, où les trous du plafond laissent entrer le soleil, se trouve un grand bouddha assis.

De Huyen Khong, revenez sur vos pas jusqu'à l'entrée circulaire de la grotte **Van Thong**, depuis l'intérieur de laquelle un passage boueux s'élève jusqu'à une haute et étroite ouverture débouchant sur l'un des nombreux sommets de Thuy Son.

Redescendez vers la **pagode Linh Ung** et la tour de sept étages du **temple Xa Loi**, pourvue d'un escalier intérieur. Profitez-en, pas tant pour la vue, mais parce qu'il s'agit d'une des seules tours de pagode accessibles du Vietnam.

Hoi An

Ancien port de commerce déserté par les navires, Hoi An est réputé pour ses vénérables maisons de marchands, le maillage de ruelles qui borde sa rivière et ses maisons communautaires chinoises. Au XIXe siècle, tandis que ses rivales Malacca et Penang devenaient de grandes villes modernes, l'ensablement de sa rivière déposséda Hoi An de son activité portuaire au profit de Tourane, l'actuelle Da Nang. Préservé par des années d'oubli, ce vieux port typique d'une Asie du Sud-Est disparue figure depuis 1999 sur la liste du Patrimoine mondial de l'Unesco.

Son centre historique datant pour l'essentiel d'une période comprise entre la fin du XVIe et le début du XVIIIe siècle, les prétentions de Hoi An à l'appellation de ville antique reposent uniquement sur les traces archéologiques d'un port sa huyn utilisé dès le IIe siècle av. J.-C. Avant que la région ne passe sous domination vietnamienne au XIVe siècle, les marchands du Champa avaient fait du port la première place commerciale du royaume, mais aucun vestige de cette époque ne subsiste. Plus tard, à l'invitation des seigneurs Nguyên, les Japonais et les Chinois s'installèrent de part et d'autre d'un cours d'eau qu'enjambe le

Hoi An
🅰 129 C3
Informations touristiques
✉ 10 Tran Hung Dao
☎ 0510/3910-911
holantravel.com

✉ Sinh Café, 587 Hai Ba Trung
☎ 0510/3863-948

À NOTER : dans la vieille ville, les cinq points de vente de l'office du tourisme délivrent des tickets donnant droit à cinq visites : une maison ancienne, une maison communautaire, un temple, un musée et un autre site – si l'on veut voir un deuxième site d'une même catégorie, il faut repayer. Des tickets sont également disponibles pour davantage de sites.

Un sculpteur sur bois met la dernière touche à son bouddha hilare.

pont Japonais (voir p. 157). Les marchands portugais firent escale à Hoi An à partir de 1535, imités au XVIIe siècle par les Hollandais, les Anglais et les Français. Cette présence européenne n'a guère laissé de traces; en revanche, les Japonais et les Chinois contribuèrent puissamment à développer le port que fut Hoi An et la ville fascinante qu'elle demeure.

Tous les lieux à visiter sont concentrés dans les trois rues principales; Tran Phu, la plus réputée et la plus ancienne, relie le pont Japonais au temple de Quan Cong, en face du marché. La rue Nguyên Thai Hoc a été ouverte en 1841 et la rue Bach Dang, qui longe la rivière, en 1886.

Les maisons de marchands

Les maisons de marchands chinois, situées rue Tran Phu et aux abords de la rivière, comptent pour beaucoup dans la magie de Hoi An. Presque toutes se targuent d'origines remontant au XVIIe ou XVIIIe siècle, ce qui est possible même si leur structure actuelle date en réalité de reconstructions du XIXe siècle. On peut s'étonner que la plupart de ces vieilles demeures chinoises se trouvent dans le quartier bâti par les Japonais; en fait, la communauté japonaise disparut après qu'un shogun lui eut interdit, en 1635, d'exercer ses activités sur le continent. Il ne reste aujourd'hui aucune demeure japonaise, mais le plan des maisons de marchands chinoises plus récentes ressemble à celui de certaines vieilles demeures de Kyoto. L'influence japonaise subsiste également dans le travail des charpentes, où elle se mêle aux styles chinois et vietnamien en une synthèse qui fait la renommée de Hoi An.

L'office de tourisme a inscrit sur sa liste les trois demeures ci-dessous, ce qui explique qu'elles soient le plus visitées. Mais la vieille ville en compte bien d'autres, désormais transformées en restaurants, hôtels ou boutiques.

Les demeures de Hoi An Rue Nguyên Thai Hoc, la **maison Tan Ky** est habitée par la sixième génération d'une famille vietnamienne qui l'a acquise de marchands chinois de la province de Fujian. Comme beaucoup de « maisons-couloirs » de la vieille ville, son plan longitudinal évoque les « maisons-tubes » du vieux Hanoi (voir p. 70-71). Ces maisons de Hoi An sont plus larges (3 m à 3,50 m) que celles de Hanoi, mais la distribution des pièces de la façade vers l'arrière est identique : boutique, salle commune, cour intérieure, chambres et cuisine. La boutique est légèrement surélevée par rapport aux autres pièces, car l'argent est censé couler de haut en bas. L'idéogramme chinois *Tan Ky* inscrit sur un panneau de la salle commune signifie « progrès ». La structure à triples chevrons du plafond est typiquement japonaise, mais les motifs de crabes de sa décoration sont chinois. Le sol, vietnamien, est fait de briques de Bat Trang et de dalles de pierre de Thanh Hoa.

De l'autre côté du pont Japonais, la **maison Phung Hung** (*4 Nguyên Thi Minh Khai*), qui remonte à 1780, a des balcons à la chinoise, un toit à quatre pentes à la japonaise et trois autels à la vietnamienne. Elle est habitée depuis huit générations par la même famille vietnamienne, qui y vend des médicaments, de la soie et de la porcelaine. Pendant les inondations de 1999, l'eau est montée jusqu'à 1,50 m (1 m de moins qu'en 1964, où une centaine de voisins sinistrés s'entassèrent à l'étage). La **maison Quan Thang** (*77 Tran Phu*) est habitée par la même famille chinoise depuis le XVIIIe siècle.

Les tailleurs de Hoi An

Hoi An s'est fait une réputation pour sa soie et ses tailleurs, avec des tarifs plus attractifs qu'à Hanoi ou Hô Chi Minh-Ville. Bien que vous puissiez marchander, la qualité dépend en général du tarif que vous avez payé. Aussi, évitez les boutiques les moins chères. Une bonne adresse : A Dong (*62 Tran Hung Da*).

Les maisons communautaires Les Chinois de Hoi An venaient pour la plupart des provinces du sud de la Chine et se retrouvaient entre natifs d'une même région dans des maisons communautaires qui servaient à la fois de temple et de lieu d'accueil pour les négociants chinois de passage. Ces maisons, parfois appelées pagodes, ne sont cependant pas des temples bouddhiques.

Dans la **maison de la congrégation de Canton** (ou pagode Quang Trieu, *176 Tran Phu*), Quang Cong a l'honneur de l'autel central. Ce général chinois du IIe siècle, dont le visage rouge symbolise la loyauté et la droiture, est vénéré dans de nombreux temples au Vietnam et en Extrême-Orient. À sa gauche, l'autel de Thieu Hau, déesse de la

La calligraphie et la peinture sur soie s'affichent aux devantures des boutiques séculaires de Hoi An.

Mer, avec ses deux protecteurs – l'un peut voir, et l'autre entendre, à 1000 lieues. Un peu plus loin, la **maison des congrégations chinoises** (*62 Tran Phu*) enseigne toujours la langue aux Chinois de la ville.

Le **temple de Fujian** (ou pagode Phuoc Kien, *46 Tran Phu*), la plus opulente, est en retrait de la rue. Une simple porte, une cour, puis un triple portique aveuglant de modernité l'en séparent. On y vénère surtout Thien Hau, choix avisé pour un peuple de marins. Assise sur l'autel central, la statue porte des vêtements que l'on change chaque année. À sa droite, une maquette de la jonque typique des négociants chinois.

Édifiée en 1875, la **maison de la congrégation de Hainan** (*10 Tran Phu*) commémore le massacre de 108 négociants chinois par la marine de Tu Duc, en 1853. L'événement est relaté en caractères chinois sur le panneau de l'entrée. Le bâtiment voisin, assez dégradé, est le **temple de Minh Huong**.

Phuc Ba est la principale divinité de la **maison de la congrégation de Trieu Chau** (*157 Tran Phu*). L'encadrement de bois délicatement sculpté de l'autel présente des motifs de femmes et de crabes caractéristiques d'une pratique chinoise du milieu du XVIIIe siècle.

Autres sites à visiter Le **Musée historique et culturel** (*7 Nguyên Huê*) présente des cloches de bronze, des ossuaires sa huyn, des objets cham et une paire de volets provenant d'un marchand de vin, au 46 de la rue Nguyên Thi Hoc.

Au **musée de la Céramique** (*80 Tran Phu*), on verra essentiellement des vestiges de naufrages et des fragments de poterie ancienne. Le bâtiment lui-même, notamment les portes de balcon et les panneaux de bois, est un bel exemple de maison de bois traditionnelle. Celui qui héberge le **musée de Culture sa huyn** (*149 Tran Phu*) est un mélange de maison-couloir et d'architecture française. Les urnes funéraires et autres objets sa huyn découverts dans les dunes de sable avoisinantes sont exposés au rez-de-chaussée. À l'étage, la salle côté rue contient des objets de la guerre d'Indochine, celle du fond étant consacrée à la guerre avec les États-Unis (avec en particulier un plan manuscrit de Hoi An utilisé lors d'une attaque de la ville en 1969).

Au bout de la rue Tran Phu, **le pont Japonais** franchit un affluent de la rivière Thu Bon. Ce cours d'eau séparait jadis le quartier japonais, qui s'étendait le long de la rue Tran Phu, du quartier chinois. Le pont fut construit au milieu du XVIIe siècle, en même temps qu'un **temple taoïste** voisin. Celui-ci était dédié à un dieu dont on espérait la protection contre un monstre souterrain censé provoquer des séismes au Japon avec les mouvements de sa queue. Le monstre avait la tête au-dessous de l'Inde, mais le cœur au-dessous de Hoi An (d'où le temple). Chaque extrémité du pont est flanquée de deux statues, des singes d'un côté et des chiens de l'autre, qui représenteraient les années de début et de fin de la construction. Le panneau orné de calligraphie chinoise fut apposé par un seigneur Nguyên en 1791. Il désigne le pont comme celui des « gens venus de loin ».

My Son

Avec Angkor au Cambodge, Ayuthia en Thaïlande et Pagan au Myanmar, My Son, inscrit au Patrimoine mondial de l'Unesco, est l'un des sites archéologiques majeurs du Sud-Est asiatique. Ce vaste ensemble de sanctuaires construit à partir du IVe siècle dans un cirque montagneux, à 45 km de Hoi An, fut redécouvert par les Français en 1898. Extraites des temples par les archéologues, les sculptures les plus précieuses de My Son sont aujourd'hui exposées au musée d'Art cham de Da Nang et dans les musées historiques de Hanoi et Hô Chi Minh-Ville. Dans ce site classé, le visiteur ressent très fortement l'écho de son histoire.

Pendant mille ans, My Son fut le cœur et l'âme du Champa. C'est à la fin du IVe siècle que le roi cham Bhadravarman y établit le premier temple. Dès lors, excepté un intermède de deux siècles, entre les VIIIe et Xe siècles, My Son fut le centre spirituel du monde cham, et chaque souverain y ajouta au moins un édifice. Mais, au XIVe siècle,

My Son

N 129 C2

Informations touristiques

✉ My B My Son Sanctuary Management Board, quartier Duy Xuyen, Quang Nam

☎ 0510/3731-309

✉ 45 km au sud-ouest de Hoi An par la nationale 1 jusqu'à Duy Xuyen ; tourner à gauche et continuer sur 20 km.

€ € (y compris le transport entre le bureau de vente des billets et l'entrée)

À DÉCOUVRIR Des leçons de cuisine à Hoi An

Si, comme la plupart des visiteurs du Vietnam, vous appréciez les goûts raffinés et les préparations soignées de la cuisine vietnamienne, ne manquez pas l'occasion d'apprendre à préparer quelques plats ; vous les cuisinerez à votre retour et impressionnerez vos amis. L'école de cuisine de Pont Rouge (*www.visithoian.com*), à Hoi An, propose des cours à la journée, à la demi-journée et des cours du soir. Il suffira de remonter vos manches et de profiter de l'expérience de vos maîtres.

Sur un site attractif, à 4 km du centre-ville, on arrive à l'école en bateau et l'on découvre le jardin d'aromates avant d'aller au marché local acheter des ingrédients. Pendant deux à trois heures on apprend à préparer des plats tels le *pho* (soupe de nouilles au bœuf) et le *cha ca* (poisson dans un plat en terre cuite), avant d'évaluer la qualité du résultat en goûtant les plats. Les cours du soir sont organisés au Hai Café, dans le centre-ville (voir Informations pratiques p. 252).

un roi cham céda une partie du royaume contre la main d'une princesse vietnamienne, livrant My Son à l'oubli et aux ravages de la végétation. Après la découverte du site, un archéologue français identifia 71 vestiges classés en 14 groupes selon une nomenclature toujours en vigueur.

Jusqu'en 1945, les Français exhumèrent, étudièrent et cataloguèrent ces monuments. Vingt ans plus tard, le Viêt-cong fit de My Son un bastion, et les États-Unis déclenchèrent une campagne de bombardements qui fut fatale à de nombreuses constructions, dont les deux magnifiques *kalan*, ou temples-tours, des ensembles appelés A et E.

À SAVOIR

Les jeunes Vietnamiens de moins de 25 ans, qui représentent un tiers de la population, insufflent énergie et optimisme au pays.

Aujourd'hui, 20 des 71 vestiges cham sont demeurés plus ou moins intacts, pour la plupart dans les groupes B, C et D. Beaucoup de personnes viennent en visite organisée (€) depuis Hoi An, mais on peut aussi louer une voiture. Les plus matinaux éviteront la foule et la chaleur.

Dans **l'ensemble BCD**, remarquez l'absence de joints des temples. Les techniques de construction des Cham pour édifier des tours de briques sans mortier restent une énigme. Certains avancent qu'ils étaient capables de cuire sur place une tour de 30 m de haut, d'autres que les briques sont en réalité liées par un mortier à base de résine végétale et d'un mélange de chaux et de brique pilée ou d'argile.

Les styles architecturaux

Les bâtisseurs cham adoptèrent successivement sept styles architecturaux distincts, tous représentés à My Son. Dans le **groupe C**, le ***kalan* C1**, intact, fut construit vers la fin du xe siècle dans le style répertorié My Son A1. La toiture en forme de barque renversée fait exception à la norme classique de toiture pyramidale à trois étages. L'espace intérieur se révèle exigu, mais, après tout, ces temples étaient le territoire des brahmanes plutôt que celui des fidèles, car les Cham croyaient que leurs divinités se cachaient réellement dans les statues des sanctuaires.

La statue de Shiva qui se trouvait dans cette tour est aujourd'hui exposée au musée d'Art cham de Da Nang (voir p. 148-149). À proximité, le ***koshaghara*** (bibliothèque) **B5** du **groupe B** fait pendant à la toiture en carène de bateau du C1 et présente de nombreux traits du style My Son A1, notamment une élégante paire de pilastres. Entre ces pilastres, remarquez la position des personnages sur une feuille de lotus elle-même en équilibre sur une tête d'éléphant. Les Cham sculptaient directement ces ornements dans la brique friable une fois la construction terminée – les têtes, en grès, étant évidemment rajoutées

La végétation reprend le dessus sur ces temples cham vieux de 1 500 ans.

par la suite. Le B5 est également décoré d'un bas-relief représentant une paire d'éléphants aux trompes enroulées autour d'un cocotier.

Les archéologues français estimaient que les deux *mandapa* allongés, ou salles communes, appartenaient à un groupe distinct, qu'ils avaient nommé **groupe D**, à l'est des groupes B et C. Des études ultérieures ont montré que ces *mandapa*, D1 et D2, servaient aux fidèles pour préparer les offrandes avant d'entrer dans le temple. Les toitures de tuiles de ces bâtiments se sont effondrées depuis longtemps, et ils servent aujourd'hui de lieux d'exposition pour la statuaire qui n'a pas été transférée vers d'autres musées.

Depuis les temples D, traversez le ruisseau Suoi The, puis prenez à droite pour arriver aux temples très endommagés du **groupe A**, face au mont Rang Meo, ou « dent du chat » (750 m).

La perte la plus considérable subie à My Son est celle du ***kalan* A1**, qui mesurait 24 m de haut et 10 de large. Cette œuvre maîtresse de l'architecture cham dominait le site depuis près de 1000 ans lorsqu'elle fut pulvérisée par un bombardement américain à la fin de 1969. Une photo de la tour est exposée dans le musée. Les 13 amas de ruines sont envahis par la végétation.

En quittant l'ensemble BCD, le sentier oblique vers la gauche pour passer devant le **groupe G**, qui est en cours de restauration. Ensuite, après quelques minutes, le sentier conduit au **groupe E**, le plus vieil ensemble de My Son. Le ***kalan* E1** est une autre victime des bombardements de 1969. Entre E1 et E4, également endommagé, se trouvent deux cratères creusés par les bombes. Heureusement, le piédestal et le fronton magnifiques de E1 furent transportés bien avant la guerre au musée d'Art cham de Da Nang. **E7**, utilisé comme bibliothèque à la grande époque de My Son, est le monument le mieux conservé de cet ensemble. L'une des 31 stèles du site lui fait face. ■

Autres sites à visiter

Le mont Ba Na

En 1919, les Français fondèrent une station d'altitude sur le mont Ba Na (1 487 m) pour fuir la chaleur suffocante de Da Nang. Principales curiosités : une ligne de téléphérique de 800 m, des chemins de randonnée, les ruines des villas coloniales et diverses cascades. Du sommet, vous aurez une vue sur l'océan et le fleuve Han.
danangtourism.gov.vn
129 C3 **Informations touristiques**
Da Nang Tourism, 32A Phan Dinh Phung
0511/3550-111

Les îles Cham

À 15 km au large de Hoi An se trouvent sept îlots peu fréquentés. Les coraux abondent dans les eaux limpides qui bordent Lao (poire), le plus étendu. Chaque printemps, les habitants récoltent les nids d'oiseaux qui entrent dans la composition des soupes et des remèdes. À 2 heures et demie de Hoi An (30 minutes en vedette).
129 D3 **Informations touristiques**
10 Tran Hung Dao 0510/3910-911

La péninsule de Son Tra

Cette péninsule montagneuse ferme la baie de Da Nang à l'ouest et China Beach au sud. Ses anses sont envahies par des stations touristiques. Dominant ce relief, la **montagne de Son Tra** (693 m) est au cœur d'une réserve où vivent des gibbons argentés de Java. Son Tra abrite aussi le **Tombeau espagnol**, un ossuaire de 12 m contenant les restes des soldats espagnols et français morts pendant la campagne de Da Nang (1858-1860).
129 C3 Tombeau espagnol : depuis le pont de la rivière Han, suivre Ngo Quyen, tourner dans Yet Kieu, puis continuer 8 km jusqu'à Tien Sa

À SAVOIR

Si vous visitez Da Nang, rendez-vous à la nouvelle réserve naturelle de Son Tra, qui accueille la plus grande concentration d'une espèce en danger, le douc langur.

Tra Kieu

Du IVe au XIe siècle, les Cham eurent leur capitale à Simhapura (citadelle du lion), sur le site actuel de Tra Kieu, à 16 km au nord-est de My Son. On peut s'y arrêter sur le trajet My Son-Da Nang. De la citadelle ne subsistent que quelques morceaux de remparts et de garde-corps ainsi que des traces de l'enceinte, mais le musée d'Art cham de Da Nang (voir p. 148-149) regorge de sculptures exhumées ici, dont la danseuse de Tra Kieu.
hoiantrravel.com
129 C2 **Informations touristiques**
10 Tran Hung Dao 0510/3910-911. ■

La culture cham aujourd'hui

Si désormais les Cham ne se distinguent plus physiquement des Vietnamiens, on assiste depuis quelques années à la résurgence de la culture cham. De nombreuses tours, en particulier le long du littoral du Centre, ont ainsi été restaurées. La fête du Katê (Nouvel An cham), qui a lieu vers le mois d'octobre, se concentre autour des tours de Po Klong Garai (voir p. 170-171) et inclut des musiques et danses traditionnelles cham, ainsi qu'une procession colorée.

Une région aux plages de sable doré et aux eaux turquoise, qui évoque la splendeur passée du royaume du Champa.

Le littoral du Centre-Sud

Étoiles de mer sur une plage de Phan Thiet

Le littoral du Centre-Sud

Du Quang Ngai au nord au Binh Thuan au sud, le littoral du Centre-Sud forme un arc de six provinces dont les rivages de sable, les eaux côtières et les promontoires escarpés contribuent aujourd'hui à redessiner l'image du Vietnam dans le monde. Jusqu'au XIVe siècle, cette zone appartenait au royaume des Cham, dont les magnifiques tours se dressent encore en plusieurs points. La plupart des curiosités de la région, et la population elle-même, sont concentrées près des côtes.

Traditionnels bateaux-paniers de bambou tressé enduit de poix, à l'ancre, près de Mui Ne

Ne cherchez pas ici des eaux couleur d'azur ou des baies paisibles. Le littoral du Centre-Sud borde une large zone du Pacifique où le surf s'avère plus acrobatique que grandiose. Regardez plutôt la haute silhouette des cocotiers sur le sable blanc, les torrents jaillissant du flanc verdoyant des collines et les petites routes du bord de mer qui traversent des villages de pêcheurs où se serrent les bateaux peints de couleurs vives.

Nha Trang est la reine des grandes plages vietnamiennes, et la seule ville côtière qui allie les plaisirs de la vie nocturne à un ensoleillement exceptionnel. Sa plage municipale est connue dans le monde entier, et les récifs de coraux qui bordent ses îles comptent parmi les plus beaux du pays.

Cette magnifique région a connu de terribles combats, notamment pendant la guerre contre les Américains. Ceux-ci avaient construit une base aérienne à Phan Rang, une base opérationnelle à Chu Lai, au sud de la province de Quang Ngai, et une grosse base logistique dans la baie de Cam Ranh. C'est dans deux hameaux de My Lai, dans la province de Quang Ngai, que le comble de l'horreur fut atteint. Un imposant mémorial y commémore le massacre de 1968.

Au nord de Nha Trang, la côte peu fréquentée de Khanh Hoa est bordée de sable blanc à Doc Let et dans la baie de Van Phong, qui intrigua tant Jacques-Yves Cousteau. My Lai se trouve également ici.

De toutes les tours cham encore debout, celles de Po Klong Garai produisent l'effet d'ensemble le plus saisissant. Non loin, Phan Rang concentre la moitié de la population ethniquement reconnaissable des Cham du

À NE PAS MANQUER

Vietnam. La ville s'enorgueillit aussi d'une des plages les plus belles et les moins fréquentées du pays, Ninh Chu.

Plus au sud, les plages de la province de Binh Thuan, notamment Mui Ne, connaissent un développement rapide et assez harmonieux depuis le milieu des années 1990. Au nord de la capitale provinciale, Phan Thiet, les tours de Po Shanu témoignent de la gloire passée du Champa, qui vit fondre son territoire au rythme de l'avancée vietnamienne vers le sud.

Bien que, géographiquement, Vung Tau appartienne au Sud proprement dit plutôt qu'au littoral du Centre-Sud, elle prolonge la région touristique des plages. Appelée Cap-Saint-Jacques par les Français, qui mirent en valeur son cachet maritime à la fin du XIXe siècle, elle attire aujourd'hui principalement des baigneurs vietnamiens. À deux pas de Hô Chi Minh-Ville, la ville offre un excellent point de départ pour un séjour de découverte du littoral. ■

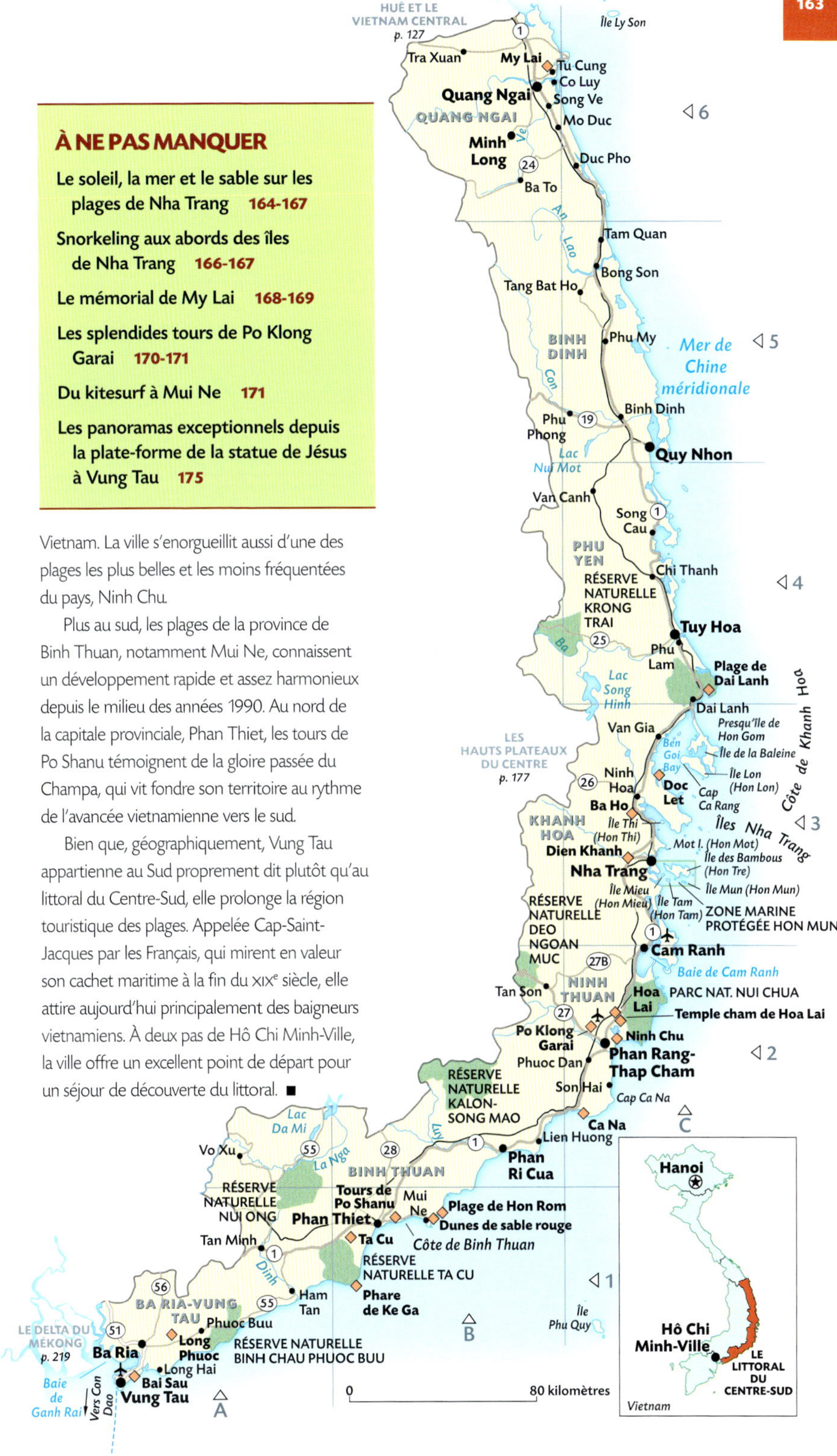

Nha Trang et les îles

La plage de Nha Trang, ses soirées festives et sa nonchalance, ainsi que les îles voisines et la côte de Khanh Hoa offrent un antidote bienvenu à l'effervescence de Hô Chi Minh-Ville et à l'épuisement mental qui guette l'amateur invétéré de pagodes. Un remarquable ensemble de tours cham et deux musées passionnants justifient amplement la visite.

Les tours cham de Po Nagar

Nha Trang
163 C3
Informations touristiques
Khanh Hoa Tourism, 1 Trân Hung Dao
058/3528-100
nhatrangtourism.vn

Tours cham de Po Nagar
2 Thang 4, près du pont Xom Bong

Nha Trang

Nha Trang est une plage de sable doré baignée par des eaux turquoise qui dessine une courbe de 7 km entre deux promontoires rocheux. Elle est bordée par l'avenue Tran Phu, qui sépare une barre d'hôtels d'une promenade plantée de cocotiers le long du rivage.

Sur le promontoire sud s'élèvent les **villas de Bao Dai**, où le dernier empereur du Vietnam venait se détendre, un ensemble de style colonial transformé en hôtel. Au nord, des marches descendent du promontoire de **Hon Chong** jusqu'à un amas de rochers où l'on raconte que les fées jouaient nues ; un géant aurait perdu l'équilibre en les épiant, et laissé sur un gros rocher l'empreinte de sa main.

Les tours cham de Po Nagar

Près de Hon Chong, perchées sur une colline dominant la rivière Cai, se dressent ces tours (€). On y célèbre le culte de la déesse mère à dix bras qui initia les Cham à la riziculture et au tissage. En 774, le sanctuaire primitif, construit en bois, fut détruit par une invasion javanaise. Moins d'une décennie plus tard, les Cham avaient achevé une première tour de pierre et un *mandapa* (salle commune), dont la toiture en forme de barque renversée reposait sur 24 colonnes. Le toit a disparu, mais 14 colonnes ont subsisté.

La plus imposante des quatre tours encore existantes, **Thap Ba**, est un *kalan* du XIe siècle de 23 m de haut. À l'intérieur, drapée dans un sarong jaune, Po Nagar trône dans l'obscurité. La statue fut sculptée avec son piédestal et sa stèle dans un monolithe en 965. La tête fut découpée par les Français en 1946 et remplacée par une tête de style vietnamien. Remarquez en entrant les inscriptions en écriture cham, gravées sur le linteau et les pilastres ainsi que la gracieuse apsara au-dessus du linteau.

Sur la face arrière de la **tour nord-ouest**, à toiture en forme de barque renversée, un personnage assis en tailleur sur un éléphant porte une lance et une arme courte, symbolisant le dieu Indra. Bien que cette tour du Xe siècle renferme aujourd'hui une statue de Po Nagar ainsi qu'un *linga-yoni*, elle était à l'origine consacrée à Sandhaka. Le **temple sud** est dédié à Ganesh.

À voir également De l'autre côté de la rivière Cai, perché sur une colline, un bouddha d'un blanc étincelant veille sur la ville. Depuis la **pagode Long Son**, on accède par une série de marches à cette statue de 24 m érigée en 1964 pour protester contre la répression antibouddhiste du président sud-vietnamien Ngô Dinh Diêm. Sur sa base octogonale, huit bustes de bronze, chacun entouré d'un halo de flammes, représentent les huit bonzes qui s'immolèrent par le feu en 1963. Un bouddha couché sculpté dans la pierre locale se trouve en contrebas.

Une ville pour faire la fête

Nha Trang est certainement la station balnéaire la plus connue du Vietnam, mais pas uniquement pour le soleil et le surf. C'est aussi le meilleur endroit pour faire la fête ; de nombreux bars dans le quartier financier et le long de la plage, comme le Louisiane Brewhouse (voir p. 254), proposent musique et boissons pour mettre dans l'ambiance. Certains lieux restent ouverts toute la nuit, et les fêtards vont du bar à la plage, dès le lever du soleil.

Le **musée Alexandre Yersin** (*Tran Phu, fermé sam. et dim., €*) consacre une rétrospective passionnante au médecin d'origine suisse (1863-1943) qui passa la plus grande partie de sa vie à Nha Trang et identifia l'agent pathogène de la peste bubonique de 1896. Sont notamment exposés la bibliothèque, des meubles et des instruments de Yersin, ainsi que des cartes manuscrites de ses expéditions de 1892 à 1894, au cours desquelles il repéra le site qui devint plus tard Dalat (1893).

En route vers les îles de Nha Trang

Institut océanographique

À l'extrémité sud de Tran Phu, près du port de Nha Trang

€

Îles de Nha Trang

163 C3

Informations touristiques

Khanh Hoa Tourism, 1 Trân Hung Dao, Nha Trang

058/3528-100

Au sud de la ville, l'**Institut océanographique** occupe un bâtiment colonial de 1923. Le principal intérêt de son musée est un squelette de baleine à bosses. Une salle accueille 8000 spécimens marins en bocaux alignés sur des rayonnages; au deuxième étage du vieux bâtiment sont exposés des cartes anciennes, un globe terrestre et des livres de marine du XVIIIe siècle.

Les îles de Nha Trang

Par beau temps, une flottille de bateaux à moteur en bois met le cap sur un chapelet d'îles entourées de rochers, pour la plupart inhabitées. Après avoir plongé dans les récifs de coraux, les passagers débarquent sur une île proposant des sports nautiques. Très prisées, ces croisières s'animent et prennent des airs de fête à midi.

Plusieurs compagnies organisent des croisières dans la baie avec orchestre, buffet et bière à bord. Sachez que les équipages préfèrent faire la fête avec les passagers que les renseigner sur la flore et la faune. On peut aussi louer son propre bateau pour un prix raisonnable (*renseignements chez les vendeurs d'excursions de la rue Biet Thu*).

L'île la plus grande et la moins fréquentée est **Hon Tre**, dont la pointe culmine à 180 m au-dessus de la baie et qui n'est reliée au continent que par un téléphérique (€€€€€ *y compris l'entrée au parc Vinpearl*). Le gigantesque parc d'attractions propose des loisirs nautiques et de nombreux jeux. Idéal si vous avez de jeunes enfants.

À 6 km au sud-est de l'embarcadère, **Hon Mun** est le meilleur site de snorkeling. Des bouées protègent ses 350 espèces coralliennes des bateaux. Un millier d'espèces de poissons évoluent parmi ces récifs. On aperçoit au loin l'**île des Salanganes (Hon Yen)**, où les Vietnamiens récoltent les nids de la « soupe aux nids d'hirondelles ». À midi, les bateaux de croisière se regroupent devant **Hon Mot** pour le déjeuner. La plage de galets n'incite guère à la sieste, mais les fonds marins justifient le masque et le tuba.

Jacques-Yves Cousteau

Le célèbre océanographe explora les fonds sous-marins de Khanh Hoa et de la baie de Van Phong en 1933, alors qu'il était jeune officier de la marine. Les Français établissaient alors la carte de la baie, connue sous le nom de Port Dayot, pour construire une base navale qui ne vit jamais le jour. C'est la découverte de ce milieu corallien qui révéla à Jacques-Yves Cousteau sa vocation.

Hon Tam propose une plage de sable blanc, du parachute ascensionnel, du ski nautique et du Jet-Ski. On peut aussi louer une paillote sur la plage. Plus près du continent, vous pourrez voir à **Hon Mieu** les pêcheurs débarquer leurs prises de bateaux aux couleurs vives. Le poisson frais et les terrasses au bord de l'eau des restaurants sont alléchants. Si votre bateau accoste à **Tri Nguyên**, de l'autre côté de l'île, visitez l'aquarium.

La côte de Khanh Hoa

Au nord de Nha Trang, la zone côtière de Khanh Hoa est une région encore peu développée de plages de sable blanc, de péninsules sauvages, de promontoires rocheux et de torrents.

À 80 km au nord de Nha Trang, la plage de **Dai Lanh** s'étend sur 1 km entre une baie aux eaux transparentes et des collines boisées. Ce site réputé a même été immortalisé sur l'une des neuf urnes dynastiques du temple The Mieu de Huê (voir p. 135). Au sud, une route s'enfonce dans la longue péninsule de sable de **Hon Gom** jusqu'au village de pêcheurs de Dam Mon. Au-delà du poste de garde-côtes, à 18 km de la nationale 1, le relief s'élève jusqu'à des promontoires couverts de fourrés et sans routes.

Au large, sur l'**île de la Baleine** (voir p. 256), une société française d'écotourisme a bâti en bord de plage des bungalows en bambou et tracé un circuit pédestre de 5 km dans le sous-bois peuplé de petits cervidés et de perroquets. Plus au sud, le sable blanc de **Doc Let**, la plus belle péninsule de Khanh Hoa, s'étire sur 7 km à l'ombre des filaos et des cocotiers, entre le cap Ca Rang au nord et un chantier naval au sud. Au nord-est **Hon Lon** est la plus grande île de la province.

Dans les terres, à 15 km au sud de Ninh Hoa, un torrent se déverse dans trois bassins naturels aux chutes de **Ba Ho** (trois lacs). On atteint le premier après 650 m de piste ; les deux autres sont plus en amont. Près de Ba Ho, on peut prendre le ferry à Da Chong pour aller voir les autruches et les cerfs de l'île de **Hon Thi** ; non loin, les cascades de **Suoi Hoa Lan** sont propices à la baignade. Les touristes locaux raffolent des numéros de cirque avec singes, chiens et ours de l'**île aux Singes**. ■

Côte de Khanh Hoa

🅽 163 C3-C4

Informations touristiques

✉ Khanh Hoa Tourism, 1 Trân Hung Dao, Nha Trang

☎ 058/3528-100

Île de la Baleine

🅽 163 C3

✉ 2 Me Linh, Nha Trang

☎ 058/3840-501

www.whaleislandresort.com

À NOTER : compagnies de Nha Trang : **Con Se Tre** (100/16 Tran Phu, tél. 058/3527-522) **Mama Linh Café** (2A Hung Vuong, tél. 058/3522-844) **Hanh Café** (10 Hung Vuong, tél. 058/3527-466) **Number 4 Boat Trip** (6 Tran Phu, tél. 058/3816-097)

My Lai

Plus connus sous le nom de My Lai, les hameaux de Tu Cung et Co Luy se trouvent à 13 km au nord-est de Quang Ngai. C'est ici que le 16 mars 1968 les soldats d'une unité de l'armée américaine violèrent, torturèrent et assassinèrent 504 civils vietnamiens, pour la plupart des femmes, des enfants et des vieillards. Le site du massacre abrite désormais un mémorial qui rend hommage aux victimes et produit une forte impression.

Des statues immortalisent les 504 villageois massacrés dans les hameaux de Tu Cung et Co Luy, connus sous le nom de My Lai.

My Lai
163 B6

Mémorial de Son My
Tu Cung Hamlet
€

Un commandement insuffisant, des soldats frustrés, une police militaire américaine tolérant l'existence de zones de « tir à volonté » : voilà pour le contexte. Si le massacre de My Lai n'a pas été la seule atrocité commise par les Américains pendant le conflit, il demeure le plus monstrueux et le mieux connu. Les documents relatifs à l'événement constituent la base du musée qui a ouvert ses portes à **Son My**, dans le hameau de Tu Cung, en 2005, remplaçant un mémorial moins important.

Le bâtiment, carré, austère, fait de blocs de pierre sombre, sans fenêtre, évoque un mausolée; il est en parfaite adéquation avec son contenu. L'édifice se trouve aux abords de Tu Cung, une commune de Thuan Yen donnant sur un fossé d'irrigation large de 1,50 m, où 170 personnes furent fusillées par des soldats américains. Après l'escalier extérieur, un deuxième mène à la galerie du niveau supérieur et au mur de granit noir sur lequel figurent le nom, l'âge et le sexe de chaque victime.

La partie la plus terrible de l'exposition commence sur la gauche du mur comportant les noms : 51 agrandissements photographiques relatent de manière on ne peut plus réaliste les événements qui eurent lieu ce jour-là, de l'arrivée des troupes en hélicoptère au V de la victoire lancé par le lieutenant Calley. Ces photos choquèrent le monde entier après leur publication dans le magazine *Life*, en 1970. Parmi les plus connues, celles d'un groupe de 15 femmes et enfants, blottis les uns contre les autres, juste avant leur exécution, celle de deux garçons recroquevillés sur le sol avant d'être abattus et celle des innombrables cadavres jonchant la route. Après les clichés, un diorama montre les soldats massacrant les civils dans le canal d'irrigation.

Parmi les autres objets exposés : un diorama présente une vue aérienne de Tu Cung (My Lai 4 pour les GI), des coupures de presse jaunies qui montrent comment l'événement fut couvert dans le monde entier et des photos de Vo Thi Lien, une jeune fille qui échappa au massacre et dont l'histoire fut largement reprise par la propagande communiste, ou encore le chausson rouge que portait Truong Thi Khai, une fillette de quatre ans, tuée à Thuan Yen.

Le mémorial en plein air

Un sentier serpente parmi les fondations reconstruites des **19 maisons dévastées** à Thuan Yen. Des empreintes de bottes, de pieds, des pneus de bicyclette y ont été reproduites dans le béton et donnent une image réaliste de ce que devait être le petit chemin boueux ce matin-là. À côté des fondations de chaque maisonnette, un panneau indique les nom, âge et sexe de tous ceux qui vivaient là et périrent non loin.

Remarquez les impacts de balles dans les cocotiers, le splendide banian qui a survécu à l'incendie du village et les deux terrains qui abritent 21 tombes. Le canal d'irrigation a été cimenté, afin de conserver la taille qu'il avait en 1968. Au centre du parc, une statue en béton, érigée en 1982, figure une femme tenant dans un bras un bébé mort et levant son autre bras dans un signe de défiance, avec à ses pieds deux garçons recroquevillés : tous ces personnages ont été inspirés par des photos.

Témoignage

Depuis 2000, les visites sont assurées par Kieu, une jeune femme passionnée dont la mère échappa à la tuerie de Co Luy, en se cachant avec sa sœur et sa mère dans un bunker.

Au-delà de l'enceinte, une piste étroite conduit à l'ancien mémorial et bifurque sur la gauche à travers les rizières de **Tu Cung**. La plupart des survivants du massacre vivent toujours dans cet écart. À quelque 90 m de la rizière, on peut voir plusieurs bornes en pierre. Sur la droite du sentier, les fondations d'une tour de guet apparaissent : les soldats y avaient installé une mitrailleuse et tué 102 personnes. Plus loin sur la droite, on découvre le fromager tristement célèbre au pied duquel 15 femmes et enfants furent exécutés après avoir été pris en photo, et dans la cour de la maison juste en face, le puits où fut jeté un homme de 72 ans. ■

De Phan Rang à Vung Tau

L'étroite bande de terre au sud, de Phan Rang (capitale de Ninh Thuan) à Vung Tau (cité touristique sur le delta du Mékong), offre de nombreux attraits : la plus grande concentration de populations hindoues cham et de splendides tours du XIIIe siècle préservées, à Phan Rang ; un climat ensoleillé et des vents favorables au tourisme côtier à Binh Thuan ; un des plus imposants bouddhas couchés du Sud-Est asiatique et des vestiges de l'histoire du Viêt-Cong.

Les glissades sur les dunes de sable rouge au nord de Mui Ne rencontrent un franc succès.

Phan Rang
163 C2
Informations touristiques
Ninh Thuan Tourist, 16 Thang 4
068/3822-627
ninhthuantourist.com

Phan Rang

Phan Rang, où vit une importante population cham, possède un marché intéressant sur Thong Nhat. Le boulevard du 16-Avril, baptisé ainsi en souvenir du jour de 1975 où les forces nord-vietnamiennes reprirent le contrôle de la ville, débouche sur Yen Ninh, une avenue qui borde l'immense plage de **Ninh Chu**, longue bande pentue de sable brun de 10 km. Avec ses différents parcs d'attractions, l'endroit, fréquenté en son temps par l'ancien président Nguyên Van Thiêu, attire aujourd'hui les Vietnamiens en villégiature.

À Thap Cham (9 km à l'ouest de Phan Rang), le temple de **Po Klong Garai** (€) abrite les tours les plus impressionnantes du pays. Dédié à un souverain du XIIe siècle qui conçut un système d'irrigation efficace, cet ensemble du XIIIe siècle comprend un *kalan* de 21 m, dont le toit et les statues en bas-relief sont d'origine, et un *mandapa* au toit en forme de barque renversée.

La porte du *kalan* principal est surmontée d'une statue de Po Klaun Tri, le gardien du temple, et d'une statue de Shiva dansant à six bras; quatre arcatures ornées de fioritures en forme de flamme, caractéristiques de l'architecture des XIIIe et XIVe siècles, sont superposées au pignon du vestibule. À chaque angle du toit, se dressent des tours plus petites couronnées de fleurs de lotus. À l'intérieur, l'imposant *linga* a pris les traits d'un roi local.

Chaque année, pendant la fête du Kate, une procession de fidèles porte au temple les vêtements du roi Po Klong Garai.

À 14 km au nord de la ville, les deux tours restaurées du temple cham de **Hoa Lai** se dressent le long de la nationale 1. Les pilastres, sur lesquels figurent notamment Garuda et un dieu chevauchant un tigre, sont bien conservés, mais le site n'est pas visible depuis la route.

La côte de Binh Thuan

Le littoral entre Phan Thiet et Mui Ne, qui n'a guère intéressé les touristes jusqu'au milieu des années 1990, est devenu, grâce à son microclimat exceptionnel au Vietnam et sa proximité d'Hô Chi Minh-Ville, l'une des zones balnéaires les plus recherchées par les amateurs de soleil et le principal rival de Nha Trang. Également réputée pour ses fruits du dragon (*thanh long*), son *nuoc-mâm* et ses dunes de sable, cette région aride abrite plusieurs témoignages intéressants de la civilisation cham et de l'époque coloniale.

Le nord de Phan Thiet Il a fallu l'éclipse solaire de 1995 pour attirer les touristes sur la somptueuse plage de sable de **Mui Ne**, longue de 19 km, mais aussi... les promoteurs. Ces derniers ont heureusement privilégié les complexes hôteliers « à l'horizontale », qui s'inscrivent au cœur de jardins et se succèdent entre la mer et la route côtière bordée de cocotiers. Presque chaque établissement possède une plage privée sur Mui Ne et sur la côte plus rocheuse au sud de Phan Thiet. Les vents constants font la joie des amateurs de windsurf et de kitesurf.

Situé dans la zone halieutique la plus riche du pays, le village de pêcheurs de Mui Ne ne possède pas de véritable intérêt, si ce n'est sa flottille d'embarcations de couleur

(*suite p. 173*)

Côte de Binh Thuan

163 B1

Informations touristiques

Association Binh Thuan Tourist, 97 Nguyen Dinh, Chieut

062/3741-093

À DÉCOUVRIR
Du kitesurf à Mui Ne

Depuis 10 ans, le kitesurf est devenu l'un des sports extrêmes les plus populaires; il compte aujourd'hui plus de 200 000 amateurs dans le monde entier. Centre de windsurf déjà réputé au Vietnam, Mui Ne est devenu l'endroit idéal pour pratiquer le kitesurf, avec des vents supérieurs à 12 nœuds, sur plus de 200 jours par an.

L'équipement peut être loué dans des lieux comme Jibes's Beach Club (*90 Nguyên Dinh Chieu, www.windsurf-vietnam.com*), un bar de bord de mer agréable, qui accueille aussi des fêtes spontanées, en soirée. Des formations sont également proposées. Vous devrez maîtriser certaines procédures de sécurité avant de vous élancer, mais une fois que vous y serez, vous ne voudrez plus rentrer.

Le royaume du Champa

Royaume de culture hindouiste, le Champa prospéra le long du littoral du Centre-Sud entre le VIIe siècle et la destruction de sa capitale par les Vietnamiens en 1471. Le patrimoine archéologique des Cham comprend une importante statuaire de grès et les tours-temples de Phan Rang, Nha Trang, My Son et autres sites disséminés sur le littoral.

Contrairement aux Viêts, qui ont subi depuis toujours l'attraction de la Chine, les Cham sont influencés par la culture indienne. Ils vénéraient les dieux de l'hindouisme, Shiva, Brahma et Vishnou, utilisaient une écriture dérivée du sanskrit et fondaient leur organisation sociale sur le système indien des castes. Pour autant, ils n'étaient pas fermés aux influences étrangères : dès les IXe et Xe siècles, le bouddhisme commença à imprégner l'art cham ; plus tard, de nombreux Cham se convertirent à l'islam.

Le peuple cham fut souvent en guerre contre les Chinois, qui mirent à sac la capitale du Linyi, ancêtre du Champa, en 446. Au VIIIe siècle, les Javanais détruisirent les temples de Po Nagar, près de l'actuelle Nha Trang. Cependant, l'expansion des Cham se poursuivait au nord et au sud. Au Xe siècle, ils représentaient avec les Khmers la principale puissance de l'Asie du Sud-Est après la Chine.

Leur art est l'aspect le plus étudié de leur civilisation, grâce à l'abondante statuaire qui a été conservée. Mais on connaît mal leur société, leur religion et leur langue. Ils sont mentionnés par Marco Polo ainsi que par les marchands arabes qui recherchaient particulièrement le bois de santal, le cinnamome, l'ivoire, la corne de rhinocéros et la porcelaine vernissée du Champa.

Les archéologues ont envoyé les plus belles pièces cham, telle cette déesse assise, de My Son au musée d'Art cham de Da Nang.

Entre le XIe et le XVe siècle, période de maturation du Vietnam indépendant, les élites vietnamiennes cultivées subirent profondément l'influence des Cham. Néanmoins, la structure confédérale très souple du Champa fut un handicap face aux Vietnamiens qui convoitaient son territoire depuis qu'ils s'étaient débarrassés de leurs maîtres chinois au Xe siècle.

Face à l'expansionnisme vietnamien, les Cham transférèrent leur capitale d'Indrapura à Vijaya, au sud, dans la province actuelle de Binh Dinh. Et, s'ils cédèrent la région de Huê à l'occasion d'un mariage royal avec une princesse vietnamienne, ils marquèrent aussi des points en tuant un roi Tran en 1377 et en pillant plusieurs villes au cours du XIVe siècle.

La punition fut terrible. Le roi Lê Thanh Tông rasa Vijaya, décapita 40000 Cham et en déporta 30000 autres, mettant fin à 1100 ans de domination hindouiste sur l'est de la péninsule indochinoise.

Les Cham conservèrent plusieurs siècles un semblant d'autonomie, mais l'âge d'or des bâtisseurs de temples était révolu. En 1653, l'occupation vietnamienne s'étendait au sud jusqu'à Cam Ranh, ne laissant aux Cham que deux provinces. L'empereur Minh Mang balaya les derniers vestiges de la souveraineté cham en 1832.

bleu ciel amarrées non loin de la plage (vous verrez le même genre de spectacle à Phan Thiet, depuis le pont Trân Hung Dao).

Au nord du village s'élèvent des **dunes de sable rouge**, dignes des déserts d'Arabie. Les mordus de ski les dévalent sur des luges en plastique louées aux enfants des environs.

Plus au nord, au-delà de la plage, à **Hon Ron**, des buissons de *so do* ponctuent le paysage, et à **Bau Trang** (lac blanc), plusieurs plans d'eau surgissent au milieu des dunes blanches. Les habitants de la région ont baptisé la dune la plus haute **Bui Trinh Nu** (colline vierge), un surnom discutable depuis que des excursions en 4 x 4 sont organisées dans les environs. En avril, les lotus en fleur sur les rives des lacs produisent des graines qui entrent dans la composition de divers mets.

À 18 km au sud de Mui Ne, non loin de Phan Thiet, les trois tours de **Po Shanu** se dressent au sommet de la colline de Ba Nai, à la frontière sud de l'ancien royaume du Champa. Érigées au VIIIe siècle et empreintes tout à la fois du style cham et du style khmer, elles sont parmi les tours cham les plus anciennes du pays. Le *kalan* (15 m) au sud est dédié à l'un des fils de Po Nagar (voir p. 164-165), tandis que le complexe dans son ensemble rend hommage à Po Shanu, une reine cham célèbre pour sa vertu et sa délicatesse.

À courte distance, de part et d'autre des tours, vous verrez des terrains de golf, reflet du passage du spiritualisme au récréatif. Vers l'ouest, le Sea links Golf domine l'océan et, à l'est, l'Ocean Dunes Golf fut conçu par Nick Faldo, récompensé plusieurs fois. Ces deux endroits abritent chacun un complexe hôtelier de luxe.

Phan Thiet Le **temple Van Thuy Tu** héberge le squelette de la nageoire d'une baleine de 22 m qui s'échoua dans les environs en 1893. Les villageois enterrèrent, en grande cérémonie, le cétacé non loin du rivage puis exhumèrent le squelette trois ans plus tard. Au Vietnam, on ne mange pas de baleines, que l'on considère comme des protectrices des pêcheurs en mer.

À SAVOIR

Gardez à l'esprit que les temps sont des lieux sacrés : veillez à couvrir vos genoux et vos épaules.

La rivière Ca Ty traverse Phan Thiet ; sur l'une des rives se trouve un château d'eau orné de chinoiseries datant de l'époque coloniale. À Le Hong Phong, à 200 m en amont du pont, on peut voir l'**école Duc Thanh**. En 1911, le jeune Hô Chi Minh enseigna dans cette école privée le chinois et le *quôc-ngu* (voir p. 50). Aujourd'hui, bancs en bois verni et pupitres à encrier évoquent une époque révolue. De l'autre côté de la rue, le **musée Hô Chi Minh**, construit en 1968, renferme des souvenirs hétéroclites.

Po Shanu
163 B1
Ba Nai Hill, Phu Hai
€

Temple Van Thuy Tu
54 Ngu Ong, Phong Thiet
€

École Duc Thanh
41 Trung Nhi, Phong Thiet
€

Ta Cu
163 B1
Informations touristiques
Ta Cu Tourist
062/3867-484
tacutourist.com

Long Phuoc
163 A1
26 km au nord de Long Hai
€

Vung Tau
163 A1
Informations touristiques
Vung Tau Tourist, 29 Trân Hung Dao
064/3856-445
vungtautourist.com.vn

Ta Cu

L'un des deux plus grands bouddhas couchés d'Asie du Sud-Est repose au sommet de cette petite montagne, sur la nationale 1, à 30 km de Phan Thiet. Vous atteindrez l'imposante statue – 49 m de long et 10 m de haut – au terme de deux heures de marche à travers la **réserve naturelle de Ta Cu** (25 000 ha; 475 m de dénivelé) ou d'un trajet de 8 minutes à bord d'un téléphérique (€) construit par des Autrichiens. Celui-ci arrive au niveau d'une **pagode** du XIXe siècle et de trois statues de divinités bouddhiques. La vue sur les environs de Binh Thuan, le **phare de Ke Ga** et la côte mérite le déplacement.

Bateaux-paniers

Ces petites embarcations que les pêcheurs font avancer avec une seule rame sont courantes sur le littoral du centre-sud du Vietnam. Il faut environ une semaine pour les fabriquer et étanchéifier le bambou tressé grâce à une sorte de poix tirée d'un arbre, le *dau trai*. Vendus environ deux à trois millions de dongs pièce (100-150 €), les bateaux sont fabriqués à Phan Thiet dans le parc du temple Van Thuy Tu et les rues voisines.

Long Phuoc

Bien qu'ils ne soient comparables aux tunnels de Cu Chi (voir p. 214-215) ni par leur taille ni par leur rôle stratégique, les tunnels de Long Phuoc n'en constituent pas moins d'intéressants témoignages de la détermination qui animait les combattants du Viêt-cong. Ces galeries de 2,5 km, creusées pour la première en 1948 et la plus longue à partir de 1963, se trouvaient seulement à 300 m de la base de Nui Dat, depuis laquelle patrouillaient des soldats américains et australiens. Bétonnés en 1993, les ouvrages ont alors été ouverts au public.

Un circuit de 400 m permet de découvrir les aménagements souterrains et les postes de tir d'où les hommes du Viêt-cong tendaient leurs embuscades.

Vung Tau

Vung Tau est un peu aux habitants d'Hô Chi Minh-Ville ce que Deauville est aux Parisiens : une station balnéaire facilement accessible depuis une grande ville. L'histoire du lieu est plus intéressante que sa plage et son atmosphère plus festive que magique. La ville s'étire entre Nui Nho (petite montagne) et Nui Lon (grande montagne), où se trouvent la statue du Christ géant et la Villa blanche. La ville même abrite aussi un certain nombre de beaux édifices coloniaux et possède une ambiance agréable.

En 1898, les Français construisirent **Bach Dinh** (Villa blanche) à l'emplacement d'un fort impérial connu pour avoir été le premier bastion de la résistance aux colonisateurs en 1859. Bâti pour servir de résidence de villégiature au gouverneur général français, le

Depuis le début des années 1970, une immense statue du Christ attire les visiteurs à Vung Tau.

palais fut ensuite transformé en une confortable prison où fut détenu Thanh Thai, l'empereur déposé. L'édifice, entouré d'un jardin de frangipaniers, est aujourd'hui un **musée** *(Tran Phu, €)*, où sont notamment exposées des porcelaines chinoises récupérées sur l'épave d'un navire qui fit naufrage vers 1690.

En ville, promenez-vous dans la rue **Trân Hung Dao** et admirez les bâtiments datant de 1911 et 1915. Tournez à gauche dans la rue Ha Long pour atteindre l'**église catholique Vung Tau**, construite en 1942 selon les plans d'un architecte français. À côté se trouve l'ancien Opéra, reconnaissable à ses deux tourelles, aujourd'hui transformé en école d'anglais. À l'extrémité sud de la rue, une immense statue de Tran Hung Dao s'élève sur un promontoire, au milieu d'un petit parc.

En sortant de la ville, vers le sud, vous arriverez à la petite plage rocheuse de **Bai Dua**, dominée par un phare, puis à plusieurs temples et pagodes. Une immense **statue du Christ** (28 m) se dresse à la pointe du promontoire et semble implorer la mer. Érigée au début des années 1970, la construction abrite un escalier qui conduit à une plate-forme d'observation située dans l'une des épaules du Christ et d'où la vue est spectaculaire.

Bai Sau (Back Beach) est une bande de 5 km de sable brun où l'on peut surfer. Plus au nord sur la côte, les plages de **Long Hai** sont moins fréquentées et offrent aux baigneurs des eaux pures. ■

Autres sites à visiter

Ca Na

Ca Na, à environ 32 km au sud de Phan Rang, est une baie qui offre des eaux d'une clarté étonnante, des formations rocheuses et une plage de sable blanc, où les voyageurs font une pause repas en longeant la côte par la nationale 1, entre Hô Chi Minh-Ville et Na Thrang. L'endroit est idéal si vous souhaitez vous éloigner des autres voyageurs. Cependant, vous y trouverez peu d'équipements, hormis quelques hôtels bon marché parmi les rocs et les cactus. La circulation de la nationale 1 nuit, cependant, aux charmes naturels du lieu.

163 C2

La baie de Cam Ranh

Deux péninsules sablonneuses délimitent cette baie de 60 km^2, généralement considérée comme l'un des plus beaux ports naturels au monde après Sydney, en Australie. Pendant la guerre, les Américains construisirent une grande base logistique sur la plus grande des péninsules durant la guerre du Vietnam ; il reste bien peu de traces de cet immense complexe. En avril 1975, quelque 100 000 réfugiés sud-vietnamiens fuyant l'avance des communistes trouvèrent refuge dans cette base alors en grande partie abandonnée. Comprenant que la baie serait bientôt en péril, les navires américains, qui venaient tout juste de débarquer de nombreux réfugiés, les firent remonter à bord pour les conduire plus au sud et à l'ouest. S'il possède un véritable intérêt historique, l'endroit attire surtout pour sa grande beauté naturelle. L'aéroport de Nha Trang est désormais situé au nord de la baie.

163 C2

Quy Nhon

Située dans la province de Binh Dinh, cette ville côtière de 300 000 habitants est bordée d'une plage de sable doré qui attire nombre de touristes vietnamiens, malgré l'absence d'ombre et une mer trouble. Peu de voyageurs s'y rendent, aussi vous trouverez l'endroit bien plus authentique que Mui Ne ou Nha Trang. Il existe plusieurs possibilités d'hébergement et de restauration sur place, mais l'anglais est peu parlé. Les **tours cham Thap Doi** de Quy Nhon méritent la visite. Amusez-vous à explorer les plages au sud de la ville, aussi immaculées que vous pourriez en rêver, à moto ou en voiture avec chauffeur.

163 C5 **Informations touristiques**
Binh Dinh Tourist, 10 Nguyen Hue
056/3892-524. ■

Plonger responsable

Depuis quelques années, de plus en plus de touristes font de la plongée sous-marine pendant leur séjour. Mais l'essor de cette activité est une menace sérieuse pour l'environnement. Les récifs coralliens sont très fragiles ; il est donc important, pour les plongeurs, d'agir de façon responsable.

Vous pouvez commencer, avant même de pénétrer dans l'eau, en demandant au capitaine à quel endroit il compte jeter l'ancre et en vous assurant que ce n'est pas à la verticale d'un récif corallien. Quand vous plongez, veillez à ne pas toucher les coraux, car le moindre contact peut être dommageable.

Soyez particulièrement vigilant quand vous nagez : le mouvement de vos palmes peut heurter des organismes délicats. Pour finir, ne nourrissez pas les poissons, aussi beaux soient-ils, car cela déstabilise l'écosystème.

Une région de hauts plateaux marquée par l'architecture originale des ethnies montagnardes, des paysages intemporels et des refuges pour la faune, et une atmosphère coloniale.

Les hauts plateaux du Centre

Promenade à dos d'éléphant dans le parc national de Yok Don

Les hauts plateaux du Centre

Longeant la frontière du Cambodge et du Laos, les monts Truong Son dominent le relief accidenté des hauts plateaux. Des cascades traversent les forêts toujours vertes. Dans leurs villages hors du temps, les minorités ethniques maintiennent leurs us et coutumes dans leurs imposants édifices traditionnels. Le café domine les cultures commerciales. Mais la nature règne sans partage dans une dizaine de réserves et de parcs nationaux.

Beaucoup de légumes adaptés au climat tempéré poussent dans les champs autour de Dalat.

Des hauts plateaux, la plupart des visiteurs ne voient que Dalat, l'ancienne station d'altitude du temps des Français. Mais attention : il ne faut pas rester sur une première impression fondée sur le marché, le centre de la ville, ou les attractions kitsch qui ont fait de Dalat la principale destination des lunes de miel au Vietnam. On apprécie son charme en flânant dans les rues bordées d'anciennes villas coloniales et en découvrant la vue des collines et des ravins escarpés où l'on cultive toutes sortes de légumes.

En dehors de Dalat, les cascades abondent, mais peu offrent leurs charmes naturels. En effet, elles sont souvent « mises en valeur » à grand renfort de constructions en béton armé, d'ascenseurs et d'attractions de type karaoké. Par chance, la majesté naturelle de certaines cascades, comme celle de Dambri, près de Bao Loc, reste impressionnante.

Dans les parcs nationaux de Yok Don, de Chu Mom Ray et de Cat Tien, la faune la plus représentative du Vietnam – le tigre d'Indochine, le rhinocéros de Java et l'éléphant d'Asie – mène son dernier combat dans un pays où il n'a plus sa place. Les animaux restent insaisissables, mais le paysage et le sublime silence sont revigorants. Le plus haut sommet de la région, le Ngoc Linh, culmine à 2598 m dans la réserve naturelle de Ngoc Linh, au nord de Kontum.

Les plantations de café

Plus au sud, à Buon Ma Thuot, la capitale du café au Vietnam, des grossistes proposent d'innombrables marques de robusta, d'arabica et de culi. Les grains de qualité supérieure coûtent environ 2 € la livre.

Jusqu'au début du XXe siècle, la modernité n'avait pratiquement pas atteint les populations des hauts plateaux. Elles furent touchées lorsque les colons français, attirés par la riche terre rouge de la région, créèrent des plantations de café sur les plateaux.

Durant la guerre du Vietnam, les Américains installèrent des bases sur les hauts plateaux dans la vaine tentative d'arrêter le flot de matériel acheminé par la piste Hô Chi Minh. Certains noms de lieux évoquent encore des événements liés à cette guerre, mais la région a surtout, aujourd'hui, la réputation d'être l'une des plus séduisantes du pays, sur le plan de la faune et de la flore, et des moins dénaturées.

À NE PAS MANQUER

À la différence des hautes terres du Nord, très fréquentées par les touristes autour de Sa Pa, peu de voyageurs occidentaux visitent les villages des montagnards bahnar (Ba Na), giarai et e de (ede) proches de Kontum, Pleiku et Buon Ma Thuot. Bien que ces groupes n'arborent pas les vêtements fascinants de leurs cousins du Nord, leur architecture villageoise est remarquable. ■

Dalat et ses environs

Perchée sur un plateau à 1 500 m d'altitude, Dalat demeure l'antidote à la chaleur étouffante et au smog de Hô Chi Minh-Ville, située à 300 km au sud-est. Son air frais, ses collines couvertes de pins et la douceur de sa température – la moyenne passe de 15 °C en hiver à 27 °C en été – lui ont valu le surnom de « ville du printemps éternel ». Si cela ne suffisait pas, le patrimoine de villas et de palais coloniaux de Dalat est unique au Vietnam.

À partir de 1938 et durant la Seconde Guerre mondiale, le dernier souverain du Vietnam, Bao Dai, passa ses vacances d'été dans cette villa Art déco.

Dalat
179 D2
Informations touristiques
7,3 Thang 2
063/3822-125

En effectuant un voyage d'exploration en 1893, Alexandre Yersin, le bactériologiste français d'origine suisse qui découvrit l'agent pathogène de la peste, constata que le plateau était l'endroit idéal pour y implanter une station climatique. Dans les années 1920, on y ouvrit le somptueux hôtel Lang Bian (aujourd'hui le Dalat Palace), créa un terrain de golf et construisit un barrage sur la Cam Ly pour former le Grand Lac (Xuan Huong). En 1932, un chemin de fer à crémaillère conquit les pentes abruptes entre la côte et la station de montagne. Enfin, à partir des années 1930 et durant toute la Seconde Guerre mondiale, les collines se constellèrent de villas évoquant la Normandie, la Bretagne et d'autres provinces françaises.

Le legs français

Les villas et les nombreux édifices coloniaux constituent le vrai charme de Dalat et sa ressource la moins exploitée. Partez du **Dalat Palace Hotel** (*12 Tran Phu, au sud du lac Xuan Hong*; voir p. 256) somptueusement restauré. En 1942, un gouverneur de la France de Vichy fit ôter les fioritures de l'extérieur pour créer la façade Art déco visible aujourd'hui. Mais l'intérieur affiche toujours une opulence quasi victorienne, avec ses lourdes tentures, ses chandeliers, la monumentale cheminée du hall, et les reproductions de chefs-d'œuvre européens.

En prenant la rue Tran Phu vers l'est, continuez par la rue Trân Hung Dao où la plus riche série de villas de style normand, à colombages, ou breton, se déploie à partir du palais du gouverneur colonial qui couronne la colline. Le **16 rue Trân Hung Dao** est l'ancienne demeure de Paul Veyesseyre, le plus célèbre architecte colonial de Dalat. La villa restaurée de style landais au **27 rue Trân Hung Dao** fut habitée par un directeur des plantations d'hévéas de Michelin. Le mont Lang Bian domine l'horizon au nord.

Au 4 rue Hung Vuong, le **musée Lam Dong** présente une collection de pièces archéologiques du VIIe au Xe siècle provenant de la culture du Funan ainsi que des pièces concernant les minorités ethniques, comme les photos d'un sacrifice de buffle et une broche utilisée à cette occasion. Cette collection a été récemment déplacée d'une villa Art déco vers un bâtiment neuf.

À SAVOIR

N'hésitez pas à toujours négocier les prix.

Suivez les panneaux jusqu'au **Dinh 1**, une des résidences de Bao Dai. Cette fière structure coloniale offre un panorama privilégié sur la ville, tandis que dans la salle de conférence, le mobilier et les photographies d'époque méritent le coup d'œil.

Revenez vers le centre-ville, tournez dans la rue Quang Trung, et jetez un coup d'œil à la **Villa corse**, en face du n°4. Ses ailes à tourelles flanquent une galerie ponctuée par trois arches de pierre. Sur la tourelle de gauche une apsara cham, ou danseuse khmère, s'exhibe en bas-relief.

Musée Lam Dong
- ✉ 4 Hung Vuong
- ☎ 063/3822-339
- 🕒 Fermé dim. et 11 h 30-13 h 30
- € €

Dinh 1
- ✉ Hung Vuong
- 🕒 Fermé 11 h 30-13 h 30
- € €

Le dernier souverain

Bien que fréquemment qualifié de dernier empereur du Vietnam, Bao Dai (1913-1997) n'a jamais vraiment régné ; c'était un souverain fantoche. Il est resté dans l'histoire comme un play-boy aimant les femmes, les voitures de sport, les hors-bord, les avions, la chasse, le golf et les somptueuses villas qu'il possédait dans les montagnes et sur la côte. Sa mère était une paysanne qui devint concubine ; son père présumé, l'empereur Khai Dinh, préférait se tenir à l'écart des femmes. Bao Dai était plein de bonnes intentions mais n'avait pas les moyens d'échapper au contrôle des Français ni aux critiques de ses compatriotes révolutionnaires. Après avoir remis son abdication à Hô Chi Minh, Bao Dai vécut luxueusement près de Cannes. Il épousa une Française et se convertit au catholicisme. Il est enterré à Paris, au cimetière de Passy.

La « Crazy House » est en partie un hôtel, en partie un musée, et l'ensemble est ahurissant.

Gare de Dalat
1 Quang Trung
063/3834-409

Crazy house
3 Huynh Thuc Khang
063/3822-070
€
crazyhouse.vn

Palais d'été de Bao Dai
1 Trieu Viet Vuong
063/3826-858
€

Plus loin dans la rue Quang Trung, sur la gauche, la **gare de Dalat**, datant de 1938, est inspirée de celle de Deauville. Durant la guerre du Vietnam, un bombardement fit fermer la ligne dans les années 1960, mais il semble que la locomotive utilisée sur son tronçon de 16 km à crémaillère fonctionne toujours en Suisse aujourd'hui. La locomotive japonaise est juste là pour le décor, mais une locomotive Diesel russe transporte des passagers jusqu'au village de **Trai Mat** (€€).

De la gare, suivez la rue Nguyên Trai jusqu'à la rue Yersin et observez à droite le bâtiment de **la maternité** destinée aux Françaises et aux Vietnamiennes de la haute société qui voulaient accoucher dans un endroit au climat tempéré.

En se dirigeant vers l'ouest dans la rue Tran Phu, contemplez la flèche de 47 m de la **cathédrale de Dalat** (*15 Tran Phu*), édifiée entre 1931 et 1942. Fabriqués à Grenoble durant la même période, ses vitraux filtrent la lumière de la fin de l'après-midi et font jouer de riches reflets colorés sur les murs peints en rose saumon de l'intérieur.

À l'ouest du lac

En suivant la rue Tran Phu vers l'ouest, vers la rue Pasteur, un détour du côté de la rue Lê Hong Phong permet de découvrir une autre série de villas françaises. Avant d'arriver au bout, la rue Huynh Thuc Khang, à gauche, mène à la très fantaisiste pension Hang Nga, ou Crazy House, due à l'architecte vietnamienne Hang Nga. Il s'agit d'un ensemble d'éléments en béton armé en forme de troncs d'arbre, ponctués de girafes et reliés par des passerelles de béton. À l'intérieur, des escaliers aux marches de guingois mènent à des chambres meublées de lits évoquant des pièces de puzzle et d'œuvres d'art grotesques – des ours, des aigles perchés sur des œufs et des glands géants. Il faut absolument voir ce sommet du kitsch ouvert au public (€).

Le **palais d'été de Bao Dai**, vers l'extrémité de la rue Trieu Viet Vuong, est moins curieux. De 1938 à la fin de la Seconde Guerre mondiale, le dernier empereur y passa ses vacances avec son épouse, le prince héritier, et plusieurs princesses. On peut visiter la villa de 26 pièces, de la salle de réception à la salle des fêtes, dont la table fait 9 m de long, puis monter jusqu'aux chambres privées de la famille royale, qui ont conservé leur ameublement d'origine.

En descendant la rue Pasteur, un chemin sur la gauche mène à la **pagode Lam Ty Ni** (*2 Thien My*), où vit l'une des personnalités les plus excentriques de Dalat, un moine artiste nommé Vien Thuc. Unique occupant de la pagode, il s'y est installé en 1964 à l'âge de 19 ans. Aujourd'hui, des bustes en ciment plus grands que nature veillent sur le jardin, représentant tous Vien Thuc avec son éternel bonnet de laine.

Dans un atelier, des milliers de peintures, de calligraphies et de poèmes zen sont encadrés et entassés contre les murs ou pendus à des crochets. La pagode porte le nom du jardin où Bouddha est né.

Le centre de la ville

Le cœur de la ville, qui a moins de charme, se trouve de l'autre côté du barrage sur la Cam Ly. La façade du grand **marché**, édifié dans les années 1960, décrit un court arc s'achevant par un banal monument à la victoire sur la place Hoa Binh. En haut de l'escalier menant à la rue Khu Hoan Binh, le long bâtiment rectangulaire à droite, qui était l'ancien marché de la ville, est maintenant un cinéma.

Du marché, suivez la rive nord du lac et tournez à gauche dans la rue Tran Nha Tong jusqu'au **golf du Dalat Palace**, l'un des plus anciens et des plus beaux d'Asie du Sud-Est. Créé en 1922, il est devenu un terrain à 18 trous dans les années 1990.

À DÉCOUVRIR
Des aventures sportives

Le point le plus élevé de Dalat, culminant à 1 500 m, avec une température moyenne de 18 °C, est un site idéal pour des activités sportives. La ville s'est imposée depuis quelques années comme la première destination sportive du pays.

Certaines des activités proposées sont assez simples : par exemple du kayak sur le lac Tuyen Lam, d'où l'on peut apprécier de beaux paysages, ou de l'équitation à travers des forêts de pins. D'autres, tel le canyoning, requièrent une excellente forme physique et un bon sens de l'équilibre. Parmi les sports qui gagnent en popularité, citons les descentes à motocross depuis Dalat jusqu'à Mui Ne ou Nha Trang. Le circuit s'étale sur deux jours et vous permettra de découvrir des paysages exceptionnels.

Parmi les organismes fiables organisant ce genre d'activités, citons Phat Tire Ventures (*109 Nguyen Van Troi, phattireventures.com*).

Après avoir dépassé la tour de l'École normale supérieure, la rue Bui Thi Xuan mène à la **pagode Linh Son**. Achevée en 1941, elle abrita autrefois un moine ascétique nommé Vien Ngo qui se cloîtra dans la cabane de bois pendant cinq ans. Le clocher n'abrite plus de cloches, car ses murs s'écrouleraient si on les actionnait. Dans la grande salle, une énorme statue de Sakyamuni en bronze est encadrée de dragons et de chauves-souris en bois sculpté.

Les environs de Dalat

Alors que les touristes étrangers louent les charmes de Dalat même, les touristes vietnamiens

Golf du Dalat Palace
✉ Phu Dong Thien Vuong
☎ 063/3823-507
dalatpalacegolf.vn

Pagode Linh Son
✉ 120 Nguyên Van Troi
☎ 063/3822-893

Téléphérique pour la pagode Truc Lam

Robin Hill

063/3837-938

Fermé 1er lun. de chaque mois et 1 h 30-13 h 30

€

Parc national de Cat Tien

179 B2-B3

Informations touristiques

Cat Tien Ecotourism Center

061/3669-159

Entrée : €; guide pour la demi-journée : €€€

cattiennationalpark.vn

apprécient les attraits sylvestres de la région. Les couples en voyage de noces affluent au pied des cascades et se mettent sur leur trente-et-un pour se promener à cheval ou se faire photographier dans la vallée de l'Amour. Certaines cascades méritent tout de même le détour, ainsi qu'un monastère zen.

Au sud de la ville, la nationale 20 passe sur une colline d'où un téléphérique permet de descendre à la **pagode Truc Lam**, un monastère zen bâti en 1993 au bord du lac Tuyen Lam. Son toit à deux étages rappelle les temples zen du Japon. À l'intérieur, une statue de Sakyamuni, en bronze, tient une fleur de lotus sous une frise narrant l'histoire de sa vie. Les 80 moines et les 60 nonnes se lèvent à 3 h 15 pour méditer puis chanter en chœur durant trois heures.

À SAVOIR

Dans le parc national de Cat Tien, prenez vos quartiers au lac des Crocodiles, pour observer la vie sauvage en fin d'après-midi et tôt le matin.

Vous pouvez aussi atteindre la pagode et le lac, à 5 km au sud de Dalat, par la nationale 20. Un peu plus au sud, un long escalier mène à la **cascade de Datanla** (Thac Datanla, €), qui est longée sur toute sa hauteur par un sentier.

La **cascade de Prenn** de 9 m de haut (€), à 5 km plus au sud, est plus impressionnante, mais le charme est gâché par des vendeurs trop pressants et des couples déguisés en lapins.

Juste à 2 km de la ville, la **cascade de Cam Ly** (*36 Hoang Van Thu, 063/3824-145,* €) est citée dans une chanson sirupeuse : « Oh Dalat, entends-tu Cam Ly sangloter sur son premier amour brisé ? »

Le kitsch atteint son paroxysme à la **vallée de l'Amour** (*Dap 3 Da Thien, 063-3821-448,* €), à 7 km au nord de la ville, où de jeunes couples se déguisent et font la course en mini hors-bord sur le lac artificiel de Da Thien. Un peu plus au nord, le **mont Lang Bian** (*063-3839-088,* €) dresse ses trois sommets – le plus élevé atteint 2 167 m. On peut se rendre en haut à pied ou en voiture. Au pied du mont, au sud, la minorité Koho du **village de Lat** frappe des gongs de cérémonie pour les touristes.

Le parc national de Cat Tien

Cette réserve de 72 000 ha regroupant zones humides, prairies et forêt de bambou est proche de la nationale 20, à 170 km au nord-est de Hô Chi Minh-Ville. Le nord, à accès restreint, abrite des rhinocéros de Java très menacés et peut-être quelques tigres d'Indochine ; l'éléphant d'Asie, le gaur, la civette, le muntjac et le crocodile du Siam vivent dans le sud du parc. Cat Tien a été reconnu réserve de biosphère par l'Unesco en 2001 et soumis à la liste indicative du Patrimoine mondial en 2006.

Vous pourrez dormir dans les pensions simples mais confortables près du centre d'accueil, sur la rive du Dong Nai. Une route part de là, dont se détachent une douzaine de sentiers de randonnée de moins de 10 km. Les gardes forestiers déconseillent de pénétrer dans la forêt sans guide, mais la raison de leur insistance est peut-être plus économique que liée à la sécurité.

Du centre d'accueil, des promenades en bateaux (*€€€€/heure*) suivent la rivière qui serpente dans le parc sur 90 km. Lors des safaris de nuit (*€€€*), les phares des jeeps débusquent muntjacs, porcs-épics et sangliers dans la forêt.

Au poste forestier du **lac des Crocodiles**, à 5 km de la route du parc, vous verrez parfois des gaurs (une sorte de bœuf sauvage) et des crocodiles. Là et au **lac des Oiseaux**, des miradors permettent de repérer certaines des 348 espèces d'oiseaux du parc.

La faune est souvent insaisissable, mais les majestueux arbres du parc sont bien visibles. Près du centre d'accueil, le **sentier des Lagerstroemia** serpente parmi ces arbres aux troncs tachetés atteignant 70 m de haut. Sur ce sentier, un fromager (*Tetrameles nudiflora*) de 500 ans a des racines qui s'étendent très loin. Un *Afzelia xylocarpa* a été nommé **l'arbre de l'oncle Dông** en l'honneur du ministre Pham Van Dông, qui a visité le parc en 1987.

Des collines coniques aux flancs escarpés indiquent l'origine volcanique de la région. Durant la saison sèche, un affluent du Don Nai disparaît dans les roches volcaniques poreuses aux **rapides de Ben Cu**. Avec ces pierres, les habitants construisent les murets de leurs fermes.

Les chutes de Dambri Près de Cat Tien, en plein cœur d'une forêt à 18 km au nord-ouest de Bao Loc, les chutes de Dambri (*carte p. 179 C2 ; informations touristiques de Dalat : 7,3 Thang 2, 063/3822-125*) font un saut de plus de 90 m, avec une superbe cascade. Un ascenseur de verre permet aux touristes de la longer sur une hauteur de 40 m. Si vous êtes en forme, vous

Les plus hauts arbres (fromagers) de Cat Tien culminent à plus de 60 m de haut.

pourrez également grimper les 245 marches. Dans la langue de la minorité Ma, *dambri* signifie « cascade du lion », et dans celle des Coho, cela veut dire « torrent de l'espoir ». ■

Le dernier combat des tigres

Le glas est en train de sonner pour les animaux sauvages emblématiques du Vietnam – l'éléphant d'Asie et le tigre d'Indochine. Les écologistes locaux reconnaissent que ces espèces sont condamnées au Vietnam et espèrent que cela servira de cri d'alarme au Laos et au Cambodge voisins, où les effectifs de tigres et d'éléphants restent viables.

Il reste environ 100 tigres d'Indochine sur les hauts plateaux du Vietnam, car le braconnage et d'autres préjudices continuent de faire des ravages.

En 1975, à la fin de la guerre du Vietnam, on estimait que près de 2 000 pachydermes parcouraient les hauts plateaux. Il ne reste aujourd'hui qu'environ 100 individus. Les nombreuses raisons de la disparition annoncée de l'éléphant sont les mêmes que dans toute l'Asie : le braconnage, une population humaine toujours plus nombreuse, la dégradation de son habitat et la déforestation. Au Vietnam, l'un des 13 pays d'Asie abritant encore des pachydermes, les plantations de café, de poivre et de tabac ont repoussé les animaux dans des îlots forestiers de plus en plus exigus. Alors que plus de 50 % du Cambodge voisin reste couvert de forêt, le pourcentage est inférieur de moitié au Vietnam. Mais les éléphants ne disparaissent pas sans combattre. Dans les années 1990, des troupeaux déchaînés, voire des éléphants solitaires, ont piétiné à mort des dizaines de villageois dans toutes les provinces des hauts plateaux. En 2005, les autorités ont annoncé la création de trois zones protégées pour les éléphants, une mesure jugée insuffisante et trop tardive par beaucoup d'écologistes.

Le destin du tigre

Les tigres sont confrontés à des problèmes similaires, en particulier en raison du braconnage. Près des trois quarts des tigres tués par les braconniers se retrouvent dans les pharmacies de Chine, où leur chair, leurs os et leur peau, convoités pour leurs propriétés médicinales, atteignent des prix exorbitants. Il reste un peu moins de 100 tigres d'Indochine au Vietnam. La situation est encore plus sombre en ce qui concerne le rhinocéros de Java. Quelques-uns vivaient encore dans le parc national de Cat Tien mais le dernier a été abattu en 2010 et sa corne arrachée. L'espèce est officiellement éteinte au Vietnam. Cela signifie que le rhinocéros de Java est désormais l'espèce la plus en danger de la planète, avec une population de 50 individus survivant dans un parc national à Java, en Indonésie.

Culturellement, les éléphants et les tigres ont toujours compté dans l'histoire du Vietnam. Au XVe siècle, les éléphants du roi Lê Loi surprirent la cavalerie de leurs adversaires Ming et emportèrent l'indépendance du pays après 20 ans d'occupation chinoise. Au XIXe siècle, les empereurs Nguyên faisaient s'affronter des éléphants et des tigres lors de combats mortels dans une arène de Huê (voir p. 143) et vénéraient le majestueux pachyderme dans un temple voisin. Les minorités ethniques du Vietnam édifiaient leurs maisons sur pilotis pour se protéger des attaques des tigres et autres animaux sauvages.

Alors que le nombre des éléphants et des tigres diminue dans le pays, les biologistes ont été enthousiasmés par la découverte du muntjac géant, une espèce de cerf aboyeur, et du soala, un animal de la forêt pluviale à longues cornes de la taille d'un mouton. Découvert en 1993, le soala est probablement la dernière nouvelle espèce de gros mammifère portée à l'attention du monde. Les scientifiques pensent qu'entre 500 et 1 500 de ces animaux vivent dans les forêts du Vietnam et du Laos.

À SAVOIR

Il est conseillé de faire appel à un guide pour visiter les parcs nationaux. Ils connaissent bien l'habitat des animaux et pourront vous conduire jusqu'à des sites inoubliables.

À DÉCOUVRIR Le spectacle des tigres

Le long de la frontière avec le Cambodge, au sud du Laos, **Chu Mom Ray** (*carte p. 179 C5; Kontum Tourist, 2 Phan Dinh Phung, Kontum, tél. 060/3862-703*) est le plus reculé des parcs nationaux du Vietnam. Le gouvernement a fait de ces 55 000 ha un parc national en 2002. Il accueille à ce jour la plus grande population de tigres d'Indochine, ainsi que le kouprey (bœuf sauvage). Le parc abrite également des essences rares comme le margousier et le sindora.

Cependant, cette zone frontalière reste sensible, en raison des conflits occasionnels entre minorités ethniques et représentants du gouvernement, à propos de droits territoriaux. Le parc se situe donc en dehors des limites généralement conseillées aux touristes. Parmi les autres parcs nationaux où des tigres sont susceptibles de déambuler, citons **Cat Tien** (voir p. 184-185) et **Cuc Phuong** (voir p. 126, 190), même si les probabilités d'en apercevoir sont extrêmement faibles. Malheureusement, pour être certain de voir une de ces créatures au Vietnam, il faudra se rendre au **zoo de Hanoi** (*Thun Le Ba Dinh*).

Buon Ma Thuot et ses environs

À la limite nord des hauts plateaux, Buon Ma Thuot est la capitale de la province de Dak Lak et le centre de l'industrie vietnamienne du café, en plein essor. Pour nombre de visiteurs, la ville sert de base pour des excursions jusqu'à des cascades situées au sud-ouest de la ville, au lac Lak, au parc national Yok Don et aux villages de la minorité E De (Ede). Mais la ville elle-même offre des sites intéressants, si vous avez quelques heures devant vous.

La rivière Serepok abreuve la faune de Yok Don, le plus grand parc national du Vietnam.

Buon Ma Thuot et ses environs
179 C3
Informations touristiques
53 Ly Thuong Kiet
0500/3852-246

Musée ethnographique
182 Nguyên Du
0500/3850-426
€

Au cœur de la ville, le **monument à la victoire**, associant un tank, un arc et une colonne, occupe l'intersection des rues Lê Duan et Phan Chu Trinh. De là, continuez sur 2 km environ vers le nord pour arriver au petit village e de d'**Ako Dhong**, qui comporte une rue de maisons longues disposées dans des parcelles rectangulaires entourées de haies. Les E De, qui représentent 14 % de la population, sont le groupe ethnique le plus nombreux de la province de Dak Lak.

En revenant vers le centre-ville, prenez à droite la rue Phan Boi Chau vers la **pagode Khai Doan**, bâtie en 1952 en mémoire de la mère de Bao Dai. À l'intérieur, un banian abrite une statue de Bouddha. La pagode elle-même associe l'architecture de la maison longue e de à des éléments impériaux comme le toit à deux étages et les balustrades ornées de dragons.

Le jardin botanique abrite un **Musée ethnographique**. Logé dans une villa coloniale de 1921, il présente des costumes portés par les Sedang, les Giarai et les E De lors des fêtes, des mariages et d'autres cérémonies rituelles.

Au-delà de Buon Ma Thuot

À 30 km au sud, plusieurs cascades méritent le détour durant la saison humide, comme **Gia Long** et **Dray Sap**, la plus spectaculaire. Une autre splendeur aquatique se situe à 52 km au sud-est de Buon Ma Thuot : le lac Lak (*carte p. 179 C3*), le plus grand lac des hauts plateaux du centre du Vietnam. Le roi Bao Dai y fit bâtir une résidence d'été dans les années 1930. Les autorités touristiques en ont fait un petit hôtel, qui porte toujours le nom de **Villa de Bao Dai** (*tél. 0500/3856-184*).

Le parc national de Yok Don

Le parc national de Yok Don borde le Cambodge, dans une région qui nourrissait autrefois les éléphants sauvages. Bien qu'il n'en reste ici que quelques douzaines, les pachydermes demeurent un grand attrait : on peut faire des safaris à dos d'éléphant dans le parc de Yok Don ou se rendre au village proche de Ban Don.

Le parc comprend trois zones, dont la plus grande à accès restreint. Trouvez un guide pour découvrir la forêt et le **mont Yok Don** (482 m) à dos d'éléphant, à pied ou à moto. On voit rarement les sangliers, les cerfs et les singes ; et même les guides vétérans n'ont jamais rencontré la demi-douzaine de tigres ni les quelques douzaines d'éléphants sauvages du parc.

De l'autre côté de la Serepok, une randonnée de 3 km vers l'amont à partir du jardin botanique mène aux **rapides des sept branches**. Durant la saison sèche, il est possible de sauter de rocher en rocher jusqu'à une île habitée par des singes. Vers l'aval, des randonnées mènent aux eaux blanches des **rapides bouddhiques**, ainsi nommés à cause d'une pagode disparue. Juste à la sortie du parc, **Ban Don**, un village de Laotiens Mnong Bubong, était autrefois habité par les légendaires chasseurs d'éléphants de la région. Le principal intérêt du village est la **maison de Y Thu Knul**, un chasseur et dompteur d'éléphants qui en a capturé 444 avant de mourir en 1924, âgé de 89 ans. À 1,5 km de la maison, la **tombe de Knul** est entourée d'autres, ornées de figures d'éléphants, dont celles de sa fille et de son gendre, Ma Krong, un autre chasseur d'éléphants réputé.

Le village attire aujourd'hui un grand nombre de touristes, notamment pour les balades à dos d'éléphant et les boutiques de souvenirs. Toutefois, au printemps, se tiennent des courses d'éléphants, pendant un festival dont vous pourrez vérifier les dates auprès de l'office du tourisme de Ban Do. ■

Le café vietnamien

Avec 200 000 ha cultivés, le Dak Lak fournit un tiers de la production annuelle de café du Vietnam. L'Allemagne en a acheté la plus grande quantité (1,35 t) en 2012-2013. Le Vietnam est le deuxième exportateur de café du monde après le Brésil. Ce sont des missionnaires français qui ont planté les premiers caféiers ici en 1857.

Dray Sap et Gia Long

Dray Sap : 28 km au sud-ouest de Buon Ma Thuot par la route Hô Chi Minh ; allez jusqu'au Km 739 et tournez à droite.
Gia Long : 7 km après Dray Sap, en suivant la même route secondaire.

Dray Sap : €

Parc national de Yok Don

179 C3-C4

Informations touristiques

40 km au nord-ouest de Buon Ma Thuot par la route 681

0500/3783-049

Randonnée d'une demi-journée : €€€€€. Randonnée à dos d'éléphant : €€€€€/heure

Ban Don Tourist Center

0500/3783-020

Informations touristiques

Office du tourisme de Ban Don

0500/3783-020

À DÉCOUVRIR L'écotourisme au Vietnam

L'écotourisme est « un tourisme responsable en milieu naturel qui préserve l'environnement et participe au bien-être des populations locales » (Société internationale de l'écotourisme.)

Choisir son bateau est une façon d'être responsable.

Beaucoup de voyageurs souhaitent réduire leur impact sur l'environnement. Malheureusement pour de nombreux prestataires l'écotourisme est une stratégie marketing. Pays assez jeune en termes de développement touristique, le Vietnam tarde encore à adopter les principes du tourisme durable, même si le gouvernement a déjà pris un certain nombre de mesures pour améliorer la protection de son patrimoine naturel et culturel. Il existe heureusement des initiatives compatibles avec le respect de l'environnement : le **Centre de secours aux primates en danger, dans le parc national de Cuc Phuong** (voir p. 126) permet aux visiteurs d'en apprendre plus sur le mode de vie des gibbons (espèce menacée), tout en leur fournissant un abri naturel.

À SAVOIR

Écotour ou écotourisme ne signifie pas toujours « favorable à l'environnement » au Vietnam. Les voyagistes ont découvert que le fait de dire « éco-quelque chose » attirait les touristes et permettait d'augmenter les tarifs.

Citons aussi l'interdiction du trafic routier dans le centre-ville de **Hoi An** (voir p. 153-157) : les touristes se promènent au milieu des bâtiments historiques sans bruit et sans gaz d'échappement. Parlons encore du kayak dans la **baie d'Along** (voir p. 97) : les pratiquants profitent d'un cadre exceptionnel sans polluer la région. Une des activités les plus « *eco-friendly* » est le cyclisme ; l'essor des vacances à vélo est un autre signe de l'évolution positive de l'écotourisme au Vietnam.

Les voyageurs doivent, eux aussi, apporter leur contribution : en prenant le moins possible l'avion, en voyageant en petits groupes, en faisant appel à des guides locaux et en achetant des produits locaux (sauf tout ce qui est issu d'espèces en danger, de bois rare ou de coraux).

De plus, sachant qu'une grande partie des dépenses sur place va aux propriétaires d'hôtels et aux tour-opérateurs, il faut chercher à savoir ce qu'ils font pour réduire l'impact négatif de leur activité sur l'environnement, comme le recyclage des eaux usées.

L'écotourisme ne se réduit bien sûr pas à des « faites ceci, ne faites pas cela ». Cela consiste aussi à s'intéresser à la culture que l'on découvre, en échangeant avec les gens sur place, en se portant volontaire pour un projet local dans lequel on mettra à profit ses compétences.

Pour d'autres suggestions et des liens vers des tour-opérateurs sensibles à l'environnement, allez sur *www.responsibletravel.com.mal*

La province de Kontum

La province de Kontum compte 635 villages habités par des minorités ethniques et 200 *rong* (maisons communales) au toit de chaume atteignant parfois 17 m de haut. La plupart des visiteurs se rendent dans cette région des hauts plateaux à partir de Kontum, sur la rive de la rivière Dak Bla.

Huit minorités ethniques différentes vivent ici, parmi lesquelles les Sedang (les plus nombreux), les Giarai, les Rongao et les Bahnar (Ba Na). Des missionnaires français commencèrent à convertir les montagnards au catholicisme au XIXe siècle, et construisirent en 1913 une grande **église de bois** à Kontum, à l'extrémité est de la rue Nguyên Hue. Par déférence, ou peut-être tout simplement pour séduire les Bahnar, l'église repose sur un soubassement traditionnel de petits pilotis. À l'intérieur, des tissus bahnar ornent le chœur, et des maximes pieuses sont rédigées en langue bahnar. Derrière l'église, des nonnes s'occupent d'enfants orphelins.

Un peu plus au nord, un évêque et quelque deux douzaines de prêtres vivent dans un ancien **séminaire catholique**. Bâti en 1935, le bâtiment rappelle un hôtel des Alpes. Le deuxième étage abrite un musée consacré à l'ensemble des minorités ethniques de la région.

Le bourg de Kontum

Dans Kontum, huit *rong* jouent un rôle central dans les affaires de la communauté. À l'ouest de Phan Dinh Phung, dans la rue Ba Trieu, au hameau de **Plei To Nghia**, un *rong* de 1968 a été réimplanté ici en 2003. Comme les autres *rong*, sa crête de 16 m de haut est hérissée de poteaux verticaux symbolisant les broches utilisées lors des sacrifices de buffle, filmés par Francis Ford Coppola pour une scène d'*Apocalypse Now*. La forme de lame caractéristique du toit protège les occupants des dangers surnaturels.

Province de Kontum

179 C5-C6

Informations touristiques

Kontum Tourist, 2 Phan Dinh Phung

060/3862-703

Kontum sert de centre administratif et économique aux 635 villages de la province habités par des minorités.

Province de Gia Lai
179 C5
Informations touristiques
Gia Lai Tourist, 2 Le Loi
059/3824-645
gialaitourist.com

À l'intérieur, la mâchoire et le crâne d'un buffle sacrifié durant la construction sont accrochés au-dessus de la porte. Beaucoup de groupes des hauts plateaux sacrifient encore le buffle à certaines occasions, croyant que ses cris, pendant qu'il agonise en se tordant sur une broche, réveillent les divinités. Plus longtemps et plus fort il crie et souffre, mieux c'est.

À DÉCOUVRIR Trek aux environs de Kontum

Kontum est la plus ouverte des provinces des hauts plateaux. C'est l'endroit idéal pour un trek. Kontum Tourist (voir p. 191) peut organiser votre séjour sur place dans une des maisons communales de l'ethnie bahnar, ainsi que des sorties en rafting sur les cours d'eau de la région. Vous pourrez aussi aller voir des tombes giarai aux gravures énigmatiques.

À la limite est du bourg, deux autres *rong* s'élèvent dans les hameaux de **Kontum Kopong** et de **Kontum Konam** (Kontum supérieur et inférieur). À 8 km au sud-est de Kontum, de l'autre côté du pont suspendu de Kon Klor, 60 familles bahnar vivent à **Kon Kotu**, qui possède l'un des plus beaux *rong* de la région. Son toit est couvert de bambou, pour le faire durer plus longtemps et le protéger des étincelles provenant des feux cérémoniels. En vous adressant à l'office de tourisme, vous pourrez passer la nuit dans ce *rong*.

En revenant vers le bourg, prenez à gauche vers **Kon Jri** (village abricot), où deux troncs d'arbre creusés de degrés permettent d'accéder à un autre *rong*. Les hommes empruntent l'échelle de droite à sept degrés, les femmes celle de gauche à cinq degrés. Dans cette société matriarcale, les cinq degrés signifient un accès plus rapide, préférentiel, pour les femmes.

À 17 km à l'ouest de Kontum, le village giarai de **Ro Lay** comporte aussi un *rong*, ainsi qu'un cimetière où survivent les traditions animistes.

Après un décès, les Giarai entretiennent la tombe chaque jour pendant trois, cinq ou sept ans. À la fin de cette période, ils organisent une cérémonie d'« abandon de la tombe ». Après avoir sacrifié un buffle d'eau, ils installent sur les poteaux de la clôture des figures en bois d'hommes en train de balayer et de couples en train de copuler. Les objets placés sur les monticules indiquent qui est enterré là – une jarre une personne seule, une gamelle un soldat, une théière une femme, un pneu de bicyclette, un jeune... Plus à l'ouest, la nationale 24 atteint un vaste réservoir de la rivière Dak Bla. Au nord-ouest, le mont Chu Mom Ray atteint 1 773 m.

Les villages de Gia Lai

Adjacente à la province de Kontum, celle de Gia Lai est une région parsemée de villages habités principalement par des Giarai et des Bahnar. Les autorités provinciales ont réduit le potentiel touristique de la région en limitant les accès et en imposant l'utilisation de guides. ■

Hô Chi Minh-Ville, ex-Saigon, une ville appréciée pour sa vie nocturne, ses vestiges de l'époque coloniale, ses musées, ses temples et son rythme trépidant.

Hô Chi Minh-Ville

Une statue du grand leader vietnamien trône dans le parc, à proximité de la mairie de Hô Chi Minh-Ville.

Hô Chi Minh-Ville

Nulle part l'histoire d'amour entre l'Occident et le Vietnam n'est aussi passionnée qu'à Saigon – le District 1 de Hô Chi Minh-Ville. Cette métropole en plein essor capte près de 40 % des revenus touristiques du pays. Son taux de croissance étourdissant et le faible coût de la main-d'œuvre séduisent autant les investisseurs étrangers que ses fumeries d'opium et ses entraîneuses autrefois.

La ville doit son existence aux Khmers, qui vivaient ici avant que le fertile delta du Mékong attire les Viêts. En 1698, les Nguyên chargèrent le mandarin Nguyên Huu Canh de créer la préfecture de Gia Dinh. Quand les Français fondèrent la colonie de Cochinchine en 1859, ils adoptèrent le nom de Saigon, une variante locale de celui de Gia Dinh.

Au cours de ses deux premières décennies comme capitale coloniale, Saigon prospéra. Les Français tracèrent de larges boulevards bordés de kapokiers et de tamariniers aujourd'hui immenses. Ils bâtirent une cathédrale, un Opéra, des palais et des villas, comme si leur domination devait durer un millénaire.

Dans les années 1870, les voyageurs qualifièrent la ville de Perle de l'Orient ou de Petit Paris de l'Extrême-Orient. Aujourd'hui, face à cette frénésie urbaine, on aurait du mal à se montrer aussi lyriques, mais sa gloire passée et ses joyaux d'architecture, souvent entourés de boutiques construites de bric et de broc, continuent d'éblouir.

Officiellement, 7 millions d'individus s'entassent dans les 2 000 km² de ses 19 districts urbains et de ses cinq districts ruraux, mais d'autres estimations indiquent que le chiffre de 8 millions est plus proche de la réalité. Son histoire n'a en revanche pas la profondeur de celle de Hanoi ou de Huê. Ses pagodes, ses temples, ses musées et ses curiosités ne font pas le poids. Mais l'animation de ses cafés, sa vie nocturne, ses marchés, ses hôtels et son atmosphère affairée sont inimitables. La ville a conservé son côté « mythique », et il n'est pas difficile d'évoquer les fantômes des légionnaires français, des GI américains ou des entraîneuses de bar de Saigon dans l'ancienne rue Catinat,

À NE PAS MANQUER

Le Théâtre municipal et la cathédrale Notre-Dame **196-198**

Le quartier branché de Dong Khoi **198-199**

Le palais historique de la Réunification **202-203**

Le marché de Ben Thanh **203-204**

L'évocation de la guerre du Vietnam au musée des Souvenirs de guerre **204-205**

Un moment de détente dans le Jardin botanique et au zoo **206-207**

La pagode de l'Empereur de Jade, d'influence chinoise **207-208**

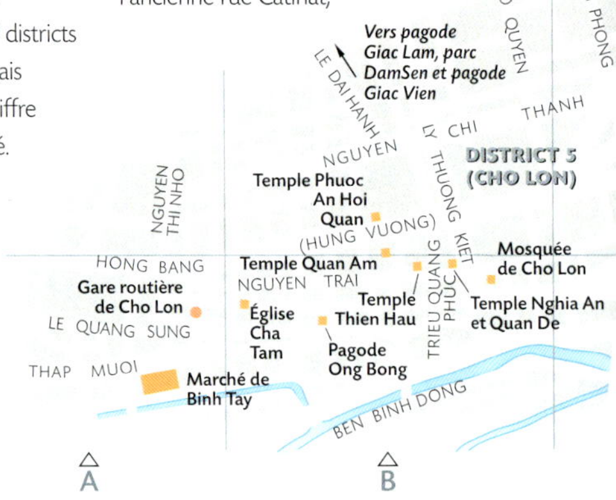

rebaptisée depuis Dong Khoi. Les grands monuments de la place Lam Son (l'ancien Opéra, les hôtels Continental et Caravelle) évoquent la renommée légendaire de Saigon. Il est rare de nos jours de voir une Peugeot 404 dans la rue, mais les descendants des coolies d'autrefois continuent à sillonner la ville sur leurs cyclo-pousse.

Les trois principales curiosités touristiques de la ville sont liées à la guerre – le musée des Souvenirs de guerre, le palais de la Réunification et les tunnels de Cu Chi. Si la guerre n'est sans doute plus qu'un souvenir à Hô Chi Minh-Ville et au Vietnam, elle continue à susciter un vif intérêt chez les touristes. ■

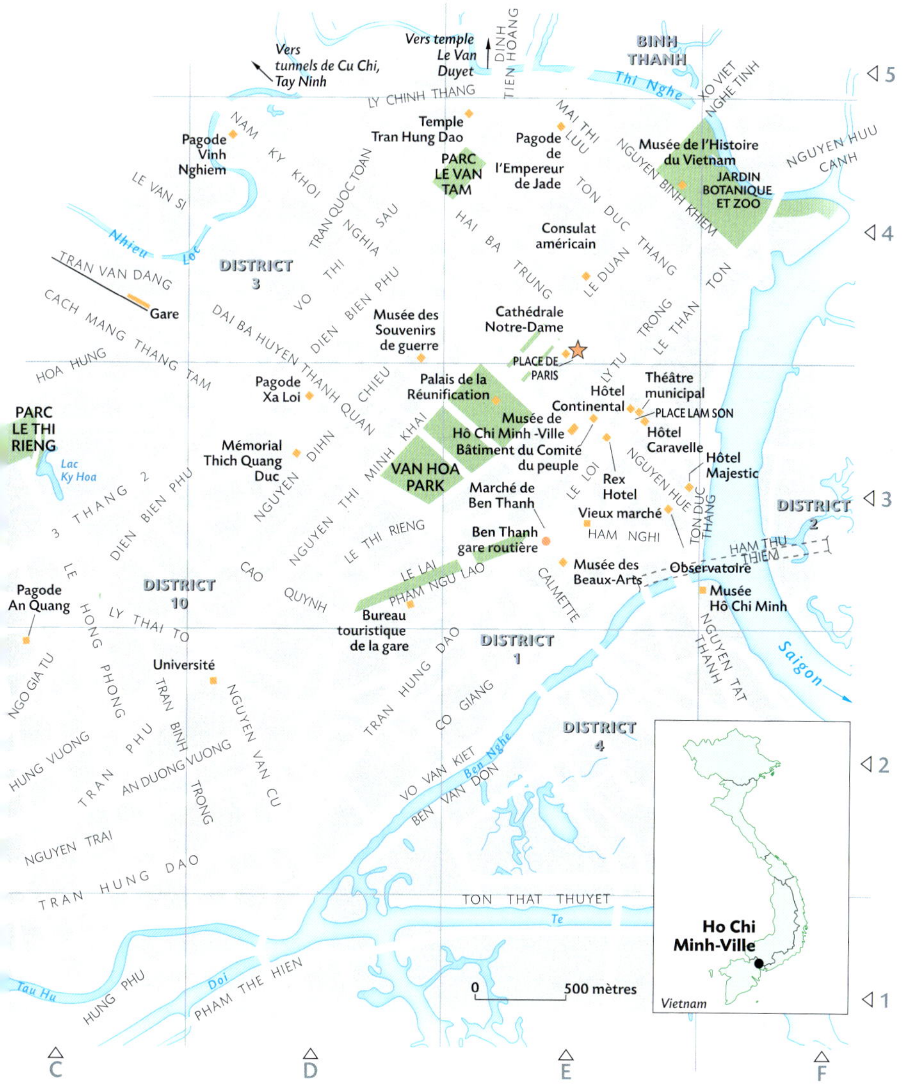

Les environs de la place Lam Son

Cœur scénique de la ville, la place Lam Son et ses environs, avec leurs grands hôtels et leur Opéra colonial, évoquent bien le Saigon des mythes et de la mémoire. Il n'est plus possible de prendre le pouls de la ville depuis la terrasse de l'hôtel Continental, où les Français sirotaient leur citron pressé et leur absinthe à l'époque coloniale, mais le café Givral est toujours ouvert, et rien ne vaut l'hôtel Caravelle pour prendre un cocktail en fin d'après-midi.

Place Lam Son
195 E3

Les écrivains britanniques Graham Greene et Somerset Maugham sont descendus à l'**hôtel Continental** (*132-134 Dong Khoi;* voir Informations pratiques p. 258) et l'ont cité. Dans *Un Américain bien tranquille,* les deux personnages principaux se rencontrent pour la première fois au Continental, et une bombe explose sur la place Lam Son.

Un nouvel ajout à l'hôtel Caravelle domine le fameux Théâtre municipal de 1900.

En 1964, une vraie bombe a explosé au cinquième étage du **Caravelle** (*19 place Lam Son;* voir Informations pratiques p. 257), un hôtel de 10 étages ouvert en fanfare à la veille de Noël 1959, avec marbre d'Italie et vitres à l'épreuve des balles. La bombe ne tua personne, mais elle endommagea neuf chambres et souffla les vitres des voitures garées en dessous. Durant la guerre du Vietnam, CBS, le *New York Times* et le *Washington Post* avaient tous leurs bureaux ici.

Le **Théâtre municipal**, l'ancien Opéra de Saigon au toit mansardé et à la façade arquée, domine la place depuis son ouverture le 1er janvier 1900. Il abrita jadis le corps législatif du Sud-Vietnam. Restauré pour son 100e anniversaire, il est redevenu un théâtre de 800 places.

La cathédrale Notre-Dame

La cathédrale Notre-Dame (Duc Ba), à l'extrémité nord de la rue Dong Khoi, est la plus imposante expression de l'architecture catholique française au Vietnam.

Visibles de loin, ses deux tours symétriques qui dominent de plus de 56 m la place de Paris ont marqué le panorama de la ville pendant des décennies.

L'architecte Jules Bourard conçut la cathédrale au milieu des années 1870, un ecclésiastique français posa la première pierre en 1877 et l'édifice en briques importées du sud de la France et en granit des carrières proches de Biên Hoa fut ouvert aux fidèles trois ans plus tard. Sa construction coûta 2,5 millions de francs. Ses six cloches pèsent près de 27 t.

À SAVOIR

L'hôtel Caravelle, bar légendaire de Saigon, avec ses vues panoramiques sur la ville, est l'endroit idéal pour siroter un cocktail à la tombée de la nuit.

Comme la basilique du Vatican, la nef néogothique de Notre-Dame est divisée par une double colonnade et dotée d'une abside semi-circulaire. Une série de chapelles latérales abrite le chemin de croix et des statues de saints dénuées d'intérêt. Les plaques commémoratives scellées aux murs évoquent le passé colonial de l'église. Avant la Première Guerre mondiale, les paroissiens commencèrent à couvrir les parois proches d'un saint favori – en particulier saint Antoine – d'ex-voto exprimant leur gratitude en français. Après le départ des Français, quand les Vietnamiens prirent la suite de la congrégation, le rituel se poursuivit en vietnamien.

Des vitraux réalisés à Chartres éclairaient les chapelles à l'origine. Ils furent remplacés par d'autres venus de Grenoble dans les années 1940 et 1950, qui présentent des motifs comme sainte Thérèse devant une carte de l'Indochine et saint George affrontant le dragon.

Les Vietnamiens ont peu à peu introduit des touches modernes plus fantaisistes dans le décor. Un halo de néon bleu nimbe un saint dans une chapelle, on peut lire les mots *Ave Maria* en néon blanc au fond de l'abside, et des tubes fluorescents verticaux sont accrochés aux colonnes de la nef.

En 1962, le Vatican éleva Notre-Dame au statut de basilique, mais

(*suite p. 200*)

Dire ou ne pas dire

Lancez-vous et dites « Saigon ». Les voyageurs prudents s'en tiennent au politiquement correct « Hô Chi Minh-Ville », qui désigne depuis 1976 la vaste municipalité englobant Saigon. Mais l'ancien nom n'est pas tabou et l'administration communiste l'utilise souvent. La rivière demeure la Saigon, les bus affichent toujours « Saigon » comme destination, la principale organisation de tourisme d'État s'appelle Saigon Tourist, le code à trois lettres de l'aéroport est SGN et le District 1 de la ville s'appelle Saigon.

Théâtre municipal

195 E3

7 place Lam Son, District 1 1

08/3829-9976

Cathédrale Notre-Dame

195 E4

Place de Paris

Une promenade autour de Dong Khoi

Si la place Lam Son est le cœur du Saigon légendaire, la rue Dong Khoi en est l'âme. C'est elle qui lui a valu la réputation de Paris de l'Extrême-Orient. C'est là que les GI, las de la guerre, faisaient la noce avec les filles de bar. Baptisée rue Catinat par les Français, rebaptisée Tu Do (liberté) par les Sud-Vietnamiens, elle s'appelle maintenant Dong Khoi (soulèvement général). Elle offre les boutiques les plus chics et les souvenirs les plus forts de la ville.

Partez de la **Poste centrale** ❶ sur la place de Paris, en face de la **cathédrale Notre-Dame** (voir p. 196-197, 200). Conçue par la société de Gustave Eiffel, et construite entre 1886 et 1896, elle évoque les gares de l'Europe du XIXe siècle. Des ailes symétriques flanquent un grand pavillon et une entrée à fronton. Les écussons des piliers du premier étage célèbrent Benjamin Franklin, Alessandro Volta, André-Marie Ampère et d'autres personnages s'étant illustrés dans le domaine de l'électricité. À l'intérieur, une carte de 1892 évoque une époque où des marécages séparaient Saigon de Cho Lon. Sur la paroi opposée, une carte de 1936 détaille les lignes télégraphiques coloniales.

À NE PAS MANQUER

- **Bâtiment du Comité populaire**
- **Hôtel Rex**
- **Place Lam Son**

En sortant de la poste, tournez à gauche et descendez la rue Dong Khoi. L'édifice à deux étages de 90 m de long situé **164 Dong Khoi** ❷ fut bâti en 1917 pour loger la Sûreté coloniale. La liste de ceux qui y furent détenus ressemble à un annuaire des nationalistes vietnamiens – y compris le futur Premier ministre Pham Van Dông.

À droite, après des boutiques à la mode, la rue Le Thanh Ton vous mène au fond de la rue Nguyên Hue où est situé le **bâtiment du Comité du peuple** ❸. Cet élégant édifice colonial était autrefois l'hôtel de ville – on l'appelle encore parfois ainsi localement. L'intérieur n'est pas accessible aux touristes.

Un peu plus bas dans la rue Nguyên Hue, on trouve l'**hôtel Rex** (voir Informations pratiques p. 257-258). Durant la guerre, cet ancien garage fut le quartier des officiers célibataires américains. Au rez-de-chaussée, les militaires américains tenaient chaque jour un point de presse, surnommé péjorativement les « folies de cinq heures » par les journalistes. Prenez l'ascenseur jusqu'au toit en terrasse pour prendre un verre ou pour manger en jouissant d'une vue magnifique sur le centre de la ville.

Les boutiques à Hô Chi Minh-Ville

Les boutiques du centre-ville proposant les dernières tendances de la mode, du mobilier chic et des œuvres d'art, avec des prix en dollars, sont le signe du redressement de Hô Chi Minh-Ville après des années de guerre. Porter les vêtements à la dernière mode ou avoir le téléphone le plus récent sont les principales préoccupations de la jeunesse. Si vous voulez plonger dans cet univers, allez à Khai Silk (*81 Dong Khoi*), qui vend exclusivement des pièces des meilleurs créateurs de la ville, ou Apricot Gallery (*50-52 Mac Thi Buoi*), où s'affichent les œuvres d'art des plus éminents artistes du Vietnam.

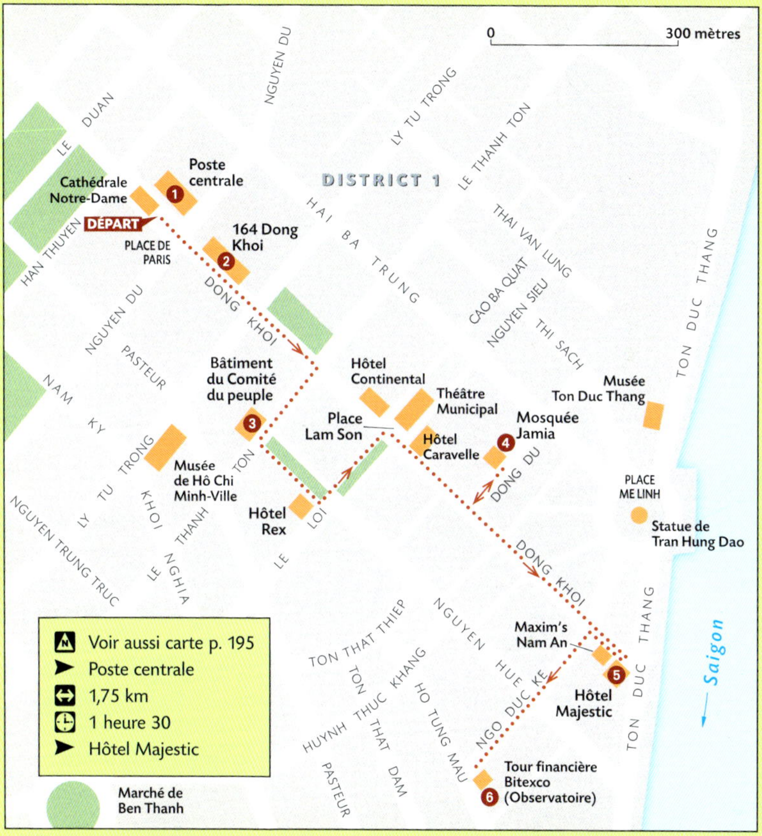

Tournez à nouveau à gauche à la fontaine, flânez **place Lam Son**, puis tournez à droite pour rejoindre la rue Dong Khoi. Quand les Français durent quitter le pays au milieu des années 1950, les légionnaires paradèrent ici en chantant des airs populaires d'Édith Piaf. Sous le nom de Tu Do, c'était le secteur des bars à entraîneuses que l'on voit dans tant de films sur le Saigon du temps de guerre. Aujourd'hui, la rue regorge de boutiques modernes chics, de galeries d'art, de restaurants et de cafés élégants.

Tournez à gauche et empruntez la rue Dong Du jusqu'à la **mosquée Jamia** 4 de 1935 (*66 Dong Du*), à l'ombre de l'hôtel Sheraton. En revenant sur vos pas vers Dong Khoi, admirez les vitrines des boutiques de luxe et des galeries d'art tout en vous dirigeant vers le fleuve.

En bas de la rue Dong Khoi, la façade caractéristique de l'**hôtel Majestic** 5 (*1 Dong Khoi;* voir Informations pratiques p. 258), édifié en 1925, comporte une arcade et des balcons de fer forgé. À l'intérieur, le hall respire la nostalgie et l'aura des temps anciens.

Revenez sur vos pas vers Ngo Duc Ke, tournez à gauche puis traversez Nguyen Hue pour vous diriger vers Ho Tung Mau. À cet angle, vous trouverez la **tour financière Bitexco** 6, le nouveau symbole de la ville, et son **Observatoire** construit en verre du sol au plafond (voir p. 104). Prenez l'ascenseur jusqu'au 49e étage, à 178 m au-dessus du sol, et amusez-vous à identifier les nombreux sites dont tous ceux que vous avez vus pendant votre promenade.

Musée de Hô Chi Minh-Ville
195 E3
65 Ly Tu Trong, District 1 1
08/3829-9741
€
hcmc-museum.edu.vn

cela n'a pas épargné les cicatrices de la guerre à l'édifice. Sur sa façade, vous pourrez voir des briques endommagées par les balles lorsque la guerre atteignit le centre de la ville. À la fin de 2005, les pèlerins affluèrent vers la statue de la Vierge sur la place de Paris, persuadés qu'elle versait des larmes miraculeuses.

Le musée de Hô Chi Minh-Ville

Le vaste musée de Hô Chi Minh-Ville présente une vision exhaustive de la localité appelée d'abord Gia Dinh, puis Saigon, et maintenant Hô Chi Minh-Ville. L'ensemble des pièces présentées, qui débute à la période préhistorique, s'attarde sur l'époque coloniale et insiste sur le rôle de la ville dans la résistance aux Français et aux Américains.

À DÉCOUVRIR
Le cyclo-pousse

Le cyclo-pousse à trois roues, équipé d'un siège à l'avant, compte parmi les moyens de transport les plus caractéristiques du Vietnam. Malheureusement, il tend à disparaître, remplacé par les cyclomoteurs, qui sont aujourd'hui le moyen de transport le plus répandu. On utilise principalement les cyclo-pousse pour aller au marché (les achats sont stockés à bord). Ils restent idéaux pour découvrir des cités comme Hô Chi Minh-Ville, une fois passé le premier choc du chaos urbain. La meilleure solution est de demander à une personne de l'hôtel de négocier l'itinéraire pour vous et un tarif à l'heure avec un conducteur, puis de vous asseoir à l'arrière et de prendre des photos.

Le musée est logé dans un palais colonial gris perle que l'architecte Alfred Foulhoux conçut pour en faire un musée. Mais quand il fut achevé à la fin des années 1880, le gouverneur de l'Indochine en fit sa résidence. Aujourd'hui, les jeunes mariés se font photographier dans le gigantesque hall. L'intérieur ne tient malheureusement pas la promesse qu'offre la façade. les expositions vétustes nécessitent d'être revisitées.

Le premier niveau Pour comprendre le développement de la ville dans un ordre chronologique, commencez dans la **salle à l'arrière gauche du rez-de-chaussée**. Ici, vous trouverez quelques pièces sur la nature et l'archéologie de la région, telles qu'un crocodile empaillé, des jarres funéraires brisées et quelques bracelets et boucles d'oreille datant probablement de 2 500 ans.

La **deuxième salle** présente la géographie et l'administration de la ville. Les amateurs de cartes pourront se régaler devant une série montrant la façon dont la ville progressa après la soumission de ses habitants khmers par les Vietnamiens à la fin du XVIe siècle et la fondation de la préfecture de Gia Dinh en 1698. Ce nom est resté en vigueur jusqu'en 1863, quatre ans après l'attaque française qui mit fin à l'indépendance vietnamienne pour un long moment.

La **troisième salle**, près de l'entrée, est dédiée au rôle de Saigon en tant que centre de commerce Les expositions proposent essentiellement des

Des œuvres d'art patriotiques, comme cette représentation de la chute de Saigon, sont de rigueur dans la plupart des musées vietnamiens.

photographies du port de la ville et de la gare. Juste à droite de l'entrée, la **quatrième salle** est plus intéressante. Vous pourrez y découvrir l'artisanat traditionnel à travers des poteries, des tissages et la fonte du bronze ainsi que la manière dont la ville se transforma en centre industriel. La **cinquième salle**, sans doute la plus passionnante, présente des mannequins vêtus de costumes traditionnels de mariage viêts, chinois, cham et khmers.

Deuxième niveau Il se concentre sur la lutte révolutionnaire. Les **sixième** et **septième salles** sont divisées en deux périodes – 1930-1954 et 1954-975 – relatant les victoires contre les Français puis les Américains. Bien sûr, le ton est partisan. Les références continuelles aux « régimes fantoches » d'un côté, à l'héroïsme de l'autre côté, soulignent l'absence d'objectivité.

Une photographie agrandie montre des chaussures militaires jonchant une route du Sud-Vietnam en 1975 – abandonnées par les soldats sud-vietnamiens qui ne voulaient pas se faire capturer à cause d'elles. Dans une vitrine, sous la photo, on voit un bric-à-brac de souvenirs de la guerre récupérés le « jour de la libération » : une matraque, des gamelles de mess, des souliers, des mitraillettes, des téléphones de campagne, des masques à gaz et des plaques.

Palais de la Réunification
- 195 E3
- 135 Nam Ky Khoi Nghia
- 08/3829-4117
- Fermé 11 h-13 h
- €

Le palais de la Réunification

Le 30 avril 1975, un tank commandé par un colonel nord-vietnamien enfonça les grilles du palais de l'Indépendance du Sud-Vietnam, mettant ainsi fin à la guerre en donnant le coup de grâce au vaincu. Les vainqueurs rebaptisèrent l'édifice Dinh Thong Nhat (palais de la Réunification) et le laissèrent intact pour en faire un mémorial intemporel dédié à la grande victoire d'avril. Principale curiosité touristique de la ville, c'est le souvenir obsédant d'un État disparu.

Un tank, devant le palais de la Réunification, symbolise la victoire d'avril 1975 et la fin de la guerre.

L'édifice actuel date de 1966, mais en 1868 déjà, les Français avaient posé la première pierre d'un palais destiné au gouverneur général de l'Indochine, inspiré du Second Empire français et de l'architecture grecque classique. En 1962, lors d'un coup d'État manqué, deux pilotes bombardèrent l'édifice rebaptisé entre-temps palais de l'Indépendance, le condamnant à la démolition. L'architecte sud-vietnamien qui conçut un nouveau palais intégra le dessin des caractères chinois signifiant « chance », « éducation » et « cohérence » dans le plan au sol et dans la façade de l'édifice. Le motif extérieur dominant est un rideau de pierre évoquant des segments de bambou qui protège les vitres, du sol au plafond. Le palais de cinq étages compte 95 pièces.

Une fois le palais achevé en 1966, le président Nguyên Van Thiêu y résida avec sa famille. Ses empreintes sont aujourd'hui partout, de la piste de danse en parquet sur le toit en terrasse aux vieux numéros de *Tennis World* dans la bibliothèque.

Visite du palais Les touristes ne sont pas autorisés à se déplacer librement dans le palais, et doivent se joindre à une visite guidée.

Au **premier étage**, le cabinet, la salle à manger et la salle de conférence méritent juste un coup d'œil. Le bureau du président est orné de paysages de la province de Ninh Thuan, dans le Centre-Sud, où Thiêu est né. Par un passage désormais condamné, un escalier menait aux bunkers souterrains. Dans le **hall du deuxième étage**, quatre dragons entourent un tapis rond rouge orné de l'idéogramme chinois signifiant « longévité ». Dans la vaste **salle de Présentation des lettres de créances**, le président recevait les ambassadeurs étrangers devant une superbe peinture sur laque vietnamienne du XVe siècle composée de 40 pièces.

Dans le casino du **troisième étage**, il pariait avec des amis autour d'un bar en forme de barrique de whisky. À côté, il y a un cinéma de 40 places. Du toit en **terrasse**, on peut voir en bas l'aire d'atterrissage des hélicoptères, et deux cercles peints en rouge qui rappellent deux bombes larguées par un pilote sud-vietnamien qui révéla ses sympathies nordistes durant les derniers jours de la guerre. La vue, en suivant la rue Lê Duan, porte jusqu'au Jardin botanique et à l'emplacement de l'ancienne ambassade américaine, démolie au milieu des années 1990 pour faire place à un consulat plus moderne et moins symbolique.

Au **sous-sol**, un labyrinthe de corridors en béton et de salles de commandement présente un sinistre univers d'électronique, de cartes et de téléphones vert avocat. La **salle radio** regorge d'équipements de General Electric et Motorola.

La **cuisine** du rez-de-chaussée est remplie d'appareils électroménagers modernes. Une **galerie de photos**, au même niveau, évoque la guerre et l'histoire du palais, de même que le documentaire d'une demi-heure qui mérite d'être vu.

À SAVOIR

La salle du palais de la Réunification consacrée à la guerre, avec son vieux matériel de communications et ses gigantesques cartes, propose un saut dans un passé déchiré par les conflits.

Le parc du palais À l'extérieur, dans le jardin, aucun des tanks visibles à l'entrée n'est celui qui enfonça les grilles en 1975 – il est conservé à Hanoi. Le F-5E est aussi authentique, mais n'est pas celui qui a bombardé le palais le 8 avril 1975.

Le marché de Ben Thanh

Ce marché se trouve sur l'emplacement d'un marais drainé et comblé au début du XXe siècle. L'ancien marché se tenait sur la rive de la Ben Nghe et les commerçants y ont travaillé jusqu'à la fin du siècle. Puis les autorités coloniales ont construit ce nouveau marché.

Ouvert en 1914, ce marché de 12 000 m^2 est divisé en

Marché de Ben Thanh

195 E3

Place Quach Thi Trang, District 1 (intersection des rues Lê Loi, Ham Nghi, Tran Hung Dao et Le Lai)

Observatoire de Saigon

195 E3

Tour financière Bitexco, 2 Hai Trieu

08/3915-6868

Fermé 12 h-13 h 30

€€€

saigonskydeck.com

Musée des Souvenirs de guerre

195 D4

28 Vo Van Tan, District 3

08/3930-5587

Fermé 12 h-13 h 30

€

baotangchungtich chientranh.vn

secteurs par deux allées centrales coupées par des allées secondaires. On y accède par quatre entrées principales – celle du sud est surmontée d'un clocheton – et par 12 entrées secondaires.

Sous la **tour de l'Horloge**, un plan en couleur indique où trouver les différents produits. Du côté sud, on vend surtout des vêtements. Sacs à main, chaussures et articles divers occupent le secteur suivant. Puis viennent les produits alimentaires.

Livres piratés

L'habileté des Vietnamiens à faire des copies apparaît clairement quand il s'agit de livres : ils sont vendus bien moins chers que chez nous. Après examen attentif, on s'aperçoit que ce sont des photocopies (parfois excellentes). Si ce système convient aux touristes qui peuvent se procurer un guide de voyage pour trois fois rien, ayons une pensée pour les auteurs qui ne touchent rien.

Les 1 200 stands comportent aussi bien de petits étals que de grandes surfaces de vente le long des allées centrales. Mais attention avant d'acheter : le café arabica en grains, que l'on trouve à deux dollars la livre à Buon Ma Thuot, est vendu ici cinq fois plus cher, et les accessoires de marque sont des imitations. Du côté nord, flânez d'est en ouest et revenez au milieu d'une corne d'abondance de légumes, de produits de la mer et de viande découpée sur des billots.

L'Observatoire

Avec sa ligne fuselée et son héliport saillant, situé près du sommet, la **tour financière Bitexco** (262 m) est très vite devenue l'icône de la ville depuis son ouverture en 2010. Situé au 49ᵉ étage, à 178 m au-dessus du sol, l'Observatoire offre un panorama à 360° sur le centre-ville et différents quartiers environnants. Télescopes, vieilles photographies de lieux inchangés et écrans tactiles permettent de mieux s'informer. Vous trouverez également un magasin de souvenirs.

De là, vous pourrez admirer les principaux sites de la ville tels que le Théâtre municipal, le bâtiment du Comité populaire et les flèches de Notre-Dame. La vue sur le reste de la cathédrale est bloquée par des gratte-ciel. Ce qui vous étonnera sans doute le plus est le nombre de pâtés de maisons rasés et en reconstruction dans le centre-ville. De nouvelles tours comme la Bitexco et celles de Times Square près de Dong Khoi changent à vive allure la physionomie de Hô Chi Minh-Ville.

Le musée des Souvenirs de guerre

Beaucoup de musées, à travers le Vietnam, commémorent la

Une galerie du musée des Souvenirs de guerre présente des photos de personnes torturées et exécutées.

lutte menée contre les Français et les Américains, mais aucun ne la décrit avec une telle force. D'abord appelé musée des Crimes de guerre américains et chinois, ce musée est l'un des plus fréquentés du pays par les Occidentaux.

La guerre a coûté 130 milliards de dollars aux États-Unis qui ont abandonné au Vietnam des quantités d'équipements. Certains sont présentés à l'extérieur du musée : un canon de 175 mm capable de tirer un projectile à 32 km ; un char M-48, l'un des 370 qui se trouvaient dans le pays en 1969 ; et un emblématique hélicoptère Huey (UH-1 Bell).

La **grande salle** est un monolithe de béton recouvert de granit suspendu au-dessus du vide. À droite, des photos montrent des personnes déformées par l'agent Orange, le phosphore blanc et le napalm.

D'autres salles présentent encore d'autres photos, dont celles de l'**exposition Requiem**, prises par des correspondants de guerre morts pendant le conflit.

La dernière salle évoque les manifestations contre la guerre dans le monde entier. Une vitrine présente un cœur pourpre offert au musée par un sergent américain avec un mot : « Au peuple d'un Vietnam uni. J'ai eu tort. Je regrette. »

Le musée offre, de toute évidence, une vue biaisée dans sa représentation des événements dans les années 1960 et 1970. Il a, toutefois, le mérite de démontrer à quel point la guerre est dévastatrice et le fait que les civils sont les plus grands perdants. ■

Au nord-est du centre-ville

Le quartier nord-est de la ville renferme aussi des sites intéressants. Bien qu'assez mal entretenus, le Jardin botanique et le zoo offrent une oasis de verdure dans ce grand espace urbain ; quant au musée de l'Histoire du Vietnam et au temple dédié aux rois Hung, à l'entrée principale du jardin, ils constituent une passionnante introduction au passé du pays. La pagode de l'Empereur de Jade et le temple de Le Van Duyet attirent, eux, une foule de pèlerins.

Un éléphant lie un contact étroit avec une visiteuse, au zoo de Saigon.

Jardin botanique et zoo

- 195 F4
- 2 Nguyên Binh Khiem, District
- 08/3829-3728
- €

saigonzoo.net

Le Jardin botanique et le zoo

Le botaniste Jean-Baptiste Louis Pierre créa le jardin botanique de Saigon en 1865 pour essayer d'acclimater les plantes importées – noix de coco, café, vanille, caoutchouc – que les colons français comptaient cultiver. Le **jardin de bonsaïs** présente de superbes spécimens de la flore d'Extrême-Orient. Mais la renommée du parc est due à son **arboretum**. De majestueux acajous africains atteignant plus de 30 m de haut bordent la large avenue centrale. Parmi les autres espèces, on trouve le banian, le sophora, le prunier, le cognassier, le tamarinier, l'arbre caca, le fromager, le jaquier sauvage et le clavalier à cœur jaune.

Le parc accueillait aussi des animaux sauvages du Vietnam tropical pour les exporter vers les zoos français. Le zoo comprend les animaux habituels – girafes, éléphants, hippopotames et une magnifique cage à singes – mais ne cache pas la pauvreté de ses hôtes. Ce lieu connaît des temps difficiles depuis que les forces japonaises l'ont utilisé comme cantonnement durant la Seconde Guerre mondiale. Les conditions s'y améliorent chaque année.

Autres curiosités Le **musée de l'Histoire du Vietnam** occupe un bâtiment coiffé d'un toit de style pagode, très similaire au musée jumeau de Hanoi mais son contenu n'est pas aussi fourni. Néanmoins, ce musée propose une bonne introduction à l'histoire turbulente et complexe du Vietnam. En 13 salles, il présente un ensemble d'objets qui l'expliquent en détail, des dents d'*Homo erectus* âgé de 500 000 ans à la dynastie Nguyên du XXe siècle.

Dans la **troisième salle**, qui couvre l'occupation chinoise du Ier siècle av. J.-C. au Xe siècle, on peut voir une série de dioramas. Le premier dépeint la légendaire bataille du Bach Dang en 938. À cette occasion, Ngô Quyên éventra la flotte chinoise sur de solides pieux de bois plantés au fond de la rivière, une tactique utilisée avec le même succès pour repousser les envahisseurs mongols trois siècles plus tard. Trois pieux datant du second conflit sont exposés dans la **cinquième salle**, consacrée à la dynastie Trân.

Les dioramas des batailles légendaires de l'histoire du Vietnam justifient une visite approfondie du musée. Mais c'est aussi le cas de la momie de Tran Thi Hieu, une femme âgée de 60 ans morte en 1869, dont le corps, les vêtements et les bijoux funéraires traditionnels sont exposés dans une alcôve à part.

Outre les objets des dynasties vietnamiennes, le musée abrite des collections d'art cham, des sculptures en pierre du Cambodge et des échantillons de l'art des minorités du Vietnam. Dans la **septième salle**, notez les deux statues de Bouddha datant de 16 siècles, sculptées par les représentants de la culture oc eo. Une pièce romaine découverte sur un site oc eo démontre que ces habitants du delta du Mékong commerçaient avec des peuples aussi lointains que les Romains.

À SAVOIR

Dites quelques mots en vietnamien; rien ne vous vaudra un plus large sourire qu'un *cam on* (merci) ou un *troi oi* (exclamation admirative), bien placés.

Le week-end, le **théâtre de marionnettes sur l'eau de Saigon** présente des spectacles (*toutes les heures, de 10 h à 16 h, sauf à 13 h*, €) au musée. Ils pourraient vous encourager à aller voir la production plus grandiose du théâtre Thang Long de Hanoi (voir Informations pratiques p. 264).

La pagode de l'Empereur de Jade

Édifiée par la communauté cantonaise de Saigon en 1909, la pagode de l'Empereur de Jade est un étrange temple taoïste qui abrite une singulière collection

Musée de l'Histoire du Vietnam

- 195 E4
- 2 Nguyên Binh Khiem, District 1
- 08/3829-8146
- Fermé lun.-sam. 11 h à 13 h 30
- €

Pagode de l'Empereur de Jade

195 E4

73 Mai Thi Luu, District 3

de statues et les plus belles sculptures sur bois de la ville. Sa façade mauve caractéristique et ses tuiles vert jade n'ont d'égal que l'intérieur tout aussi fantasque. C'est un des plus beaux temples de Hô Chi Minh-Ville.

Une statue de l'empereur de Jade, Ngoc Hoang, trône sur l'autel principal du temple très coloré qui lui est dédié.

Il attire les fidèles, qui brûlent des offrandes de papier dans la **cour** et des bâtons d'encens au santal sur des **autels** à l'intérieur. À l'extérieur, un **bassin** en forme de croissant regorge de tortues de tailles et de formes diverses.

Une seconde porte intérieure est flanquée de deux maximes accrochées à la gueule de chauves-souris sculptées. Les lourdes portes de bois sont ornées de guerriers taoïstes soufflant le feu par la bouche et les narines.

Dans la **grande salle**, les niches entre les colonnes sont encadrées d'une belle frise en bois dur luisant comme de l'ébène. Une débauche de personnages asiatiques orne l'autel principal dédié à Ngoc Hoang, l'empereur de Jade. Ses acolytes barbus se penchent l'un vers l'autre dans une position rendue possible parce qu'ils sont en papier mâché.

Dans un **temple annexe**, à gauche de l'entrée principale, les femmes prient pour avoir des enfants dans une niche dédiée à Kinh Hoa, une déesse de la Maternité, flanquée d'une quantité de maris. Des deux côtés, d'innombrables statues de bébés escaladent les genoux, les cuisses et les manches de leurs fertiles mères de céramique.

Après cette niche, Than Hoang règne sur une **salle de tortures**, flanqué de gardes en papier mâché peints en noir. Des panneaux sculptés décrivent différents châtiments subis dans le monde infernal. Tandis que les 10 rois de l'enfer écrivent des maximes en haut, des diables livrent des humains aux flammes, leur coupent la tête et les empalent sur des pointes.

De retour dans la salle principale, montez par l'escalier situé à droite dans une pièce dédiée à Quan Am. C'est là que l'on voit le mieux les pentes, les crêtes et les avancées du toit de tuiles rondes.

Le temple de Le Van Duyet

Ce complexe associant une tombe et un temple honore le charismatique eunuque Le Van Duyet (1764-1832). Situé dans un quartier très peu fréquenté par les touristes, il attire surtout des locaux venus demander la bonne fortune et la santé.

Au début du XIXe siècle, Le Van Duyet, un eunuque, remporta une victoire navale sur les Tây Son et aida le prince déposé Nguyên Anh à accéder au trône impérial sous le nom de Gia Long. Par la suite, devenu vice-roi du sud du Vietnam, Le Van Duyet refusa d'obéir à l'ordre de l'empereur Minh Mang de persécuter les chrétiens.

À l'intérieur du mausolée à triple entrée, le vice-roi et son épouse sont enterrés sous des monticules de ciment ovoïdes. Minh Mang fit profaner les tombes d'origine pour punir la désobéissance de Le Van Duyet. Les fidèles du vice-roi massacrèrent les agents de l'empereur. Minh Mang fit alors raser la citadelle de Gia Dinh, actuelle Hô Chi Minh-Ville. Peut-être en repentance, ses successeurs restaurèrent le site en 1841 et 1847.

Le temple comprend quatre grandes salles, construites en 1925 pour remplacer les précédentes structures de bambou, et considérablement rénovées en 2008. Il est souvent envahi par des pèlerins qui viennent y placer des offrandes et faire résonner les gongs. Dans la **deuxième salle**, d'énormes maxillaires de baleine sortent de la bouche d'un animal mythique, avec, sur le dessus, des défenses d'éléphant. Une vitrine abrite la dépouille d'un tigre qui rôdait dans le temple à l'époque coloniale et qu'un Français tua. Les Vietnamiens le conservèrent, croyant qu'il était chargé de protéger Le Van Duyet.

Sur un autel, à gauche, trône un portrait de Phan Thanh Giang, l'un des lieutenants de Le Van Duyet. Une représentation de Le Van Duyet joyeusement optimiste est au centre de l'autel.

Dans la **troisième salle**, des dragons s'enroulent autour de hautes colonnes de béton qui dominent de somptueux autels rouges aux sculptures dorées de la dynastie des Nguyên. Des vitrines sont remplies de vêtements offerts par les fidèles à Le Van Duyet, à son épouse et à Phan Thanh Giang. ■

Se loger à Hô Chi Minh-Ville

Si le Vietnam est supposé être une société sans classes, les touristes se répartissent inévitablement en catégories de riches et de pauvres, selon leur hébergement. Ceux qui ont les moyens choisissent les hôtels cinq-étoiles et les endroits situés vers le centre-ville. Les voyageurs à petit budget optent pour les hébergements bon marché et les dortoirs des quartiers proches de De Tham et Pham Ngu Lao, à environ 1 km à l'ouest du centre-ville, où se regroupent aussi les restaurants bon marché, les boutiques de souvenirs et les voyagistes.

Temple de Le Van Duyet

- 195 E5
- 1 Phan Dang Luu, quartier de Binh Thanh
- 08/3841-2517

Cho Lon

Cho Lon (grand marché) est le cœur commerçant de Hô Chi Minh-Ville et de sa population chinoise. Autrefois connu pour ses voleurs, ses fumeries d'opium, ses salles de jeux et ses maisons closes, le quartier reste malfamé et l'argent liquide y est toujours roi, mais la main de Hanoi a réprimé les vices les plus apparents après 1975. Les plus grands attraits sont dans les splendides temples, la soupe wonton et l'agitation fébrile des rues.

Le cœur chinois de la ville offre quantité d'opportunités commerciales.

Cho Lon

194 B1 et B2

District 5, limité par le canal de Tau Hu au sud et les rues Nguyên Van Cu à l'est, Nguyên Chi Thanh au nord, et Nguyên Thi Nho à l'ouest

Cho Lon se développa à la fin du XVIIIe siècle, quand les Chinois de Biên Hoa et du delta du Mékong, persécutés par les généraux Tây Son à cause de leur loyauté aux Nguyên, s'y réfugièrent. Pour se protéger des inondations, ils construisirent des digues le long du canal qui alimente la rivière de Saigon. Cho Lon, réuni à Saigon en 1874, constitue aujourd'hui le District 5.

Dans la rue Thap Muoi, à la limite ouest du quartier, l'énorme **marché chinois de Binh Tay** possède deux étages, avec un clocheton au-dessus de l'entrée principale. Dans la cour, des statues de dragons et de chiens-lions crachent de l'eau dans un étang rempli de poissons rouges entourant le monument à la mémoire du négociant chinois qui fonda le marché en 1930. Les étals s'agglutinent en fonction des produits, avec de grandes zones réservées aux bâtons d'encens, aux sacs, aux tissus, aux ustensiles en aluminium et à la cire à cacheter. La plupart des gens vous conseilleront de venir ici pour faire les meilleures affaires de la ville.

Les temples de Cho Lon

Le pouls spirituel du quartier bat plus fort dans le chapelet de temples situés entre les rues Nguyên Trai et Huong Vuong. Loin d'être aussi fréquentés par les touristes que les maisons communautaires de Hoi An (voir p. 155-156), ceux-ci sont tout aussi pittoresques et tout aussi chargés d'histoire.

Au cœur du quartier, au **temple de Thien Hau** (*710 Nguyên Trai*), les fidèles vénèrent la déesse de la Mer, dont la statue habillée, au fond du temple, est flanquée à gauche et à droite de celles de la déesse de la Fertilité et du protecteur des Pêcheurs. Des centaines d'exquis personnages de céramique, une des caractéristiques du temple, ornent la salle d'entrée et des galeries internes. Les longs rouleaux d'encens au bois de santal suspendus ici et dans d'autres temples de Cholon mettent un mois à brûler.

En suivant la rue Nguyên Trai vers l'est, au croisement avec la très commerçante rue **Trieu Quang Phuc**, engagez-vous dans celle-ci vers le sud. Les arômes des remèdes traditionnels chinois séchant dans des paniers et débordant de sacs étalés sur le trottoir sont une expérience en soi. Dans les boutiques, on peut voir les praticiens de la médecine traditionnelle diagnostiquer les déséquilibres entre le yin et le yang chez leurs patients, qui n'auront pas à aller loin pour suivre leurs prescriptions. Certains remèdes sont empaquetés, mais la plupart des racines, écorces, herbes, champignons, graines et autres substances organiques sont conservés dans de volumineux casiers de bois qui bordent les murs.

Un peu plus à l'est dans la rue Nguyên Trai, Quan Cong, à la fois divinité taoïste et bodhisattva bouddhique, règne sur le **temple de Nghia An et de Quan De** (*676 Nguyên Trai*) depuis une large vitrine, dans la partie centrale du temple. Quang Binh, le jeune à face rose qui symbolise la justice, et Chau Xuong, un saint guerrier, se tiennent dans des pavillons de verre octogonaux, à sa droite et à sa gauche.

À SAVOIR

Un bol bouillant de *pho*, ou soupe de nouilles, dégusté directement dans la rue, est un des meilleurs plats que vous pourrez goûter. La soupe de poulet (*pho ga*) est un délice.

Le temple, qui a récemment fait l'objet d'une importante rénovation, est particulièrement photogénique. Remarquez la superbe sculpture d'une scène de temple au dessus de l'entrée principale et les bas-reliefs représentant des tigres et des mandarins sur les murs. Les colonnes sont ornées d'inscriptions chinoises dorées et bordées d'images finement ouvragées alors que la porte et les panneaux de la fenêtre figurent de délicats

Pagode Giac Lam
194 B2
118 Lac Long Quan, District 1
Fermée de 12 h à 14 h
08/3840-4310

oiseaux, des bambous et des bonsaïs que l'on peut contempler avec délice.

De l'autre côté de la rue, la **mosquée de Cho Lon** (*641 Nguyên Trai*) fut construite en 1932 par les habitants indiens du quartier. Les quatre tours effilées qui s'élèvent aux angles de l'édifice ont un aspect typiquement moyen-oriental, ainsi que les arcades entourant la terrasse à deux niveaux qui ceint la mosquée. Après que les Indiens furent partis durant la guerre, les Cham musulmans de la ville s'approprièrent la mosquée pour les 5 000 membres de leur communauté.

De l'autre côté de la pagode de Thien Hau, à deux pas de Lupong Nhu Hoc, le **temple de Quan Am** (*12 Lao Tu*), datant de 1740, fut dédié à cette déesse de la Miséricorde par la colonie chinoise originaire du Fujian. Le temple très coloré est surtout remarquable pour l'ornementation de son toit. De pittoresques portes asiatiques agrémentées de mosaïques ornent le hall d'entrée à deux niveaux.

À l'intérieur, une Thien Hau au visage doré occupe la place d'honneur, au fond. De l'autre côté de la paroi, Quan Am fait face à un ensemble de divinités chinoises disposées dans sept niches.

La **pagode Ong Bong** (*264 Hai Thuong Lan Ong*) donne au sud dans la rue Chau Van Liem et à l'ouest dans la rue Hai Thuong Lang Ong. Elle fut peut-être construite en 1765 par des personnes venues du Fujian, comme le laisse présumer une date gravée sur une cloche de bronze trouvée sur le site. Sous ses toits roses caractéristiques, les fidèles vénèrent à la fois Ong Bong, le gardien du bonheur et de la vertu, et l'empereur de Jade.

À l'extrémité ouest de la rue Trân Hung Dao se trouve **l'église de Cha Tam** (*25 Hoc Lac*), qui joua un rôle dans l'histoire du Vietnam moderne : c'est ici que, le 2 novembre 1963, le président Ngô Dinh Diêm et son frère se rendirent aux troupes fidèles à une junte éphémère de généraux sud-vietnamiens. Ils furent exécutés peu de temps après avoir été escortés hors de l'église par des soldats.

Se détendre dans les cafés de Hô Chi Minh-Ville

Quand les Français colonisèrent le Vietnam, ils contribuèrent à remettre sur pied la culture du café qui fit la renommée du pays. L'entreprise réussit si bien que les cafés sont aujourd'hui fréquentés par les Vietnamiens eux-mêmes. En tant que principale ville du pays, Hô Chi Minh-Ville offre le plus grand choix de restaurants, bars et cafés et, en dépit d'une concurrence féroce, la plupart d'entre eux proposent des prix attractifs. La boisson de choix pour la plupart des Vietnamiens est le *ca phe da*, ou café glacé, qui est généralement très fort. Sachant que la plupart des clients aiment regarder l'animation dans la rue, de nombreux propriétaires disposent leurs rangées de tables face à l'extérieur, pour satisfaire la demande.

Au-delà de Cholon

Fondée en 1744, la **pagode Giac Lam** est une exception dans cette ville pauvre en sanctuaires bouddhiques. Grâce à la richesse de sa statuaire, à ses colonnes et à ses encadrements finement sculptés, elle peut rivaliser avec les pagodes du Nord.

Le bouddha Amitabha, au sommet de la **terrasse principale**, date de 1744. Une fois sculptée, la statue fut revêtue de papier d'argile, peinte en vermillon puis dorée. En dessous d'elle, la pièce la plus précieuse de la collection de la pagode, une représentation en bronze des neuf dragons,

Des bouddhistes vietnamiens vénèrent les esprits qui habitent dans les plus grands arbres.

date de 1757. Sur la **terrasse inférieure**, deux bodhisattvas flanquent le bouddha Amitabha. Ils font face au gardien du dharma, niché dans le mur extérieur à côté de son grotesque compagnon, Tieu Dien. Armé d'une épée, le gardien protège le bouddha, le dharma et les moines.

En 1799, le maître de Giac Lam entreprit de longs travaux de restauration et éleva 98 colonnes de bois précieux parées de 86 phrases dorées calligraphiées en chinois. L'agrandissement de la pagode nuisant au prestige de son contenu, le maître fit réaliser de nouvelles statues en jaquier.

La plupart des 113 statues trônent sur des autels à plusieurs niveaux dans la **salle principale**. Le long de chaque paroi, neuf *arhats* de 80 cm dominent leur effigie plus ancienne de 50 cm. Entre les *arhats,* les 10 rois des enfers (cinq de chaque côté) fixent des tablettes réfléchissantes pour garder une contenance solennelle.

Vingt-trois plaques portant des noms sont accrochées au plafond, et 28 paravents ouvragés encadrent les colonnes. À l'extérieur, les stupas les plus proches du sanctuaire signalent les tombes des moines supérieurs de la pagode. La tour hexagonale de sept étages, près de l'entrée, a été achevée en 1993. ■

Les environs de Hô Chi Minh-Ville

Deux des plus importants sites touristiques sont à l'extérieur de la ville. Aucun lieu lié à la guerre du Vietnam n'est aussi sacré que la terre truffée de tunnels de Cu Chi, qui attire les anciens soldats, les passionnés d'histoire ou les simples curieux, intéressés par la découverte de cette ancienne base viêt-cong. Près de Tay Ninh, se dresse un temple dédié au caodaïsme, une religion fondée au début du XXe siècle, sur la base de différentes croyances (voir encadré p. 34).

À Cu Chi, un guide expose l'art du camouflage.

Tunnels de Cu Chi
221 D4
08/3794-8767
€
cuchitunnel.org.vn

Les tunnels de Cu Chi

Cu Chi servit de refuge à 18 000 paysans guérilleros qui combattaient en empruntant 200 km de passages et de salles creusés à la main. C'est à Cu Chi que le Viêt-cong organisa son assaut capital de Saigon durant le Têt de 1968.

En 1990, deux sections des tunnels furent ouvertes au public, dont le poste de commandement de Ben Duoc, une zone que les soldats américains surnommaient les bois de Ho Bo. Les paysans-soldats de Cu Chi commencèrent à creuser le sol argileux du district pendant la guerre d'Indochine, à la fin des années 1940. En 1967, ils avaient creusé tout un ensemble de tunnels, de postes de secours, de cuisines, de théâtres, de dortoirs, de caches d'armes, de puits, d'imprimeries et d'autres salles.

Situé entre 3 et 9 m de profondeur, ce réseau à trois niveaux était très vaste. Le hasard a voulu que la base du 25e régiment d'infanterie américain, au nord-est de Cu Chi, ait été en partie implantée au-dessus.

Les Américains envoyèrent des volontaires, surnommés « rats de tunnels », dans cet enfer viêt-cong, pour se procurer des renseignements et détruire les bases ennemies. En 1967, durant l'opération Cedar Falls, les bulldozers de l'armée rasèrent plus de 11 km^2 de forêts pour priver le Viêt-cong d'abri. Au plus fort de la guerre, plus de 200 000 obus pleuvaient ici chaque mois, faisant de Cu Chi la « zone la plus bombardée, arrosée d'obus, gazée, défoliée et dévastée en général de l'histoire de la guerre », comme l'écrivirent deux journalistes britanniques en 1985. Les bombardements rendirent 70 % des tunnels inutilisables, mais Cu Chi servit aux opérations du Viêt-cong pendant toute la guerre.

La visite des tunnels

La plupart des circuits d'une journée, très prisés, au départ de Hô Chi Minh-Ville, permettent de visiter les tunnels restaurés à **Ben Dinh**, à 50 km au nord-ouest de la ville. Les tunnels de **Ben Duoc**, à 20 km plus loin, sont moins fréquentés mais vous devrez bien préciser à l'organisateur de la visite où vous souhaitez vous rendre. Le premier arrêt a souvent lieu au niveau d'une trappe invisible de 25 cm sur 30 constituant une **entrée de tunnel**. Un guide en treillis y descend en se tortillant et en réémerge en tenant la trappe au-dessus de sa tête pour que vous preniez la bonne photo.

Non loin, une trappe plus large dissimule un **piège** : des pointes de bambou plantées au fond d'une fosse. Une série de pièges montre que le Viêt-cong avait mis au point d'horribles façons de tuer et d'estropier les GI à l'extérieur et à l'intérieur des tunnels.

On passe à côté d'un **char M-41** américain, mis hors d'usage par une mine en 1970, et à côté de mannequins de cadres viêt-congs se reposant dans des hamacs ou travaillant dans des ateliers de fabrication d'armes. Les bombes et les obus d'artillerie non éclatés fournissaient une large quantité de poudre à la guérilla.

Jouer au soldat

Ben Dinh et Ben Duoc sont réputés pour leurs cibles. Pour moins de 1 €, les visiteurs peuvent tirer avec l'arme de leur choix (M-16, AK-47, carabine chinoise, fusil de chasse ou autres).

Certains **tunnels** ont été élargis pour accueillir les touristes, mais pour suivre la trace des guérilleros de Cu Chi, il faut souvent s'accroupir ou ramper dans des corridors étroits et humides. Les zigzags des boyaux étaient destinés à gêner le tir des armes, tandis que les sas internes servaient de défense contre les flammes, les armes chimiques et l'eau. Les parois de terre ont la consistance du ciment ; cette zone était donc adaptée au creusement de tunnels. Comme la présence de déblais

À NOTER : pour visiter les tunnels, le mieux est d'opter pour un circuit d'une journée (votre hôtel pourra facilement l'organiser) qui inclut souvent une visite au Grand Temple caodaïste.

Grand Temple caodaïste

✉ Long Hoa, 5 km au sud-est de Tay Ninh

Informations touristiques

✉ Tay Ninh Tourist, 210B Duong 30 Thang 4

☎ 066/3822-376

pouvait trahir leur activité, les guérilleros transportaient la terre enlevée et la jetaient dans les rizières, les ruisseaux et les cratères de bombes.

Le Grand Temple caodaïste

En octobre 1926, Ngô Van Chiêu, un fonctionnaire mystique, s'installa près de Tây Ninh avec 300 disciples et fonda le caodaïsme, une religion unique élaborée en associant au mélange traditionnel de bouddhisme, de taoïsme et de culte des ancêtres propre au Vietnam des éléments du christianisme et d'autres religions. Vers 1930, les grands prêtres de la nouvelle religion entreprirent de construire un superbe temple. Il fallut deux décennies pour l'achever.

À SAVOIR

John Tue et sa société Chemins d'Indochine (*trailsofindochina.com*) sont les guides les plus érudits pour tout le Sud-Est asiatique.

Sorte de fusion architecturale de l'Orient et de l'Occident, le temple est aussi grand qu'une cathédrale, avec deux tours en façade, une tour couverte d'un dôme au-dessus du chœur et une quatrième tour à l'arrière.

Sur la façade, l'œil divin, symbolisant à la fois l'esprit de Dieu et la lumière du cœur, vous fixe du troisième étage. Au-dessus de lui, le bouddha est assis sur le dos d'un tigre, pour rappeler l'année du début de la construction. La statue féminine à gauche honore la première femme prêtre du caodaïsme. L'homme à droite est Le Van Trung, le premier pape du caodaïsme, dont la hiérarchie reflète celle de l'Église catholique.

À l'entrée, les saints patrons – Victor Hugo, le révolutionnaire chinois Sun Yat-sen et le poète vietnamien du XVIe siècle Nguyên Binh Khiêm – témoignent de la Troisième Alliance. Pour le caodaïsme, Dieu s'est révélé trois fois à l'humanité : à Moïse la première fois; au Christ, à Sakyamuni et à Mahomet la deuxième fois; et au Cao Dai la troisième fois.

Dans la nef, des dragons sacrés s'enroulent autour de colonnes corinthiennes roses, tandis que le chien-lion, la tortue et le phénix sacrés peuplent les médaillons du plafond. Les voûtes bleues sont parsemées de nuages et d'étoiles. À l'avant du chœur sont disposées trois chaises rouges à dorures pour les cardinaux et un trône pour le pape. Autour du chœur, un paravent figure huit divinités caodaïstes, parmi lesquelles Sakyamuni à la place d'honneur, Jésus-Christ, et Quan Kong à la face rouge.

Des fidèles en tenue rituelle viennent prier ici quatre fois par jour (*à 6h, 12h, 18h et minuit*). Des galeries dominant la nef, les visiteurs peuvent observer les processions. ■

Autres sites à visiter

Dans le parc de Dam Sen, les visiteurs échappent à la grisaille quotidienne grâce aux attractions.

Le parc de Dam Sen

Dam Sen est un parc d'attractions pour enfants et adultes. Un monorail fait le tour du grand lac central ; les pêcheurs consomment leurs prises sur place dans les grils du parc. Le jardin tropical abrite de nombreux animaux, dont des oiseaux et l'on peut faire des balades à dos d'éléphants. Il existe également un parc aquatique et un spectacle aquatique musical présenté derrière le jardin de fleurs européennes. C'est l'endroit rêvé pour passer une journée avec des enfants.

194 B2 District 11 08/3963-4963

La pagode Giac Vien

Végétant à la limite du parc de Dam Sen, Giac Vien est la deuxième pagode de la ville par son ancienneté. Elle servit d'abord d'abri au moine qui surveillait la restauration de Giac Lam, non loin de là (voir p. 212-213) en 1799. Vers 1850, sa hutte est devenue un pavillon puis une pagode à part entière. En dépit d'une récente restauration, les salles et les cours gardent un aspect défraîchi. Le sanctuaire ressemble à celui de Giac Lam. Les mêmes divinités – le gardien du dharma, les dix rois de l'enfer, les *arhats,* et bien d'autres présentes à Giac Lam – occupent les terrasses et les autels, toutes laquées et brillantes, comme les marionnettes sur l'eau. Un disque multicolore nimbe la tête d'Amitabha. Notez les paravents de bois sculptés entre les colonnes, avec notamment les 18 *arhats* à califourchon sur des buffles, des cochons, des vaches, un dragon, et d'autres animaux mythiques, ainsi que des fruits abondamment cultivés dans le Sud, comme la noix de coco, le mangoustan, le durian et le ramboutan.

194 B2 247 Lac Long Quan, District 11
€ (sans la balade à dos d'éléphant)

Le musée des Beaux-Arts de Hô Chi Minh-Ville

Le musée des Beaux-Arts occupe un grand bâtiment colonial avec des portes ornées de vitres colorées et des quantités de balcons,

transformé en musée en 1991. Le **premier étage** est largement consacré à l'art de propagande. Au **deuxième étage** des laques et des peintures sur soie exaltent les sujets révolutionnaires de rigueur, mais une partie rattrape le reste grâce à un chef-d'œuvre de laque en neuf panneaux de Nguyên Gia Tri (1908-1993), un des premiers étudiants de l'École des beaux-arts d'Indochine. Le **troisième étage** présente des statues en bronze et en bois de divinités bouddhiques et de génies, des céramiques du XIXe et du XXe siècle, une statue en bois de Confucius, des statues funéraires des hauts plateaux du Centre, des sculptures cham et des objets de l'art des Khmers du delta du Mékong.
195 E3 97A Pho Duc Chinh, District 1 08/3829-4441 Fermé lun. €

Le musée Hô Chi Minh

Ce musée propose les mêmes photos et coupures de presse jaunies et un contenu aussi maigre que tous les autres musées Hô Chi Minh du pays. Il présente surtout des photos, avec les objets habituels dans des vitrines – une radio qui apprend la nouvelle de la mort de Hô Chi Minh à un habitant de Saigon, les outils de charpentier ayant servi à bâtir le temple dédié à Hô à Soc Trang. Surnommé la Maison du dragon à cause des deux animaux mythiques rampant sur la crête du toit, l'édifice est une structure coloniale classique aux vérandas faisant tout le tour des deux premiers étages. En 1911, Hô s'embarqua sur ce quai pour l'étranger.
195 F3 1 Nguyên Tat Thanh, District 4 08/3940-2060 Fermé lun. €

Le temple de Trân Hung Dao

Ce temple bien entretenu et aisé honore le souverain Trân qui mit les Mongols en déroute au XIIIe siècle. Une succession de portes donne accès au sanctuaire à façade en brique. À l'intérieur, des maxillaires de baleines sortent de la gueule d'un chien-lion devant l'autel. Une petite statue de Trân Hung Dao trône sur l'autel du milieu, avec une plus grande en bronze au fond. Des peintures évoquent les triomphes du général. Un musée voisin, bâti en 1929, évoque la dynastie Trân.
195 D-E4 36 Vo Thi Sau, District 1

La pagode Vinh Nghiem

Cette pagode à sept étages, dédiée à Quan Am, est le premier point de repère sur la route venant de l'aéroport. Bâtie entre 1964 et 1971 avec l'aide de l'association d'amitié Vietnam-Japon, elle dégage un puissant sentiment d'élévation. En dépit de sa modernité et de ses proportions imposantes, le sanctuaire est superbe. Au fond trônent trois bouddhas dorés colossaux. Les panneaux vermillon des nombreux autels sont ornés d'images dorées de pagodes et de temples célèbres du monde. Dans le vestibule, des *arhats* sauvent les gens des tourments de l'enfer, instruisent les croyants et méditent dans une merveilleuse série d'illustrations en couleurs.
195 D4 339 Nam Ky Khoi Nghia, District 3

La pagode Xa Loi

Le 11 juin 1963, le moine bouddhiste Thich Quang Duc s'immola à l'intersection des actuelles rues Cach Mang Thang Tam et Nguyên Dinh Chieu. Aujourd'hui, à cet endroit, un mémorial évoque la protestation du moine contre le régime répressif du Sud-Vietnam. À côté se trouve la pagode Xa Loi, d'où il sortit. Elle est dominée par une tour sans grâce à sept étages. À l'intérieur, un bouddha doré préside une salle en grande partie vide. Près du plafond, 14 scènes évoquent les événements marquants de la vie de Sakyamuni. Les vitres colorées des fenêtres de la pagode sont aux couleurs du drapeau bouddhique.
195 D3 89 Ba Huyen Thanh Quan, District 3. ■

Immensité gorgée d'eau, le delta du Mékong est le principal grenier à riz du pays.

Le delta du Mékong

Le riz est récolté à la main dans les rizières de la province de An Giang.

Le delta du Mékong

Après avoir parcouru 4 800 km depuis les plateaux du Tibet, le Mékong s'étend au sud du Vietnam en formant tout un réseau de voies d'eau, avant de se jeter dans la mer de Chine méridionale par neuf bras surnommés Cuu Long (neuf dragons). Ses multiples chenaux irriguent une région aussi vaste que la Hollande, en déposant des alluvions dans les rizières qui donnent trois récoltes par an.

Les distributeurs et les revendeurs se rendent au marché flottant de Cai Rang en bateau.

À NE PAS MANQUER

Le temple bâti par le moine « noix de coco » près de My Tho **223**

Visite des marchés flottants de Vinh Long **223-224**

Un séjour dans le delta du Mékong, au cœur des vergers **226**

L'escalade du mont Sam pour un aperçu panoramique du delta **227-228**

Les plages et les temples dans la région reculée de Ha Tiên **230-231**

Les splendides plages de l'île Phu Quôc **232**

Jusqu'au XIIIe siècle, cette étendue très boisée de 40 000 km² était très peu peuplée. Des pionniers chinois et vietnamiens s'y implantèrent à la fin du XVIIe siècle, retirant le contrôle politique aux habitants khmers. Des Khmers à la peau plus sombre habitent toujours la région. Leurs pagodes aux hauts toits rouges pentus et aux épis de faîtage en forme de corne sont caractéristiques du delta.

Au nord-est, entre My Tho et Ben Tre, le Mékong bourdonne comme une autoroute, chargé de barges remplies de riz, de ferries et de sampans. Ses rives et ses îles fertiles fourmillent de vergers, où l'on fabrique des douceurs à la noix de coco et du sucre de canne.

À Vinh Long, les bras d'eau sont moins dénaturés, et le marché flottant est destiné aux locaux, non aux touristes. Les étroits chenaux sont bordés de murs verdoyants de palmiers d'eau, de plants de bananiers et d'autres types de végétation, alors que des vergers et des jardins de bonsaïs prospèrent sur les alluvions spongieuses.

Le marché flottant constitue la grande attraction du delta. Celui de Cai Rang, en amont de Can Tho, est le plus coloré et le plus animé. La ville de Can Tho, avec son agréable « front de rivière » et sa série de bons restaurants, possède un charme qui incite à y passer quelques jours. C'est la principale destination du delta.

Chau Doc est le deuxième centre d'intérêt de la région. Du sommet du mont Sam, le delta apparaît comme une merveille, en partie aquatique, en partie terrestre. De Chau Doc à Ha Tiên, le paysage, avec ses palmiers à sucre, ses lumineuses rizières et ses horizons montagneux, respire une majesté primitive. À Ba Chuc, le passé resurgit avec les sites où les Khmers rouges massacrèrent des Vietnamiens en 1978. Les paisibles villes côtières de Ha Tiên et de Rach Gia donnent sur le golfe de Thaïlande et servent de porte d'accès à l'île de Phu Quôc, qui est en train de devenir la destination balnéaire favorite des Vietnamiens et des touristes. ■

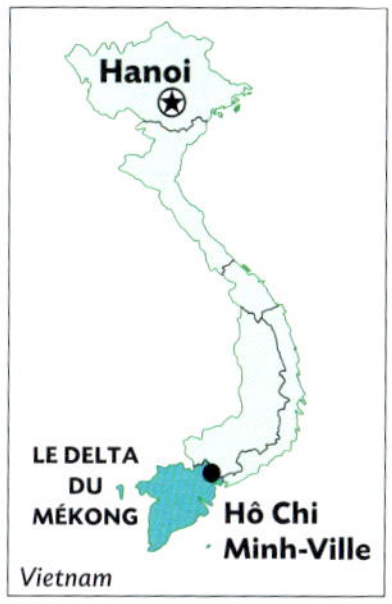

Les villes du delta

Connu comme le grenier à blé du Vietnam, le delta du Mékong, très densément peuplé, est parsemé de villes grouillant d'activité, toutes reliées par un réseau d'autoroutes surplombant les eaux, qui laissent entrevoir la vie quotidienne des paysans et des pêcheurs du delta. Vinh Long et Can Tho ouvrent sur tout un monde coloré de marchés flottants, tandis que Chau Doc séduit les visiteurs par son charme paisible.

Un fidèle bouddhiste prie dans la pagode Vinh Trang, à My Tho.

My Tho et Ben Tre
221 D3
Informations touristiques
Tien Giang Tourist, 8, 30/4, My Tho
073/3873-184
tienglangtourist.com

My Tho et Ben Tre

Le Tien, un bras du Mékong, sépare les villes de My Tho et de Ben Tre, à 70 km au sud-ouest de Hô Chi Minh-Ville. Les visiteurs y explorent les étroits bras d'eau boueux et les îles fertiles en bateau, et visitent les ateliers artisanaux de sucreries. À Ben Tre, l'excentrique pavillon de la Paix du « moine aux noix de coco » est surprenant alors que la pagode Vinh Trang de My Tho offre une fusion de l'architecture occidentale et asiatique.

La proximité de Hô Chi Minh-Ville garantit à cette région un flot constant de voyageurs, bien qu'il n'y ait pas grand-chose à visiter. Les touristes viennent en général en excursion en bateau. On peut organiser son propre circuit, plus cher, en s'adressant à l'office de tourisme, 30 Thang 4, à My Tho ou à un particulier ayant pu obtenir une licence.

Les bateaux conduisent aux **îles de la Licorne**, **du Dragon et de la Tortue**, qui proposent les mêmes attractions (restaurants, vergers et ateliers de sucreries), où les propriétaires vous attendent à la caisse enregistreuse. Quand vous le pouvez, dormez sur l'eau à My Tho.

Sur l'**île du Phénix**, le fameux « moine aux noix de coco » (voir encadré ci-dessous), un champion du kitsch, a bâti son fantaisiste ensemble de temples dans les années 1960. Des dragons multicolores en béton s'enroulent autour de neuf colonnes, une pour chaque bras du Mékong. Un pont unissant deux tours élancées, une pour Hanoi et une pour Hô Chi Minh-Ville, représente l'espoir de paix du moine. Sur une autre tour, une capsule spatiale servait d'ascenseur pour atteindre le perchoir où il méditait.

La pagode Vinh Trang (*60A Nguyên Trung Truc, My Tho*) mérite de s'écarter un peu du fleuve. L'édifice date de 1851, ses grands ornements sont du début des années 1930. La façade offre un amalgame d'arcs romains, de ferronneries françaises, de tuiles japonaises et de calligraphie chinoise et gothique. À l'intérieur, le paravent sculpté de l'autel et les 18 *arhats* datent de 1907.

Vinh Long

Au cœur du delta, Vinh Long occupe la section médiane d'une longue île en forme de coin, formée par les deux principaux bras du Mékong – le Tien et le Hau. La ville elle-même manque d'attrait, mais elle offre une base pratique pour explorer les bras d'eau. Le marché flottant de Cai Be peut se révéler décevant, mais les chenaux eux-mêmes seront à la hauteur de vos espérances concernant la visite du delta.

En quittant la jetée qui jouxte le bureau de Cuu Long Tourist, les bateaux empruntent une branche du Tien, le Co Chien, qui passe en amont sous le **pont de My Thuan**, dont le tablier de 30 m offre une vue spectaculaire du vaste delta. En empruntant le bras d'eau de Dong Phu, votre bateau longera l'amont de l'**île d'An Binh**. Les pépinières et les vergers y prospèrent, et les ruisseaux qui les irriguent donnent envie de se détourner de l'itinéraire habituel. Ce bras est chargé de sampans et de barges, qui transportent des montagnes de riz non décortiqué entre des planches fixées à la coque pour maximiser le chargement. Les yeux peints à la proue des bateaux dissuadent les mauvais esprits des eaux.

Après le marché de Dong Phu, on pénètre sur le bras principal du Tien et on atteint le village de Cai Be et son **marché flottant**. Patates douces, oignons et autres

Le moine aux noix de coco

Ong Dao Dua était appelé ainsi, car il raconta ne s'être nourri que de noix de coco plusieurs années durant, tout en méditant.
Dans les années 1960, il fonda une nouvelle religion, le Tinh Do Cu Si, mélange de bouddhisme et de christianisme. Il attira une cohorte de jeunes disciples américains, dont John Steinbeck.

Vinh Long

221 D3

Informations touristiques

Cuu Long Tourist, 1 1 Thang 5

070/3823-529

cuulongtourist.com

Can Tho
221 C3
Informations touristiques
Can Tho Tourist, 50 Hai Ba Trung
0710/3824-221
canthotourist.vn

produits sont suspendus à des perches verticales sur les sampans, pour signaler aux clients ce que vend chaque bateau. Les plus gros vendent aussi du bois de chauffage et des topiaires.

Cai Be elle-même n'est guère plus qu'une série de cabanes, de boutiques et de maisons délabrées d'où jaillit une forêt d'antennes de télévision, dominées par une église catholique. Des sentiers longent la rive et plongent à angle droit à travers les vergers regorgeant de papayes, de longanes, de bananes et d'ananas.

Un littoral en expansion

Le Mékong a un immense impact sur tous les pays qu'il traverse, et aucun ne lui doit autant que le Vietnam. Les alluvions charriées depuis la Chine, la Thaïlande, le Laos et le Cambodge font du delta une région assez fertile pour répondre à l'essentiel des besoins agricoles du pays. La vase apportée jusqu'aux nombreuses embouchures du Mékong parvient également jusqu'à la pointe extrême du pays, au cap Ca Mau, où les dépôts font gagner environ 50 à 100 m chaque année.

En amont sur le bras de Cai Muoi, à An Binh, la pittoresque villa d'un Vietnamien fonctionnaire de l'administration coloniale offre un mélange d'architecture française et vietnamienne, en associant les piliers de bois dur et les panneaux d'un *nha ruong* (voir p. 144-145) de l'intérieur aux fenêtres arrondies d'une façade à la française.

À Vinh Long, une courte promenade, depuis la jetée, permet de jeter un coup d'œil à la splendide villa, 2 rue Le Van. Notez les guirlandes très colorées en bas-reliefs au-dessus de la massive porte de bois. Le **musée militaire**, dans la rue Phan Boi Chau, mérite le coup d'œil ; on peut voir plusieurs tanks, un F-5A et un A-37B, ainsi qu'un hélicoptère Huey. Quelques kilomètres au sud de l'office de tourisme, sur la berge, se dresse un temple de la littérature (*van mieu*) rarement visité.

Can Tho

Reliée à Hô Chi Minh-Ville par des vols fréquents et le plus long pont à haubans d'Asie du Sud-Est (2,75 km, ouvert en 2010), la ville de Can Tho est la capitale du delta du Mékong, et compte plus d'un million d'habitants. Nichée contre un bras du Mékong, elle dispose d'une esplanade conçue pour la flânerie, d'un marché français restauré et d'une série de restaurants jouissant d'une vue superbe. Les marchés flottants, en aval, incitent à sauter du lit aux premières lueurs de l'aube. Un superbe temple à l'intérieur de la ville et une maison charmante, juste à l'extérieur, donnent l'occasion de s'éloigner un peu du fleuve.

Au cœur de la ville, une esplanade, le **parc Ninh Kieu**,

À SAVOIR

Mieux vaut négocier et louer votre propre bateau avec pilote pour votre visite. Engagez-vous dans les chenaux pour avoir un réel aperçu de la vie dans le delta.

longe le fleuve entre le quai et l'ancien marché au poisson bâti par les Français dans les années 1930 – le beau bâtiment abrite maintenant des kiosques offrant des colifichets pour touristes et un restaurant au bord de l'eau. Dans un élan progressiste, on avait rasé le vieux marché au bord du fleuve et dégagé l'espace pour y installer des pavillons, des bancs et des jardins. Le soir, des tubes de néon éclairent les toits des pavillons et des marchés; on peut trouver l'effet déplaisant ou alors tout à fait charmant.

À mi-chemin entre le marché et le quai, le **temple de Kuang-Tsao** (ou temple d'Ong) abrite une niche pour Quan Kong et une belle collection de sculptures sur bois. De prospères négociants chinois importèrent des matériaux et des ornements de Canton et bâtirent le temple entre 1894 et 1896. Les chevrons sculptés et peints sous l'avant-toit antérieur sont particulièrement beaux, de même que la sculpture de couleur vive, figurant un somptueux palais chinois, suspendue à une poutre. Des sculptures dorées, sous les trois autels au fond du temple, évoquent des scènes légendaires de l'histoire chinoise. La niche à droite de Quan Kong à la face rouge abrite le dieu de la Terre, celle de gauche l'honorable érudit Dong Vinh.

L'intéressant **musée de Can Tho** se trouve à l'intersection des rues Hoa Binh et Phan Dinh Phung. Plus au sud dans la rue Hoa Binh la **pagode Munirang Syaram**, l'une des quelque

Musée de Can Tho

1 Hoa Binh
0710/3820-955
Fermé lun., mar-jeu. de 11 h à 14 h, sam-dim de 11 h à 18 h 30

Les marchands présentent chaque matin les produits du delta dans les marchés flottants.

À DÉCOUVRIR Un séjour chez l'habitant

Les Vietnamiens sont accueillants et il est plutôt facile de bien s'entendre avec eux. Cependant, ils n'invitent généralement pas chez eux les touristes occasionnels. Par chance, plusieurs tour-opérateurs ont mis sur pied un système de séjours chez l'habitant, qui permet aux visiteurs de passer un jour ou plus dans un intérieur typiquement vietnamien et de découvrir le mode de vie de leur famille d'accueil. Ce système est appliqué dans tout le pays, mais c'est dans le delta du Mékong qu'il rencontre le plus vif succès. Les maisons s'y inscrivent souvent dans un contexte idyllique, au milieu de vergers ou de rizières.

Le confort est généralement assez rudimentaire – les salles de bains se limitent par exemple à une simple douche en baquet et des toilettes à la turque –, mais cet inconvénient est largement compensé par le fait de pouvoir partager des repas de famille et nouer de vrais liens, dans les limites qu'impose le barrage de la langue. Pour plus d'informations, contactez un des tour-opérateurs listés dans Informations pratiques (voir p. 239).

Maison Duong
✉ 26/1A Bui Huu Nghia, Binh Thuy Ward
☎ 0710/3841-127
🕒 12 h-14 h
€ €

400 pagodes khmères du delta, a été entièrement refaite en béton peint en 1948. Ses salles austères sont moins enthousiasmantes que celles des temples de Soc Trang et Tra Vinh (voir p. 234).

Une surprise vous attend en direction de Binh Thuy : la **maison Duong**, vieille de 130 ans, qui apparaît dans le film *L'Amant*, de 1992. Deux escaliers convergent sur une terrasse devant une série de cinq portes aux volets verts surmontées de frontons. À l'intérieur, des colonnes en bois de fer divisent l'espace en cinq travées meublées avec goût de tables à plateau de marbre, de plates-formes servant de lit, de vaisseliers massifs à miroirs, de chandeliers suspendus à des médaillons floraux et d'un vase réputé avoir 500 ans. Les paravents de bois sculptés entre les colonnes sont aussi recherchés que ceux d'une pagode. Le propriétaire actuel, Duong Minh Hien, est le petit-fils du bâtisseur de la maison, dont le portrait est accroché à l'intérieur, au-dessus de la porte centrale.

Sur le fleuve Dès l'aube, le trafic est intense, avec un mélange indescriptible de *long tail boats* (bateaux à longue queue), de sampans manœuvrés par des femmes debout et de barges enfoncées dans l'eau jusqu'au plat-bord, chargés de boue et de graviers. À 7 km en aval de Can Tho, le **marché flottant de Cai Rang** attire des centaines de personnes venues des fermes et des villages des environs. Si vous quittez Can Tho avant 7 h du matin, ce marché vous enchantera. Sur les bateaux, des fruits et des légumes sont suspendus à de hautes perches de bambou fixées aux cabines. Les clients viennent acheter des melons d'eau, des longanes, des ananas, des goyaves, des choux, des bananes, des pomélos et autres produits locaux. À 10 km en aval, le **marché flottant de Phong Dien**, spécialisé dans les fruits, attire moins les touristes. Sur les deux marchés, on achète surtout en gros, mais les marchands d'ananas, en particulier, ont tendance à vendre des fruits frais aux touristes.

En revenant à Can Tho, arrêtez-vous sur la rive au **temple Cao Dai**, au-dessus de My Khanh. On ne peut pas manquer le sanctuaire, avec les deux tours à degrés de la façade et l'œil caractéristiques. Sa voûte bleu ciel est soutenue par des colonnes en béton qui ont l'air de sucres d'orge turquoise. Dix autres colonnes sur lesquelles s'enroulent des dragons aux écailles orange entourent un œil encadré d'or. Si le temple est fermé, on peut se faire ouvrir par le gardien.

Non loin de là, les bungalows du **village touristique de My Khanh**, installés dans un verger de sapotilliers, s'adressent aux touristes vietnamiens. La maison restaurée vieille d'un siècle a été implantée là en 2002.

Chau Doc

De Can Tho à la ville de Chau Doc, l'horizon du verdoyant delta du Mékong s'ouvre finalement, révélant ses rizières légendaires. À 11 km à l'est de la frontière cambodgienne, Chau Doc possède une population mixte, vietnamienne, khmère, cham et chinoise. L'économie locale est dominée par les nombreux élevages de *ca ba sa* (poissons-chats) qui obstruent les voies d'eau. Le mélange de pagodes, de temples et de mosquées met en évidence l'ardente religiosité de la région. Cela dit, Chau Doc, une ville frontière, a été l'une des dernières à être peuplée par les Vietnamiens. Des contrebandiers à moto viennent de temps en temps en ville, pour vendre des cigarettes et des CD, et le sida serait très répandu chez les femmes, en majorité cambodgiennes, qui se prostituent.

L'île de Con Tien

Un pont construit au nord de Can Tho relie la ville à l'île. L'île et le village de Chau Giang dotés de 10 mosquées abritent un grand nombre des 15 000 Cham musulmans de la région. Les villages cham offrent peu de choses aux touristes qui, pour la plupart, les découvrent dans le cadre d'un tour organisé, incluant aussi la visite des fermes piscicoles, où les maisons-pontons flottent sur des barils vides, au-dessus d'imposantes cages de poissons-chats.

Il y a peu de choses à voir. Rue Trân Hung Dao, près du marché, sur l'autel principal du **Dinh Chau Phu**, une salle communale de 1926, le héros local, Nguyên Huu Canh (1650-1700), lisse sa barbe ; père fondateur de Saigon, il fut un pionnier dans cette partie du pays. De l'autre côté du marché, un Quan Kong à coiffe cérémonielle tient sa cour dans un temple édifié en 1972, l'un des moins intéressants dédiés à cette divinité taoïste qui est aussi un bodhisattva bouddhique.

Village touristique de My Khanh

✉ 335 Lo Vong Cung

☎ 0710/3846-260

mykhanh.com

Chau Doc

🅰 221 C4

Informations touristiques

✉ An Giang Tourist, 563/29 Tran Hung Dao, Long Xuyen

☎ 076/3954-432v

Le mont Sam Dominant la plaine inondable, à 5 km au sud-ouest de Chau Doc, Nui Sam (le mont Sam, 230 m), constitue le site le plus intéressant de la région. La route venant de Chau Doc serpente entre les affleurements de granit jusqu'à une modeste base militaire installée au sommet, où l'on peut flâner librement pour observer le Cambodge au nord-ouest et le delta au sud-est.

Au pied du mont, l'excentrique **pagode Tay An**, qui introduit dans l'architecture bouddhique traditionnelle des éléments hindous et islamiques, offre une débauche de coloris mandarine, pourpre, vert d'eau et vert citron. Elle date de 1847, mais son aspect actuel est dû à une restauration réalisée en 1958. Une citrouille couronne sa tour centrale, et sept cobras en bas-relief se détachent des arcs moyen-orientaux du portique. À l'intérieur, quelque 200 statues de bois laquées de couleurs vives ornent les autels, les tablettes et les piédestaux. On y trouve l'empereur de Jade, les *arhats*, les quatre rois célestes, les gardiens du dharma, et de nombreuses manifestations du bouddha. On remarque à droite un personnage muni d'une épée jaune et près de la porte principale, un groupe de statues vêtues de feuilles.

Les flancs du mont Sam offrent de fabuleux points de vue sur le delta et le Cambodge.

En remontant la rue, le **temple Ba Chua Xu** attire les pèlerins venant implorer une déesse locale appelée la Sainte Dame. Nettement obèse, cette divinité fut trouvée sur le mont Sam par les envahisseurs khmers au début du XIXe siècle. Le poids de la statue les empêcha de l'emmener. Par la suite, neuf vierges réussirent à la porter jusqu'au pied du mont, où les villageois érigèrent un temple. L'édifice actuel a été rebâti pour la dernière fois au début des années 1970. On y accède par un immense vestibule, qui indique les quantités de fidèles qui affluent ici, en particulier pendant la fête du quatrième mois lunaire. Aujourd'hui, la déesse trône en robe de soie à paillettes devant un halo façon disco. L'édifice voisin à trois étages sert de dépôt aux robes et aux parures offertes à la dame par les fidèles.

Un peu plus haut dans la rue se trouve le **tombeau** des années 1930 de **Nguyên Van Thoai** (1761-1829), le mandarin et ingénieur qui a été le premier à exploiter le riche sol de la région et qui a fourni une impulsion au commerce du delta en construisant un canal. Il est enterré dans la cour avec ses deux épouses. ■

Le sort des boat people

Au cours des années qui suivirent la chute de Saigon en 1975, plus d'un million de fuyards montèrent à bord d'embarcations surchargées, dans l'espoir de mener une vie meilleure hors du Vietnam. On les appela boat people. Ils furent au centre de l'attention mondiale à la fin des années 1970.

Craignant les représailles des Nord-Vietnamiens et du Viêt-cong victorieux, une première vague de 131 000 personnes fuirent quand Saigon tomba, 6 500 environ en hélicoptère et en avion, d'autres par voie de terre, la majeure partie en bateau.

Le bain de sang redouté ne se produisit pas, mais les communistes n'avaient pas l'intention d'absoudre ni d'oublier ceux qui s'allièrent au gouvernement sud-vietnamien durant la guerre. Ils en enfermèrent des milliers dans des « camps de rééducation » et ruinèrent le pays en imposant leur politique d'économie planifiée. Parallèlement, le gouvernement de Hanoi cherchait à obtenir les faveurs de ses deux alliés, l'Union soviétique et la Chine. Les Soviétiques étant plus éloignés géographiquement et représentant une menace moindre pour l'indépendance du Vietnam, Hanoi préféra l'URSS.

En 1978, le Vietnam envahit le Cambodge pour mettre fin au sanglant régime de Pol Pot. Pour punir le Vietnam d'avoir attaqué un allié de Pékin, les troupes chinoises pénétrèrent au Vietnam. Les Vietnamiens, aguerris et disciplinés par des décennies de guerre récente, les repoussèrent.

En réponse, ils entreprirent d'expulser en masse les 750 000 Chinois du Vietnam, en imposant à chacun d'eux de payer 3 000 dollars le privilège de s'en aller comme ils le pouvaient. Le sort de cette seconde vague de réfugiés suscita une crise internationale et des appels en leur faveur dans le monde entier.

On laissa les réfugiés chinois se débrouiller. Ils s'embarquèrent sur des mers dangereuses, où ils risquaient d'être victimes des typhons, de la faim, et des pirates thaïlandais, qui volaient, violaient et tuaient les réfugiés, dont beaucoup portaient avec eux les économies en or de toute une vie. La réception des pays voisins ne fut guère accueillante. Beaucoup de pays d'Asie du Sud-Est renvoyèrent les boat people qui avaient réussi à traverser la mer. Au cours des six premiers mois de 1979, la Malaisie remorqua près de 58 000 réfugiés hors de ses eaux territoriales. Selon certaines estimations, de 500 000 à 600 000 personnes périrent durant cet exode.

Un navire surchargé de boat people lève l'ancre après le refus des autorités malaisiennes de les accueillir en novembre 1978.

Ceux qui accostèrent en Malaisie, à Singapour, en Thaïlande, à Hong Kong et aux Philippines furent regroupés dans des camps de réfugiés, où ils croupirent pendant des mois, voire des années, en attendant d'être accueillis dans d'autres pays. Au milieu des années 1990, le nombre de personnes fuyant le Vietnam avait déjà diminué. De nombreux camps furent alors fermés. En 2005, les derniers réfugiés aux Philippines trouvèrent refuge au Canada et aux États-Unis. La situation des réfugiés avait enfin trouvé une issue.

Le long du golfe de Thaïlande

Alignant les villages de pêcheurs endormis et les bandes de sable, l'étroit littoral qui s'étend de Ha Tiên (près de la frontière du Vietnam avec le Cambodge) à Rach Gia (capitale de la province de Kien Giang) est paisible et idyllique. Il est célèbre pour son patrimoine khmer, dont témoignent les pagodes et la population locale, et pour l'île de Phu Quôc, très prisée.

Les eaux qui baignent cette côte sont très calmes par rapport à celles de la mer de Chine méridionale.

Ha Tiên
221 B3
Informations touristiques
Kien Giang Tourist, 190 Tran Phu
077/3862-231

Ha Tiên

Dans l'extrême sud-ouest du Vietnam, Ha Tiên est le dernier arrêt sur la côte avant le Cambodge. Peu de visiteurs poussent au-delà de Chau Doc jusqu'à cette paisible ville frontière, mais cette tendance risque de s'inverser avec l'ouverture de la frontière avec le Cambodge et la mise en place de ferries jusqu'à l'île de Phu Quôc.

Le marchand cantonais Mac Cuu s'installa à Ha Tiên vers 1670 avec la permission de la cour khmère et y bâtit un port fréquenté par des négociants venant même des Pays-Bas. Comme les pirates thaïs ne cessaient d'attaquer le port, Mac Cuu noua une alliance avec la cour des Nguyên. Après sa mort en 1735, à l'âge de 81 ans, les accords qu'il avait conclus tinrent pendant sept générations ; ses descendants bénéficièrent de privilèges et de titres de noblesse.

Ils sont enterrés sur des terrasses à flanc de colline, à 800 m au nord-ouest de la ville, derrière le **temple de Mac Cuu**. Le fondateur lui-même occupe le point le plus élevé, sur le Nui Lang, qui mérite une brève ascension pour découvrir le panorama des rizières et des collines côtières. Le temple honore Mac Cuu, ses fils et leurs épouses. Des peintures murales de 1846 honorent la restauration menée par les locaux.

Plus près de la ville, le **temple de Quan Thanh**, vieux de trois cents ans, abrite un Quan Kong à face rouge en train de se lisser la barbe et quatre énormes acolytes armés. D'imposants dragons s'enroulent autour de deux des colonnes. Les peintures murales surmontant les portes des galeries latérales et le seuil de granit dans la cour sont censées être d'origine. Des tortues s'ébattent librement dans le puits céleste du temple.

À 6 km environ à l'ouest de Ha Tiên, l'eau du golfe lèche la grève de sable brun à **Mui Nai**

(€) la seule plage digne d'intérêt de la région. Une série de collines agréablement disposées confère à la plage une perfection digne du *feng shui*, tandis que les chaises longues et la cuisine de mer proposée par les restaurants invitent à s'attarder.

À environ 3 km plus loin, un monument représentant un poing serré, au pied de la **grotte de Thach Dong**, évoque les 130 personnes massacrées non loin en 1978, lors d'un raid des khmers rouges de Pol Pot. On peut éviter la pagode, sans intérêt, installée dans la grotte de Thach Dong, mais il faut découvrir le panorama du côté opposé de la grotte. La vue porte jusqu'à la côte déchiquetée du Cambodge, à 2 km de là.

Rach Gia

Rach Gia acquit une brève notoriété en 1868, quand le premier grand nationaliste vietnamien, Nguyên Trung Truc, attaqua la garnison française locale et tint un moment la ville. Depuis lors, la ville côtière s'est endormie ; elle accueille surtout les voyageurs se rendant à Phu Quôc (voir encadré ci-contre).

Rach Gia n'est pas vraiment attirante, mais on peut y passer un après-midi entre sa maison communale, son temple khmer et sa pagode.

Une statue de Nguyên Trung Truc trône sur un îlot de la rivière Cai Lon, au centre de Rach Gia, qui s'étend sur les deux rives. Le marché et les hôtels se trouvent sur la rive nord.

La **maison communale** Nguyên Trung Truc se trouve aussi sur la rive nord, au 18 Nguyên Cong Tru, près du terminal du ferry. À l'intérieur, un temple de 1963 abrite des armes cérémonielles et des portraits du héros local. Deux bas-reliefs le figurent sur le pont de l'*Espérance* et dans le fort de Rach Gia. Une vitrine montre des madriers provenant du bateau.

Grand résistant

De 1861 à 1868, Nguyên Trung Truc dirigea le premier grand mouvement de résistance aux Français. En décembre 1861, à 22 ans, il incendia et coula le bateau de guerre français l'*Espérance*. Six ans plus tard, il défit la garnison de Rach Gia et tint la ville pendant six jours. Les Français le capturèrent à Phu Quôc et l'exécutèrent sur la place du marché de Rach Gia en 1868.

Au nord du marché, rue Quang Trung, le sentier menant à la **pagode Phat Lon**, qui part d'une élégante porte khmère, est bordé d'une balustrade en forme de *naga* (serpent divin) supportée par des statues de l'oiseau mythique Garuda. Une frise évoquant l'histoire de la vie de Sakyamuni fait le tour de la salle centrale.

De l'autre côté de la ville, rue Su Thien An, la **pagode Tam Bao** est bâtie autour d'une cour et

Rach Gia

221 C3

Informations touristiques

Kien Giang Tourist, 190 Tran Phu

077/3862-231

Informations touristiques

26 Nguyen Trai, Duong Dong

077/3994-181

À DÉCOUVRIR Un tour à cyclomoteur autour de Phu Quôc

Nombre de touristes, à Phu Quôc, ne s'aventurent jamais au-delà de l'hôtel. L'île mérite pourtant d'être explorée et le cyclomoteur est le meilleur moyen. Beaucoup d'hôtels et de maisons d'hôtes en louent, mais prenez le temps de bien examiner l'engin avant de partir. Si l'on excepte la seule route pavée qui part de **Duong Dong** et longe la côte, ainsi qu'une base navale à **An Thoi**, le reste des voies de l'île ressemble plus à des chemins défoncés.

On peut choisir différents itinéraires. Pour profiter de la diversité des paysages, prenez la direction de l'ouest à partir de Duong Dong, jusqu'au village de **Ganh Dau**, dans le coin nord-ouest, puis rentrez en traversant les collines boisées et les plantations de poivre de l'intérieur de l'île jusqu'à la capitale.

Si vous aimez le sable et le surf, suivez **Bai Truong** jusqu'à la pointe sud de l'île, puis remontez la côte est et marquez une halte à **Bai Sao** et ses splendides plages de sable blanc. Ce lieu est encore peu développé et jalonné de promontoires.

Phu Quôc

220 A3

Informations touristiques

Kien Giang Tourist, 137 Nguyên Hung Son, Rach Gia

077/3862-103

visitphuquoc.info

À NOTER : des ferries express desservent Phu Quôc à partir de Rach Gia et Ha Tiên, mais de nombreux voyageurs optent pour un des vols quotidiens de Hô Chi Minh-Ville pour l'aéroport de Duong Dong.

d'un étang carré garni de lotus, avec un sanctuaire de Quan Am. À l'extérieur, un roi naga à sept têtes protège un bouddha immaculé en train de méditer.

Phu Quôc

Au large de la côte sud du Cambodge, l'île de Phu Quôc est en train de devenir l'une des premières destinations du Vietnam. L'île de près de 600 km^2, baignée par l'eau limpide du golfe de Thaïlande, possède les plus belles plages de sable blanc du pays, tandis que l'intérieur montagneux abrite un parc national, des milliers de singes et de célèbres plantations de poivre. Le meilleur moyen de locomotion est le cyclomoteur, que vous pourrez louer dans les hôtels (voir encadré ci-dessus).

Au début du XIXe siècle, le futur Gia Long reprit des forces ici avant de mettre en déroute l'éphémère dynastie Tây Son pour reconquérir le pays au profit des Nguyên. Aux premiers jours de la résistance contre les Français, Nguyên Trung Truc utilisa Phu Quôc comme base. Et durant la guerre du Vietnam, les Sud-Vietnamiens enfermèrent 40000 guérilleros viêt-congs à la pointe sud de l'île.

Quelques entreprises installées le long de la rivière à Duong Dong fabriquent six millions de litres de *nuoc-mâm*, la sauce à base de poisson. Mais le mieux, ici, est de chercher la plage idéale. *Phu quôc* signifie « beau pays », et ces grèves sont les seules rivales sérieuses des joyaux de la Thaïlande et de l'océan Indien.

Bai Truong (longue plage), un long ruban de 20 km, longe la côte ouest. La station balnéaire, en plein essor, est en train de la grignoter depuis Duong Dong, mais sa lisière sud reste le domaine des pêcheurs qui fixent leurs lignes aux cocotiers. Toujours à l'ouest, plusieurs stations balnéaires s'accrochent à **Bai Ong Lang**. Des récifs, au large, offrent des sites de plongée, mais on observe mieux les poissons au large des petites îles, au nord et au sud. ■

Autres sites à visiter

Ba Chuc

Entre Chau Doc et Triton, on traverse de vastes rizières ourlées de rangées de palmiers à sucre (*thot not*). Les pagodes khmères abondent, signalant la proximité du Cambodge, qui s'avéra fatale aux habitants de Ba Chuc. En effet, du 18 au 30 avril 1978, les Khmers rouges se livrèrent à des massacres qui coûtèrent la vie à 3 157 villageois. Dans le **mémorial**, à l'entrée du village, une vitrine abrite les crânes de 1 159 victimes classés par âge. Les os défoncés attestent de la brutalité du massacre. Une galerie attenante présente les gourdins, les poignards et les épieux utilisés par les agresseurs, ainsi que d'horribles photos de victimes tuées à coup de gourdins et empalées. Les Khmers rouges ont commis des atrocités dans 10 autres sites proches, comme la maison communale de **Phi Lai Tu**, non loin du mémorial. Là, dans la salle du fond, deux lignes rouges tracées en bas du mur indiquent l'endroit où 150 personnes furent attachées avant d'être exécutées. Quarante autres personnes furent entassées sous l'autel et assassinées.

🅰 221 B3

Îles Con Dao

L'archipel de Con Dao, à 180 km au sud-est du delta, fut tristement célèbre sous le nom de Poulo Condore ; sur l'île principale, les Français, puis le régime de Saigon y enfermaient des détenus dans des conditions déplorables. Là, les nationalistes vietnamiens (dont Pham Van Dông et Lê Duc Tho) se soutinrent en se donnant des cours de marxisme, de littérature, de science et de langue. Aujourd'hui, le tourisme est ancré sur l'île de **Con Son** où, durant la guerre du Vietnam, le régime de Saigon enferma les captifs dans de tristement célèbres cages à tigres, dans les prisons de **Phu Son** (riche montagne) et **Phu Hai** (riche mer). Les plages et le **parc national de Con Dao** attirent aussi les touristes dans l'île. Ses eaux abritent 1 000 ha de récifs coralliens. Des dugongs se nourrissent d'herbes marines près du rivage, tandis que des milliers de carets et de tortues de mer vertes nichent ici de juin à septembre. Marco Polo s'ancra ici à la suite d'une tempête en 1294, et le compositeur Camille Saint-Saëns y acheva son opéra *Brünhilde* en 1895. De nouveaux hôtels de luxe laissent présager un bel avenir pour ces îles, qui sont accessibles par un service aérien quotidien depuis Hô Chi Minh-Ville.

🅰 221 E1 **Informations touristiques**
✉ Vung Tau Tourist, 29 Trân Hung Dao, Vung Tau ☎ 064/3587-527

À SAVOIR

L'île de Phu Quôc est idéale pour se détendre le temps d'un week-end. Abordable, paisible, c'est la vie au bord de la mer telle qu'on l'imagine.

La péninsule de Hon Chong

Entre Ha Tiên et Rach Gia, une mer calme et limpide effleure doucement les plages de sable brun de Hon Chong. La pension Green Hill (*tél. 077/3854-369*) domine la magnifique plage de **Bai Duong.** Plus bas sur la route qui longe l'océan, la **pagode de la Mer et de la Montagne** est blottie au pied d'un affleurement calcaire. Une grotte mène à la plage, et les îles du Père et du Fils surgissent juste au large. Malheureusement, le Père, un des deux immenses piliers rocheux, s'est effondré en 2006. On peut louer un bateau pour explorer la zone dans n'importe quel village de pêcheurs.

🅰 221 B3 **Informations touristiques**
✉ 190 Tran Phu ☎ 077/3862-231

Long Xuyen

Chef-lieu de la province d'An Giang, Long Xuyen se situe à mi-chemin entre Can Tho et Chau Doc sur la rive du Hau. Comme à Can Tho, on y trouve un marché flottant. La plupart des sites se situent dans la rue Nguyên Hue, entre le fleuve et la nationale 91. Une statue de **Tôn Duc Thang**, l'enfant de Long Xuyen qui succéda à Hô Chi Minh comme président du Nord-Vietnam en 1969, se dresse dans l'un des jardins du boulevard. Derrière, deux bras brandissent une croix sur le clocher de l'**église catholique**. Du même côté de la rue, Nguyên Huu Canh joue le rôle de l'esprit tutélaire dans la **maison communale My Phuoc**, fondée au début du XVIIIe siècle.

221 C3 **Informations touristiques**
563/29 Tran Hung Dao, Long Xuyen
076/3954-432

Soc Trang

Soc Trang mérite un détour pour ses pagodes khmères, dont la **Khleang** et surtout la **Doi** (chauve-souris), où des milliers de roussettes sont accrochées aux arbres, dormant la journée et se nourrissant la nuit – mais jamais, dit-on, dans le verger de la pagode. Dans le sanctuaire du XVIe siècle, des textes bouddhiques sont incisés sur des feuilles de palmier.

221 D2 **Informations touristiques**
Soc Trang Tourist, 104 Lê Loi
079/3822-024

La ville de Tra Vinh

La plupart des gens visitent Tra Vinh dans la journée au départ de Vinh Long. Les 10 ha d'eau bleu clair de l'**étang de Ba Om** sont bordés de diptérocarpes et de tamariniers aux curieuses racines. Les mêmes arbres ombragent la **pagode Ang** voisine, l'une des 140 pagodes khmères de la province. Au crépuscule, les cigognes s'installent dans les arbres autour de la **pagode Hang**. Les Français avaient créé une station balnéaire à **Ba Dong**, une bande de sable blanc de 10 km; c'est l'une des rares destinations balnéaires du delta. Mais le trajet de 55 km depuis Tra Vinh est un supplice, car la route fut très abîmée par la guerre.

221 D3 **Informations touristiques**
Tra Vinh Tourist, 64-66 Lê Loi
074/3858-556. ■

À Tra Vinh, un moine khmer rejoint sa chambre pour méditer.

Informations pratiques

Un drôle de vélo aquarium !

INFORMATIONS PRATIQUES

PRÉPARER SON VOYAGE

Assurance

Avant de partir, vérifiez les risques couverts par votre assurance et souscrivez au besoin une assurance rapatriement.

Les voyageurs étrangers ne sont pas encore autorisés à conduire au Vietnam. Si vous louez une voiture, vous louerez aussi les services d'un chauffeur qui sera responsable en cas d'accident. Si vous louez une moto, la responsabilité sera la vôtre. Vous ne pourrez pas vous assurer contre les dommages éventuels : si vous êtes responsable d'un accident, l'autre conducteur vous demandera vraisemblablement de le dédommager sur les lieux du sinistre.

La plupart des hôtels dégagent leur responsabilité pour les objets non déposés à la réception. Dans les établissements de catégories moyenne et supérieure, les chambres sont généralement équipées de coffres. Quoi qu'il en soit, dans la plupart des cas, l'entrée des hôtels est très surveillée.

Drogues et narcotiques

L'usage des drogues est strictement interdit au Vietnam, aussi munissez-vous de vos ordonnances si vous transportez des médicaments Dans tout le pays, vous verrez des gens fumer des pipes en bambou mais ne vous méprenez pas : il s'agit seulement de tabac. Si Hô Chi Minh-Ville a perdu depuis longtemps sa réputation de paradis pour les fumeurs d'opium, de nombreuses boutiques proposent aux touristes des pipes à opium et des oreillers, uniquement comme souvenirs.

Formalités

Visa

Un visa est obligatoire pour entrer au Vietnam. Il est possible de l'obtenir à l'arrivée, pour une période de 1 à 3 mois (entrée simple ou entrées multiples) mais mieux vaut écarter cette solution qui réserve souvent de mauvaises surprises. Les touristes effectuent généralement des séjours d'un mois avec un visa à entrée simple. Ce visa peut être prolongé, sur place, deux fois pour la même durée. Le passeport doit encore être valable six mois après le départ. Si vous vous trouvez au Vietnam avec un visa qui a expiré, préparez-vous à vous expliquer avec les agents du ministère de la Sécurité publique, à Hanoi ou Hô Chi Minh-Ville. Voici les adresses des ambassades et consulats où demander votre visa :

France
61, rue de Miromesnil
75008 Paris
Tél. : 01 44 14 64 00
ambassade-vietnam.com

Belgique
Boulevard du Général-Jacques, 1
1050 Bruxelles
Tél. : 02/379 27 37
vietnamembassy.be

Suisse
Schlosslistrasse 26
3008 Berne
Tél. : 31/388 78 78
vietnam-embassy.ch

Canada
470 Wilbrod St.
Ottawa, Ontario K1N 6M8
Tél. : 613/236 0772
vietem-ca.com

Douanes

Il est interdit d'introduire sur le territoire du « matériel culturel incompatible avec la société vietnamienne » ou des objets dangereux, c'est-à-dire vidéos et ouvrages à caractère pornographique, propagande anticommuniste, produits toxiques, feux d'artifice et les jeux ayant un impact négatif sur l'éducation.

L'exportation des antiquités est strictement réglementée. Les objets qui ont été « vieillis » artificiellement peuvent poser un problème. Si vous en achetez, gardez précieusement le reçu mentionnant les coordonnées de la boutique.

En quittant le pays, les CD et les DVD passent sans problème les frontières bien que parfois certains fonctionnaires se réservent le droit d'en vérifier le contenu.

Quand partir ?

Le Vietnam est situé près des tropiques mais, pour autant, le pays ne jouit pas toujours d'un climat tropical. Excepté à l'extrême Sud (au sud de Phan Thiet/Mui Ne), l'hiver est parfois synonyme de pluies abondantes et de températures inférieures à 20 °C, qui peuvent paraître encore plus fraîches en raison du fort taux d'humidité.

À partir de fin janvier, vous avez toutes les chances de connaître soleil et températures plus élevées, du nord au sud (voir aussi p. 28-29). La haute saison à Hanoi et à Hô Chi Minh-Ville s'étend d'octobre à janvier. Durant cette période, le climat est très agréable. Toutefois, c'est le pire moment pour visiter le littoral du Centre-Sud aux environs de Nha Trang car la pluie est fréquente et les heures d'ensoleillement limitées.

Entre mi-janvier et mi-février, les transports intérieurs sont pris d'assaut par les Vietnamiens qui rentrent dans leur famille à l'occasion de la fête du Têt (Nouvel An, voir p. 35). Sans réservation, vous serez très certainement mis sur une liste d'attente si vous souhaitez prendre un avion ou un train. Les bus touristiques qui empruntent les routes principales offrent généralement des places, mais la situation change, car de plus en plus de Vietnamiens ont les moyens financiers de les prendre.

Qu'emporter ?

Pour la visite d'une pagode, les hommes doivent porter de préférence un pantalon, car les shorts choqueraient les moines ; les femmes doivent couvrir leurs épaules.

L'allure négligée des voyageurs « routards » peut être volontiers critiquée par les Vietnamiens. En effet, si ces derniers s'habillent de façon décontractée chez eux, ils s'efforceront toujours d'avoir une tenue impeccable en public.

Entre novembre et février, il vous faudra un pull si vous voyagez dans les provinces du Nord et du Centre. Inutile de vous encombrer de vêtements de pluie sophistiqués : les ponchos bon marché que vous trouverez sur place sont suffisants, en particulier si vous vous déplacez à moto. Sachez que vous ne trouverez pas facilement de livres en français sur place. Un chapeau à bords larges pourra se révéler utile, car la luminosité peut être difficile à supporter. Vous trouverez aisément des lunettes de soleil mais les verres sont rarement de bonne qualité.

Ayez aussi dans vos bagages une crème solaire adaptée, car sauf si vous l'achetez dans un grand hôtel, vous risquez de payer au prix fort un produit de piètre qualité.

Les accessoires photo tels que les cartes mémoire et les batteries sont en vente un peu partout. Les pellicules photo sont en revanche plus rares.

Le papier toilette peut être une denrée rare, hors des hôtels et des restaurants de catégorie supérieure, notamment en zone rurale. Ayez toujours des mouchoirs en papier avec vous.

Que lire ?

Culture, beaux livres

La Colline des anges de J.-C. Guillebaud, photos de R. Depardon, éditions du Seuil (2006). Un album émouvant, à la découverte d'un pays dévasté par l'Histoire mais bouillonnant de vie.

Les Dieux du bouddhisme de L. Frédéric, éditions Flammarion/Tout l'art (2001). Un guide iconographique très utile.

Le Vietnam à travers l'architecture coloniale de A. Le Brusq, éditions de l'Amateur (1999). De Hanoi à Hô Chi Minh-Ville, à la recherche des traces laissées par les Français.

Histoire

La mémoire est un autre pays – Femmes de la diaspora vietnamienne de Nathalie Huynh Chau Nguyen, Riveneuve éditions (2013). Cet ouvrage interroge la mémoire de femmes vietnamiennes pour tenter de retracer par touches mémorielles le parcours de leurs vies confrontées à la révolution, la guerre et l'exil dans un pays plongé dans la guerre civile entre 1945 et 1975.

Vietnam, un État né de la guerre 1945-1954 de Christopher Goscha, Armand Colin (2011)
Ce livre est une interrogation sur la nature de l'État vietnamien proclamé à Hanoi le 2 septembre 1945 par Hô Chi Minh.

Bao Dai ou les derniers jours de l'empire d'Annam de D. Grandclément, éditions J.-C. Lattès (2005). De 1926, date de son couronnement, à sa mort en 1997, la vie du dernier empereur de la dynastie Nguyên.

La Chute de Saigon d'O. Todd, éditions Robert Laffont (2005). Le récit des trois mois qui précédèrent la chute de la ville par un correspondant français présent au Vietnam dans les années 1970.

Atlas des guerres d'Indochine, 1940-1990 de H. Tertrais, éditions Autrement (2004). Une vision d'un demi-siècle de conflits.

Histoire de Hanoi de P. Papin, éditions Fayard (2001). Le plus complet sur le sujet.

La Guerre d'Indochine de L. Bodard, éditions Grasset (1997). Le récit d'un correspondant de guerre.

Saigon : le chantier des utopies de D. Lauras, éditions Autrement (1997). L'évolution de la ville depuis le début du XXe siècle.

La Vie quotidienne des Français en Indochine, 1860-1910 de C. Meyer, éditions Hachette (1996). Un ouvrage clair et bien documenté qui fourmille de détails.

La Princesse Deo Nang Toi héritière du pays Taï : Tonkin de R. Mison, éditions Lacour (1995). Une bonne synthèse de l'histoire du pays depuis 1940.

Hô Chi Minh, de l'Indochine au Vietnam de D. Hémery, éditions Gallimard (1990). L'incroyable destinée du père de l'indépendance et de la réunification du pays.

Littérature vietnamienne

Le Temps des génies invincibles de Hoang Minh Tuong, Les éditions de la Frémillerie (*2014*)
Ce roman nous plonge dans la société vietnamienne de la seconde moitié du XXe siècle. Cette saga d'une fascinante richesse décrit, à travers le parcours de plusieurs générations, de 1945 à nos jours, les bouleversements terribles qu'a connus le pays : les ravages d'ordre politique, avec deux guerres meurtrières, mais également d'ordre intime, du fait des conflits ayant plongé la société, la culture, la famille, dans des divisions sanglantes qui ont détraqué à jamais une culture millénaire et des liens sacrés.

Anthologie de la littérature vietnamienne, collectif, 3 tomes, éditions de L'Harmattan (2000 et 2005). Le volume en français le

plus complet à ce jour sur le sujet.
Vaste recueil de légendes merveilleuses de Nguyên Du, éditions Gallimard/Unesco (rééd. 1989). Comme l'indique le titre, les plus belles légendes vietnamiennes.
Kim Van Kieu de Nguyên Du, éditions Gallimard/Unesco (rééd. 1987). Le chef-d'œuvre de la littérature vietnamienne, écrit à la fin du XIXe siècle.

Littérature étrangère

La Nuit indochinoise de J. Hougron, éditions Robert Laffont/Bouquins (2004). Une grande fresque romanesque inspirée par les aventures de l'auteur.
Un barrage contre le Pacifique de M. Duras, éditions Gallimard/Folio (2005). L'évocation autobiographique de l'enfance et de l'adolescence de l'auteur en Indochine.
Un Américain bien tranquille de G. Greene, collection 10/18 (2003). Les aventures d'un journaliste britannique et d'un Américain ambitieux dans le Vietnam des années 1950.
Une famille de Saigon de F. Ngyuen-Rouault-Martine Rouault, éditions de l'Aube (1999). Une Française mariée à un Vietnamien décrit la vie quotidienne de sa belle-famille : l'envers du décor.
Sur la route Mandarine de R. Dorgelès, éditions Kailash (1997). Dans les années 1920, l'écrivain français part à la découverte du Tonkin, de l'Annam et de la Cochinchine. Son ouvrage offre Une vision acerbe de la vie dans les colonies.

COMMENT SE RENDRE AU VIETNAM ?

En avion

Les aéroports Tan Son Nhat de Hô Chi Minh-Ville et Noi Bai de Hanoi sont respectivement desservis par une trentaine de compagnies internationales. Depuis l'Europe, la durée du vol varie de 12 à 14 heures. Air France et Vietnam Airlines relient sans escales Paris à Hô Chi Minh-Ville et Hanoi. Il n'y a pas de vols directs depuis la Belgique, la Suisse ou le Canada.

Voici les compagnies aériennes au Vietnam :

Air France
Hanoi : 04/3825-3484
HCMV (Hô Chi Minh-Ville) : 08/3829-0981/82
British Airways
Hanoi : 04/3934-7239
HCMV : 08/3933-0777
Cathay Pacific
Hanoi : 04/3826-7298
HCMV : 08/3822-3203
Lufthansa
HCMV : 08/3829-8529
Singapore Airlines
Hanoi : 04/3826-8888
HCMV : 08/3823-1588
Thai Airways
Hanoi : 04/3826-7921/22
Vietnam Airlines
Hanoi : 04/6270-0200
HCMV : 08/3832-0320

Aéroport Noi Bai, Hanoi

Cet aéroport (*tél. : 04/3886-5047, hanoiairportonline.com*) est situé à 45 km du centre-ville. Dans le hall d'arrivée, un bureau touristique fournit les informations de base. Il y a de nombreux comptoirs de change et plusieurs distributeurs de billets.

Il existe trois possibilités pour rejoindre Hanoi : le taxi (*13-17 €/ 300000-400000 dongs, mettez-vous d'accord sur le prix car le compteur est rarement utilisé*), le bus de Vietnam Airlines, VA bus (*2 €/40000 dongs*) ou le bus public (*25 cents/5000 dongs*). Tous les départs s'effectuent juste devant le terminal principal. Le trajet dure environ 40 minutes.

Aéroport Tan Son Nhat (SGN), Hô Chi Minh-Ville

Cet aéroport (*tél. : 08/3848-6711, saigonairport.com*) se trouve à 8 km du centre-ville. Après avoir passé les contrôles de l'immigration et ceux de la douane, pensez à vous arrêter au comptoir d'informations touristiques du SASCO (Southern Airport Services Co.). Vous y obtiendrez gratuitement des cartes, pourrez y changer de l'argent, réserver une chambre d'hôtel, une voiture privée avec chauffeur ou organiser une excursion. Il y a plusieurs distributeurs de billets dans le hall.

Une course en taxi pour le Disctrict 1 coûte 6-7 € (*140000-160000 dongs*). Des mini-vans peuvent transporter plusieurs passagers pour un tarif légèrement supérieur. Vous pouvez également prendre le bus public n° 152 en direction du marché de Ben Thanh pour 25 cents (*5000 dongs*); reconnaissable à sa couleur verte, il part du terminal des départs nationaux toutes les 15 minutes, entre 6h et 18h40. Le trajet en bus dure environ 30 minutes.

COMMENT SE DÉPLACER ?

À moto

Vous pouvez louer une moto (en réalité des scooters de 125 cc) auprès des cafés pour touristes dans la plupart des villes. Soyez averti, le port du casque est désormais obligatoire.

En général, vous devrez laisser votre passeport en dépôt au loueur. Le coût d'une journée de location tourne autour de 4-5 € (*100000-120000 dongs*) par jour. Il n'existe pas de système d'assurance : vous êtes responsable en cas de problème. Il n'est pas recommandé de louer une moto à Hô Chi Minh-Ville ou à Hanoi, sauf si vous êtes un conducteur vraiment avisé.

Les motos-taxis sont omniprésentes dans les grandes agglomérations. Le prix d'une course est d'environ 10000 dongs/km. Mettez-vous d'accord sur le prix avant de monter.

À vélo

Hors de Hô Chi Minh-Ville et de Hanoi, le vélo est un moyen de transport sûr et bon marché. Beaucoup d'hôtels et de cafés pour touristes louent des bicyclettes pour environ 2 000 dongs la journée.

En avion

Vietnam Airlines, qui possède une flotte moderne, offre le meilleur moyen de se déplacer à travers le pays. La compagnie, qui dans les années 1990 a renouvelé son parc avec des ATR, des Fokker et des Airbus, dessert 22 lignes intérieures entre 15 villes, avec des connexions à Hô Chi Minh-Ville, Hanoi et Da Nang. Les vols sont bon marché (85 €/2 millions de dongs entre Hô Chi Minh-Ville et Huê), et les tarifs ne varient pas en fonction de la date d'achat des billets.

Les touristes n'ont généralement pas de problème pour trouver un billet, y compris à la dernière minute (excepté pendant la fête du Têt). Vous pouvez vous retrouver sur une liste d'attente et finalement embarquer à bord d'un vol où une dizaine de places seront libres...

Les compagnies Jetstar Pacific et Vietjet pratiquent des tarifs légèrement inférieurs à ceux de Vietnam Airlines ; elles proposent toutes les deux au moins six vols quotidiens entre Hô Chi Minh-Ville et Hanoi, et un vol quotidien pour Da Nang depuis l'une ou l'autre de ces deux villes.

Vietnam Airlines
Hanoi : 04/3832-0320
Da Nang : 0511/3821-130
HCMV : 08/3832-0320

Jetstar Pacific Airlines
Hanoi : 04/3584-4494
HCMV : 08/3955-0550
Vietjet Air
Hanoi : 04:3584-4494
HCMV : 08/3547-4174

En bus

Le plupart des Vietnamiens voyagent à bord des bus locaux. Ces véhicules sont meilleur marché que ceux de Sinh Tour mais ils sont pour la plupart fumeurs et généralement sans air conditionné. De plus, on s'y place librement et on ne sait jamais si quelques sacs de riz ne viendront pas occuper l'espace théoriquement réservé à ses jambes...

Les stations d'autocars (*ben xe*) se trouvent le plus souvent dans les faubourgs des petites villes et à plusieurs kilomètres du centre des grandes agglomérations. Attention : dès votre arrivée à la station, vous ne manquerez pas d'être assailli par des « intermédiaires ». Ignorez-les et rendez-vous directement au guichet. Assurez-vous que votre billet inclut aussi vos bagages, car le chauffeur pourrait essayer de vous demander un supplément s'ils sont encombrants.

Vous pouvez aussi arrêter le car durant son parcours. Négociez fermement le prix de votre billet avec le conducteur qui commencera sans doute par vous annoncer un tarif de deux à trois fois supérieur à celui en vigueur.

En bus privé

Sinh Tourist Open Tour (*tél. : 04/3926-1568*) est la compagnie privée la plus ancienne et la plus fiable. Elle possède plusieurs autocars modernes et équipés de l'air conditionné qui effectuent chaque jour plusieurs voyages le long de la Nationale 1, en marquant des arrêts à Huê, Hoi An et Nha Trang. Vous pouvez descendre à n'importe quel arrêt, rester sur place aussi longtemps que vous voudrez et reprendre la route avec le même billet. Le billet à 40 € (*900 000 dongs*) permet de voyager dans deux directions, soit de Nha Trang à travers les hauts plateaux jusqu'à Dalat, soit le long du littoral vers le sud jusqu'à Mui Ne.

En bus urbain

De nombreux bus publics sillonnent Hô Chi Minh-Ville et Hanoi. Propres, équipés de l'air conditionné, extrêmement bon marché (*environ 25-50 cents/ 5 000-10 000 dongs pour un trajet moyen*), ils constituent un excellent moyen de se déplacer dans ces grandes villes. Les bus à Hô Chi Minh-Ville (*tél. : 08/3854-6110*) fonctionnent de 4 h 30 à 19 h, voire plus tard selon les lignes. Aux heures de pointe, ils passent toutes les 5 à 8 minutes aux arrêts les plus fréquentés.

En cyclo-pousse

Ce moyen de transport à trois roues plein de charme a succédé au pousse-pousse d'autrefois. Le tarif est sensiblement le même que celui d'une moto-taxi (*3-4 € ou 80 000-100 000 dongs à l'heure*). Comme avec les taxis, convenez du prix de la course avant de monter à bord. Vous devrez négocier. Votre hôtel pourra vous aider dans ce sens.

En Jitney

Ces mini-bus se rendent à peu près dans tous les endroits de ce pays densément peuplé. Tout aussi bon marché que les bus, ils ne sont jamais climatisés et peuvent être vraiment bondés. Les conducteurs de Jitneys n'hésitent pas à rouler vite pour respecter leur horaire et à s'arrêter fréquemment pour prendre toujours plus de passagers. N'utilisez ce moyen de transport qu'en dernier ressort.

En métro

En 2010, les travaux de construction du métro ont commencé à Hanoi. Les cinq lignes prévues seront ouvertes à l'horizon 2020 mais, dès 2015, une première partie du réseau devrait être accessible.

En taxi

C'est un moyen pratique et économique de se déplacer. Dans les grandes villes, une course de moins de 1 km coûte environ 50 cents (*12 000 dongs*), chaque kilomètre supplémentaire, moins de 23 000 dongs. À Hô Chi Minh-Ville et Hanoi, en particulier, c'est le moyen le plus sûr et le plus confortable de circuler.

Attention : certains chauffeurs trafiquent le compteur de leur véhicule. Si vous remarquez que le compteur de votre taxi ne tourne pas au rythme auquel vous vous déplacez, faites arrêter la voiture et réglez la course. Vous pouvez aussi dire au chauffeur que vous allez appeler la police (*goi canh sat* – prononcez « goï kun saht »). S'il tente d'abuser, la menace lui fera certainement reconsidérer la situation.

En train

Hanoi et Hô Chi Minh-Ville sont reliées par une ligne de chemin de fer longue de 1 726 km, appelée à l'époque coloniale le Transindochinois. Parallèle au littoral, elle traverse des paysages magnifiques, en particulier entre Huê et Da Nang. L'expérience est intéressante mais sachez qu'un voyage en train peut être fatigant. Les trains sont vieux, bruyants, inconfortables et marquent de longs arrêts.
Ceci étant, le chemin de fer reste un meilleur choix que la route.

Depuis Hanoi, les trains se dirigeant vers le sud quittent de la gare (*120 Lê Duan, tél. : 04/3825-3949*) et effectuent le trajet jusqu'à Hô Chi Minh-Ville en 32 ou 40 heures selon qu'ils sont express ou non. Les trains qui partent de la gare de Tran Quy Cap (voisine de la précédente) desservent les lignes de Haiphong, de Lang Son et de Lao Cai (Sa Pa). Depuis la gare de Hô Chi Minh-Ville (*1 Nguyên Thong, tél. : 08/3843-6528*), les trains qui remontent vers Hanoi s'arrêtent également à Nha Trang, à Da Nang et à Huê.

Le train express comprend plusieurs classes. Une couchette rembourrée dans un compartiment de quatre avec air conditionné coûte 74 € (*1,726 million de dongs*), une couchette en planches dans un compartiment de six revient à 65 € (*1,511 million de dongs*), un siège rembourré à 49 € (*1,14 million de dongs*). Les places sont moins chères dans les trains plus lents.

En voiture

Parcourir le Vietnam en voiture peut se révéler une expérience riche en sensations fortes. Le code de la route peut faire l'objet de toutes sortes d'interprétations. De très nombreux conducteurs ignorent les règles de sécurité élémentaires pour ne perdre de temps et n'hésitent pas à mettre leur vie et celle de leurs passagers en danger : c'est souvent la loi du plus fort – en l'occurrence du plus gros véhicule – qui prévaut.

La police a sévi contre les « fous du volant », et les routes sont bien plus sûres que dans les années 1990, néanmoins, les âmes sensibles n'oublieront pas leur périple.

En tant que touriste, vous ne pourrez pas conduire et vous devrez vous en remettre aux talents d'un conducteur local. La location d'un véhicule avec chauffeur revient à environ 51 € (*1,2 million de dongs*) par jour. Vous trouverez des voitures à louer dans presque tous les hôtels et dans les cafés qui servent aussi d'agences de voyages pour les touristes étrangers dans le quartier de Pham Ngu Lao à Hô Chi Minh-Ville. Si vous comptez louer le véhicule plus de 24 h, il faudra ajouter 8 € (*200 000 dongs*) par jour pour la nourriture et l'hébergement du chauffeur.

En voyage organisé

Il n'est pas forcément évident de sortir des sentiers battus au Vietnam. Heureusement, les guides sont relativement bon marché. Il faut compter entre 5 et 10 € (100 000-200 000 dongs) pour une visite accompagnée du vieux quartier de Hanoi et jusqu'à plusieurs centaines d'euros par jour pour un circuit de standing, incluant gîte et couvert. Le pays compte plusieurs centaines d'agences; rien qu'à Hanoi, l'agence gouvernementale Vietnam Tourism a établi une liste de plus de 200 sociétés. Pour plus d'informations, rendez-vous sur *vietnamtourism.com/f_pages/service/company-p.asp.*

Voici quelques agences de bonne réputation :

Exotissimo, immeuble Central Plaza, 17 Le Duan, Disctrict 1, Hô Chi Minh-Ville, tél. : 08/3827-2911, fax : 08/3827-2912, exotissimo.com. Appartenant à la compagnie qui a construit l'Emeraude, dans la baie d'Along, et La Residence, à Huê, Exotissimo est spécialisée dans les circuits d'aventure de luxe.

Handspan Adventure Travel, 78 Ma May, vieille ville, Hanoi, tél. : 04/3926-2828, fax : 04/3926-2383, handspan.com. Cette agence réputée est tenue par trois Vietnamiens qui ont une longue expérience en la matière. Elle possède sa propre jonque dans la baie d'Along et emploie plus de 40 guides. Elle s'est fait une spécialité des circuits dans le nord du pays (individuel ou groupe).

Queen Travel, 65 Hang Bac, vieille ville, Hanoi, tél. : 04/3826-0860, queentravel.vn. Cette société déjà ancienne propose des circuits dans les environs de Hanoi et des visites guidées à la carte à travers le pays, pour de petits groupes ou des couples. L'équipe vous recommandera un itinéraire selon vos centres d'intérêt.

Sinhbalo Adventure Travel, 283/20 Pham Ngu Lao, District 1, Hô Chi Minh-Ville, tél. : 08/3837-6766, sinhbalo.com. Cet organisme d'une rare efficacité s'est spécialisé dans l'organisation de circuits sur mesure comme des expéditions à vélo sur la piste Hô Chi Minh (*cyclingvietnam.net*), des tours à moto, des croisières longue distance et du kayak dans le delta du Mékong.

CONSEILS PRATIQUES

Alcool

Il faut être âgé de 18 ans pour pouvoir acheter de l'alcool mais il n'y a pas de contrôles.

Argent

Cartes bancaires

Elles sont acceptées dans de nombreux hôtels, restaurants et boutiques mais leur usage entraîne une commission.

Change

Vous pourrez changer vos devises dans la plupart des banques. Il n'y a pas de commission lorsque vous changez de l'argent, en revanche, des frais de 1 à 2 % accompagnent les transactions de chèques de voyage.

N'oubliez pas que les banques sont généralement fermées entre 11 h 30 et 13 h 30. Il est possible de changer de l'argent dans de nombreux hôtels, mais à des taux moins intéressants. Certaines bijouteries accepteront d'échanger des dollars à des taux légèrement plus avantageux que dans les banques.

Distributeurs

De plus en plus répandus dans les grandes agglomérations et même dans les villes moyennes, ils constituent le meilleur moyen de disposer d'argent au Vietnam. Une solution à privilégier de loin aux chèques de voyage dont l'échange entraîne une commission.

Dollars américains

Les commerçants acceptent volontiers d'être payés en dollars américains, une préférence qui remonte aux années 1970 et 1980, époque où le gouvernement dévalua le dong à plusieurs reprises. Ils n'aiment que les billets neufs et refusent souvent ceux qui ont l'air d'avoir trop vécu.

Dong

La monnaie du Vietnam est le dong (prononcez « dowm »). Le taux de change est plutôt stable, et le cours est de 23 000 dongs environ pour 1 €. Il existe des billets de 500, 1 000, 2 000, 5 000, 10 000, 20 000, 50 000, 100 000 et 500 000 dongs. De nouveaux billets de 50 000, 100 000, 200 000 et 500 000 dongs sont désormais en circulation ; conçus dans un matériau plastifié nettement plus solide que le papier. Il existe également des pièces de 200, 500, 1 000 et 2 000, peu utilisées par la population locale. Les conducteurs de moto ou de cyclo-pousse rechignent parfois à les accepter.

Pourboires

Le pourboire ne fait pas partie de la culture vietnamienne. Cependant, les Vietnamiens s'attendent généralement à ce que les touristes en laissent un. Il est d'usage de laisser la monnaie aux chauffeurs de taxi. Les personnes qui travaillent dans l'industrie du tourisme (guides, grooms, serveurs) sont ravies d'en recevoir. Comptez environ 10 000 dongs (environ 50 cents) pour le service au restaurant ou le port de vos bagages. Les pourboires constituent la rémunération principale des guides ; certains, ceux de la pagode des Parfums ou les bateliers de Tam Coc, n'hésiteront pas à vous le rappeler.

Circulation

Dans la mesure où le trafic ne s'arrête jamais, traverser est très difficile et nécessite de l'entraînement. Placez-vous près d'un angle, où les véhicules ralentissent. Attendez que le trafic soit assez faible, puis traversez rapidement. Vous sentirez les motos et les voitures vous frôler, mais vous arriverez par miracle de l'autre côté. Soyez particulièrement vigilant pour les rues à plusieurs voies, car la vitesse des véhicules à l'approche est parfois difficile à évaluer.

Communications

Bureaux de poste

On trouve un bureau de poste (*buu dien*) dans toutes les villes, y compris dans les endroits les moins touristiques. Économique et efficace, la poste vietnamienne possède néanmoins une mauvaise réputation. N'envoyez rien de précieux par ce biais-là. La poste centrale de Hô Chi Minh-Ville est située à deux pas de la cathédrale Notre-Dame. Celle de Hanoi occupe tout un pâté de maisons sur Dinh Tien Hoang, sur la rive orientale du lac Hoan Kiem. La plupart des employés parlent anglais. Vous pourrez aussi demander à la réception de votre hôtel d'envoyer pour vous lettres et paquets.

Internet

Excepté dans les communautés rurales les plus isolées, vous pourrez accéder partout à Internet. Les tarifs sont très bon marché, environ 9 000 dongs/heure. Si vous avez votre propre ordinateur, on vous permettra de le brancher sur une prise Ethernet.

Dans les grands hôtels, les tarifs Ethernet et wi-fi sont nettement plus chers, de l'ordre de 350000 dongs environ/24h ; dans beaucoup d'endroits, le wi-fi est gratuit. On peut accéder à Internet par n'importe quel poste de téléphone. Le numéro est 1269, le mot de passe vn1269. Contrairement à la plupart des pays européens où il faut s'abonner auprès d'un fournisseur d'accès pour une durée minimale, il n'y a, au Vietnam, qu'un seul numéro d'appel pour Internet et le coût est celui d'un appel local.

Téléphone

Pendant longtemps la poste était le meilleur endroit d'où passer un appel à l'étranger. Mais beaucoup d'employés ne laissent pas les étrangers téléphoner en PCV, sans que l'on sache pourquoi. Il est cependant possible d'appeler en PCV depuis un hôtel ou de chez un particulier.

Dans les grandes villes et les lieux touristiques, on peut appeler à l'étranger à bas prix depuis les cybercafés : environ 2 dongs la minute pour l'Europe. Pour obtenir la meilleure connexion possible, essayez de passer votre appel tôt ou tard dans la journée, lorsque les lignes ADSL sont moins encombrées. Il est encore plus économique d'acheter une carte (dans la plupart des cybercafés).

Le réseau de téléphonie mobile est excellent. L'acquisition d'un portable vous reviendra environ à 100 € (*2,4 millions de dongs*), mais le tarif par minute est très bon marché et les appels reçus sont gratuits.

En 2008, un nouveau chiffre a été ajouté à l'ensemble des numéros. Dans la plupart des cas, il s'agit d'un 3, mais cela peut aussi être 2, 4, 5, 6 ou 7. Les codes de certaines régions ont aussi changé.

Pour obtenir des renseignements en anglais, composez le 1080 ; vous obtiendrez un opérateur dans la province où vous vous trouvez. Si vous cherchez un numéro dans une autre province, composez le 0 suivi du préfixe téléphonique régional.

Pour appeler le Vietnam depuis l'étranger, composez le numéro d'accès à l'international (00 depuis l'Europe), puis 84 (pour le Vietnam), le préfixe d'appel régional sans le 0 et le numéro de votre correspondant. Pour appeler l'étranger depuis le Vietnam, composez soit le 171 00, soit le 00, suivi du code du pays (33 pour la France, 32 pour la Belgique, 41 pour la Suisse, 1 pour le Canada), suivi du préfixe régional sans le 0, et le numéro.

Décalage horaire

Le Vietnam a 7 heures d'avance sur l'heure universelle (GMT + 7), soit 6 heures avec la France en hiver et 5 heures en été. Quand il est 12 h en France, il est 18 h (en hiver) ou 17 h (en été) au Vietnam.

Électricité

Le courant est en 220 volts. Le réseau national est très fiable dans les grandes villes, comme souvent dans le reste du pays.

Jours fériés

La fête du Têt, qui marque le début de la nouvelle année lunaire et l'arrivée du printemps, dépasse de loin les autres fêtes. À Hô Chi Minh-Ville, en soirée, les rues sont embouteillées par la foule venue assister à des spectacles de danse et des concerts. Les petites villes sont, elles aussi, en ébullition. Pendant les trois premiers jours de la fête, de nombreux restaurants et magasins sont fermés. Reportez-vous p. 265 pour un récapitulatif des fêtes les plus populaires.

Horaires

Les services officiels ouvrent souvent tôt, vers 8 h du matin, pour fermer vers 16 h 30. La journée est coupée par une longue sieste quotidienne, de 11 h 30 à 13 h 30, sauf dans les restaurants et les cafés. Certains musées se sont mis au rythme des touristes et font la journée continue, d'autres ferment pendant la pause de la mi-journée. Dimanche est un jour de grande fréquentation, et la plupart des musées ferment le lundi. Vérifiez bien les horaires avant d'effectuer une visite.

Médias

Magazines

Vous trouverez, avec un jour de retard, les quotidiens français et étrangers dans certains hôtels et certaines librairies, et parfois chez les vendeurs de rue à Hô Chi Minh-Ville et à Hanoi.

Parmi les quotidiens publiés au Vietnam en langue étrangère, vous pourrez acheter *Le Courrier du Vietnam*, en français. *The Word* (*wordvietnam.com*) et *AsiaLife* (*asialifemagazine.com*), tous deux en anglais, proposent des informations variées sur les destinations touristiques du Vietnam. Le supplément hebdomadaire du *Saigon Times* est également une bonne source pour les voyageurs.

Journaux

Les hebdomadaires de type *Le Point*, *L'Express*, *Newsweek*, *Time*, *The Economist* sont disponibles dans quelques librairies et dans certains hôtels dans les grandes villes. Le *Vietnam News* et le *Saigon Times* sont les principaux quotidiens en langue anglaise.

Radio

La radio nationale (105.5 FM) diffuse quelques programmes en français et en anglais. Vous aurez plus de choix sur les ondes courtes où vous pourrez capter notamment RFI, la BBC et Radio Canada.

Télévision

La plupart des hôtels, quelle que soit leur catégorie, possèdent la télévision par satellite, offrant une large gamme de chaînes, dont TV5, CNN, BBC, HBO, MTV Asie et National Geographic.

Offices du tourisme

Malgré leur ressemblance avec des offices du tourisme traditionnels, les bureaux officiels que vous trouverez à travers le pays concurrencent les agences privées. À l'instar de Saigon Tourist, ils possèdent et dirigent plusieurs hôtels, proposent les services de guides-accompagnateurs et des voitures à louer. Mais, excepté dans les grandes villes, leurs offres sont plus adaptées aux touristes vietnamiens qu'aux étrangers.

Vous aurez du mal à obtenir des informations, même les plus basiques, de leur part et le personnel ne s'exprime pas en anglais. Le site internet de Vietnamtourism (*vietnamtourism.com*) est en revanche une assez bonne source en ce qui concerne les informations d'ordre général.

Ce sont surtout les agences de voyages locales qui vous renseigneront le mieux. À Hanoi et à Hô Chi Minh-Ville, elles sont ouvertes plus longtemps que les agences d'État, proposent des services meilleur marché et leur personnel parle généralement un bon anglais. Si vous recherchez désespérément des informations sur une région peu fréquentée, appelez le plus grand hôtel du coin : on vous répondra vraisemblablement dans un anglais acceptable.

Passeports

Vous devrez laisser votre passeport à la réception des hôtels où vous séjournerez. Dans les grandes villes où les touristes sont nombreux, on vous le rendra généralement après les formalités d'enregistrement, mais dans des endroits comme Chau Doc ou dans les villes de montagne, la police veut savoir quels sont les visiteurs de passage. De fait, les hôteliers sont tenus d'apporter au commissariat les passeports de leurs clients avant 22 h. Pensez donc bien à récupérer votre passeport à chaque fois, car les hôteliers n'y pensent pas toujours.

Poids et mesures

Le système métrique est en usage au Vietnam. Un ancien système chinois a également cours mais, à moins que vous n'achetiez ou ne vendiez de l'or, vous ne devriez pas le rencontrer.

Religion

Bien qu'ils vivent dans un pays théoriquement communiste, les Vietnamiens jouissent d'une grande liberté de culte. On a évoqué des persécutions contre les chrétiens dans la région des hauts plateaux du Centre mais les motivations du gouvernement semblent avoir été plus politiques que religieuses.

La culture de la plupart des habitants du pays est fortement marquée par le bouddhisme, le confucianisme, le taoïsme et le culte des ancêtres. Cela dit, 8 % des Vietnamiens sont catholiques ; il y a de nombreuses églises à travers le pays et elles sont actives. Une grande partie de la population Cham du delta du Mékong est musulmane.

Sanitaires

Les toilettes publiques sont souvent moins « accueillantes » au Vietnam qu'en Occident. Certes, l'époque des WC à la turque est largement révolue, mais dans beaucoup d'endroits, vous trouverez un petit jet d'eau à la place du papier toilette. Pensez à avoir toujours des mouchoirs en papier avec vous, même dans les plus grands musées.

À la campagne, on vous répondra souvent d'un geste vague de la main si vous demandez où sont les toilettes : comprenez que vous pouvez chercher un petit coin de nature. En cas d'urgence, la plupart des Vietnamiens vous permettront d'accéder à leurs toilettes ; demandez *ve sinh* (prononcez « vaï sin ») et ils vous indiqueront le chemin.

Voyageurs handicapés

Au Vietnam, les aménagements pour les voyageurs handicapés sont encore rares. La chaussée est souvent mal asphaltée et traverser la rue en fauteuil roulant peut vite tourner au cauchemar. Par ailleurs, les avions dévolus aux vols intérieurs ne sont pas directement reliés aux terminaux des aéroports par des passerelles télescopiques ; il faut descendre sur le tarmac puis gravir les marches d'une passerelle amovible.

URGENCES

Ambassades et consulats

L'ambassade et le consulat de votre pays peuvent vous aider dans un certain nombre de cas : inscription sur les listes électorales si vous êtes au Vietnam pendant une élection, renouvellement de votre passeport, certaines situations d'urgence. Ils ne peuvent rien pour vous si vos bagages ont été égarés, si vous avez besoin d'un permis de conduire, si vous êtes en conflit avec un hôtelier, et vous ne pourrez pas dormir dans leurs bureaux. Mais, en cas de problème, le personnel pourra toujours vous conseiller.

France

Ambassade
57 Tran Hung Dao
Hanoi
Tél. : 04/3944-5700
Fax : 04/3944-5717
ambafrance-vn.org/

Consulat
27 Nguyên Thi Minh Khai
Hô Chi Minh-Ville
Tél. : 08/3520-6800
consulfrance-hcm.org/

Belgique

Ambassade
Hanoi Towers
49 Hai Ba Trung
Quartier de Hoan Kiem
Hanoi
Tél. : 04/3934-6179
Fax : 04/3934-6183
diplomatie.be/hanoifr/

Consulat
105, Duong Van An, KP 5,
Ward An Phu, District 2
Hô Chi Minh-Ville
Tél. : 08/6281-8001
Fax : 08/6281-8010
diplomatie.belgium/be/vietnam

Suisse

Ambassade
Hanoi Central Office Building
15e étage
44B Ly Thuong Kiet
Hanoi
Tél. : 04/3934-6589
Fax : 04/3934-6591
swisscommunity.org/fr

Consulat
124 Diên Biên Phu
Hô Chi Minh-Ville
Tél. : 08/3820-5402
Fax : 08/3820-4856
embassy-finder.com/fr

Canada

Ambassade
31 Hung Vuong
Hanoi
Tél. : 04/3734-5000
Fax : 04/3734-5049
canadainternational.gc.ca

Consulat
The Metropolitan
10e étage
235 Dong Khoi, District 1
Hô Chi Minh-Ville
Tél. : 08/3827-9899
Fax : 08/3827-9935
canadainternational.gc.ca

Numéros d'urgence

Secours : 115
Pompiers : 114
Police : 113
Renseignements : 1080
Opérateur international : 110
Horloge parlante : 117

Santé

Le Vietnam ne présente aucun danger sanitaire particulier pour les voyageurs. Ces dernières années, le SRAS (syndrome respiratoire aigu sévère) puis la grippe aviaire avaient découragé les visiteurs. Mais le gouvernement a fait tous les efforts pour résoudre ces problèmes.

Aucune vaccination n'est exigée pour entrer au Vietnam, cependant on recommande aux personnes voyageant en Asie du Sud-Est d'être vaccinées contre les hépatites A et B, l'encéphalite japonaise, la rage, la typhoïde et de suivre un traitement antipaludéen. Les hépatites A et B sont répandues, tout comme la typhoïde, une maladie qui se contracte par la consommation d'eau souillée, risque possible pour qui se nourrit dans les stands de rue.

Rares sont les expatriés qui suivent une prophylaxie antipaludéenne ou sont vaccinés contre l'encéphalite japonaise. Si vous prévoyez un trekking en montagne ou si vous pensez être en contact avec des chiens, faites vous vacciner contre la rage.

Dans les bistrots et les cantines de rue, les couverts (baguettes et fourchettes) se trouvent dans un pot sur la table. N'hésitez pas à apporter vos propres baguettes et à vous servir d'un désinfectant antibactérien. Buvez uniquement de l'eau en bouteille. Les Vietnamiens consomment de l'eau préalablement bouillie et s'en servent généralement pour faire des glaçons. Mais mieux vaut les éviter. Les contrefaçons étant monnaie courante, n'achetez jamais de médicaments dans la rue.

Services médicaux
Les hôpitaux sont d'un bon niveau, en particulier si vous venez pour une consultation externe. Les médecins perçoivent des salaires modestes et certains tendent à mieux traiter les patients qui versent un petit supplément. Ceci est aussi vrai pour les infirmières. En cas de problème, les expatriés se rendent généralement dans l'une des nombreuses cliniques internationales de Hô Chi Minh-Ville ou de Hanoi.

Sécurité

Le Vietnam est un pays très sûr pour les voyageurs. En 2005, il a été classé par une grande compagnie d'assurances parmi les six endroits les plus sûrs de la planète en ce qui concerne le tourisme. La circulation représente sans doute la plus grande menace. Les feux de signalisation ont été mis en place au cours des 10 dernières années. La situation s'améliore progressivement.

Attention aux vols, en particulier dans le centre de Hô Chi Minh-Ville. Évitez de porter quoi que ce soit qui pourrait tenter des voleurs à deux roues. Laissez votre sac à main dans votre chambre d'hôtel. Ne portez pas votre appareil photo en bandoulière. Bien que le Vietnam n'ait pas de police touristique, il est possible que celle-ci voie le jour prochainement. Des officiers de polices ont désormais pour tache d'aider les touristes à traverser les rues dans des lieux très animés comme le marché de Ben Thanh. Si vous avez besoin de déclarer un incident, le poste de police de Hô Chi Minh-Ville se situe au 161 Nguyên Du. Le numéro d'urgence est le 99398.

Hôtels et restaurants

Au début des années 1990, on ne trouvait pas d'hôtel de type Ibis au Vietnam. Mais désormais, il existe des établissements de très bonne catégorie dans tous les hauts lieux touristiques, comme Hanoi, Hô Chi Minh-Ville, Huê, Hoi An, Nha Trang, Dalat et Phan Thiet. Les restaurants sont restés bon marché mais il en existe d'excellents à Hanoi et Hô Chi Minh-Ville.

Hôtels

Vietnam Tourism classe les hôtels selon un système d'étoile qui comprend cinq niveaux. Malheureusement, ceux qui se sont vu attribuer trois étoiles il y a 10 ans ne les méritent plus forcément aujourd'hui, faute d'investissements pour maintenir les standards en cours.

Les meilleurs hôtels de Hanoi et de Hô Chi Minh-Ville peuvent rivaliser avec les autres grands hôtels de la planète. La décoration y est élégante, le personnel et le service parfaits. Exception faite du Métropole, à Hanoi, et du Palace, à Dalat, la plupart des établissements historiques du pays – Continental, Grand, Majestic, Morin, Rex – appartiennent toujours à l'État et le service n'est pas forcément à la hauteur de ce qu'on serait en droit d'attendre dans de tels lieux. Le Ana Mandara et le Evason Hideaway, également propriétés de l'État, sont de loin les meilleurs.

En dehors de Hô Chi Minh-Ville et de Hanoi, on trouve nettement moins d'hôtels de catégorie supérieure, bien que la situation évolue progressivement là aussi. Ainsi, jusqu'en 2005, il n'existait pas de bon hôtel à Huê, alors qu'on y trouve désormais l'un des meilleurs du pays. Il en va de même à Sa Pa, Nha Trang et Can Tho.

La situation des hôtels de séjour balnéaire est plus mitigée : certains, gérés par Six Senses, Novotel et Furama, sont des lieux très sophistiqués, tandis que beaucoup d'autres ont visiblement été construits à la va-vite. À de rares exceptions, les hôtels situés dans les lieux les moins touristiques sont propriété de l'État, ce qui est généralement synonyme de décor banal de restaurant souvent fermé en raison d'une réception privée et de karaoké tonitruant à 23 h. Si vous voyagez dans l'arrière-pays, évitez de réserver une chambre dans le plus grand hôtel de la région, mais cherchez plutôt celui le plus récent. Ces hôtels appartiennent souvent à des entrepreneurs vietnamiens qui savent se montrer accueillants et sont soucieux de réussir.

Une nuit dans la plupart des grands hôtels à Hanoi et Hô Chi Minh-Ville coûte environ 460 000 dongs ; seuls quelques établissements pratiquent des tarifs supérieurs. Vous trouverez, avec un minimum d'effort, de nombreux hôtels pleins de charme pour moins de 580 000 dongs la nuit. Là encore, pour les raisons évoquées précédemment, visez les établissements les plus récents.

Il semble que le choix soit plus limité en ce qui concerne les hôtels de catégorie moyenne (580 000 à 1 736 000 dongs la nuit). Essayez de voir la chambre avant de la louer pour vous assurez qu'il y a une fenêtre et que vous ne serez pas à côté d'un chantier de construction.

Dans la plupart des hôtels, le prix de la chambre comprend le petit déjeuner servi sous forme de buffet. Dans les grands hôtels, le petit déjeuner mérite vraiment le déplacement. Dans les établissements économiques en centre-ville, on peut s'attendre à un petit déjeuner continental, dans les faubourgs, plutôt à de la nourriture vietnamienne.

Tous les hôtels offrent des équipements de confort, allant de serviettes éponge dans les plus luxueux, aux petits flacons de shampoing dans les plus simples. La plupart compte un réfrigérateur.

Restaurants

La sortie au restaurant est de plus en plus populaire au Vietnam. Pour moins de 500 dongs, vous pourrez goûter, à Hanoi, une délicieuse cuisine dans un cadre élégant.

À Hô Chi Minh-Ville et à Hanoi, vous trouverez, hors des hôtels, une large gamme de grands restaurants de cuisine vietnamienne, italienne, française, indienne ou encore américaine, dans lesquels on n'hésite pas à faire venir l'agneau du Colorado et le bœuf d'Australie.

Hors de ces deux grandes villes, les restaurants de qualité sont plus rares que les bons hôtels. Des lieux tels que Huê et Ving Tau ne comptent pas de grands restaurants en dehors de ceux des hôtels de luxe ; cela ne vous empêchera pas de bien manger mais l'ambiance ne sera pas forcément à la hauteur.

Sauf dans les restaurants haut de gamme, ne vous attendez pas à voir arriver les plats dans l'ordre auquel vous êtes habitué. Ce que vous avez commandé arrivera simultanément ou au fur et à mesure des progrès réalisés en cuisine. Si vous préférez avoir vos plats selon un certain ordre, vous pouvez toujours le demander et… croiser les doigts (mais sous la table, car le geste a une connotation obscène au Vietnam !).

De même, sauf si vous dînez dans un grand restaurant, vous devrez prendre vos baguettes dans un pot placé sur la table. Vous pouvez apporter vos propres couverts, car la vaisselle est rarement lavée à l'eau bouillante. Ne soyez pas surpris de voir figurer sur votre addition la serviette destinée au nettoyage. Le mieux est encore d'apporter vos baguettes et un liquide antibactérien. Si vous devez choisir un endroit pour manger, une seule règle : suivez la population locale. Évitez les lieux bondés de touristes.

Organisation et abréviations

Pour chaque ville, les hôtels et les restaurants sont classés par catégorie de prix et par ordre alphabétique. Les restaurants des hôtels ne sont mentionnés que s'ils méritent le déplacement, car tous les établissements de luxe possèdent un restaurant. Beaucoup d'hôtels et de restaurants acceptent les cartes de crédit; les petits établissements n'en prennent parfois qu'une.
AE (American Express)
DC (Diners Club)
MC (MasterCard)
V (Visa).

HANOI

Hôtels

HILTON HANOI OPERA
€€€€€
1 LÊ THANH TONG
TÉL. : 04/3933-0500
FAX : 04/3933-0530
hanoi.hilton.com
Situé à côté de l'Opéra, dans le quartier le plus élégant de Hanoi, le Hilton concurrence le Metropole. Doté de chambres spacieuses avec salles de bains en marbre et du wi-fi dans le hall, cet établissement est sans doute le plus confortable de la ville.
269
Cartes principales

MELIA HOTEL
€€€€€
44B LY THUONG KIET
TÉL. : 04/3934-3343
FAX : 04/3934-3344
meliahanoi.com
Entre le lac Hoan Kiem et le quartier français, cet hôtel qui vise notamment une clientèle d'affaires dispose d'un héliport sur le toit et d'une belle piscine découverte. Les chambres sont extrêmement confortables. Des musiciens se produisent chaque soir dans le salon situé au niveau de la réception.
306
Cartes principales

SHERATON HANOI
€€€€€
K5 NGHI TAM
11 XUAN DIEU
QUARTIER DE TAY HO
TÉL. : 04/3719-9000
FAX : 04/3719-9001
sheraton.com/hanoi
À 10 minutes du centre-ville, le Sheraton occupe une péninsule sur le lac de l'Ouest, à deux pas du quartier huppé des expatriés. Les chambres sont spacieuses et celles situées dans les étages supérieurs offrent une vue sur le lac. Composé d'un bâtiment central et de pavillons dont l'architecture respecte le style local, l'hôtel possède une piscine et des jardins paysagers luxuriants.
299
Cartes principales

SHERATON LEGEND METROPOLE HANOI
€€€€€
15 NGO QUYEN
TÉL. : 04/3826-6919
FAX : 04/3826-6920
accorhotels.com/asia
Si vous rêvez d'une atmosphère coloniale, ne cherchez pas plus loin. Le Metropole a su préserver un certain parfum d'élégance française du temps passé. La décoration est fidèle et les deux restaurants – **Spices Garden** (voir p. 247) et **Le Beaulieu** – comptent parmi les meilleurs de la ville. Un établissement fidèle à sa réputation légendaire.
363
Cartes principales

PRIX

HÔTELS
Prix indicatif pour une chambre double en haute saison.

€€€€€	plus de 175 €
€€€€	125 à 175 €
€€€	75 à 125 €
€€	25 à 75 €
€	moins de 25 €

RESTAURANTS
Prix indicatif pour un repas comprenant trois plats sans boisson.

€€€€€	plus de 20 €
€€€€	15 à 20 €
€€€	9 à 15 €
€€	3 à 9 €
€	moins de 3 €

QUEEN HOTEL
€€€
65 HANG BAC
VIEILLE VILLE
TÉL. : 04/3826-0860
FAX : 04/3826-0300
queentravel.vn
Ce petit hôtel accueillant, en plein cœur de la vieille ville, propose des chambres de caractère, avec des touches traditionnelles (le propriétaire est architecte). Il y a une salle de relaxation au 2e étage et vous trouverez de l'aide à l'accueil pour organiser votre voyage. Ne manquez pas le jardin cosy qui occupe le toit de l'hôtel.
10
Cartes principales

CHURCH BOUTIQUE HOTEL
€€
9 NHA THO
QUARTIER DE HOAN KIEM
TÉL. : 04/3928-8118
FAX : 04/3828-5793

Un hôtel récent aux normes occidentales, très bien situé dans Nha Tho. Si elles ne sont pas grandes, les chambres sont propres et agréablement décorées : parquet, mobilier confortable, bel éclairage.
20
Cartes principales

ESSENCE HANOI
€€-€€€
22 TA HIEN
QUARTIER DE HOAN KIEM
TÉL. : 04/3935-2485
FAX : 04/3935-2487
essencehanoichotel.com
Dans la vieille ville, cet établissement élégant de catégorie moyenne offre des chambres bien équipées. Le personnel vous aidera à planifier vos déplacements. Au rez-de-chaussée, le **Essence Restaurant** (voir p. 248) est l'un des meilleurs de la ville.
30
Cartes principales

CLASSIC STREET
€€
41 HANG BE
QUARTIER DE HOAN KIEM
TÉL. : 04/3825-2421
FAX : 04/3934-5920
classicstreet-phocohotel.com
Ce charmant petit hôtel familial est idéalement situé à quelques pas du lac Hoan Kiem et de la vieille ville. La décoration intérieure est faite avec goût et les chambres sont lumineuses, spacieuses et confortables. Un personnel enthousiaste se met en quatre pour vous.
16 MC, V

NEW STAR HOTEL
€-€€
9 HANG THUNG
QUARTIER DE HOAN KIEM
TÉL. : 04/3934-3608
FAX : 04/3934-8502
newstarhotelhanoi.com
Situé dans une rue non touristique à la frange est de la vieille ville, ce lieu est de très bonne qualité. Les grandes chambres sont équipées d'un balcon et d'une salle de bains.
20
AE, MC, V

Restaurants

BOBBY CHINN
€€€€€
77 XUAN DIEU
QUARTIER DE TAY HO
TÉL. : 04/3719-2460
bobbychinn.com
Le chef Chinn est l'un des plus en vogue de la scène culinaire de Hanoi. Ses créations gastronomiques vietnamiennes rivalisent avec les bonnes tables occidentales. Deux salles à manger et un salon doté de pipes à chicha accueillent les hôtes. Le menu change régulièrement mais comprend toujours du barracuda servi sur un lit de fleurs de bananes braisées.
50 Cartes principales

VINE WINE BOUTIQUE BAR ET CAFÉ
€€€€€
1A XUAN DIEU
TÉL. : 04/3719-8000
FAX : 04/3719-8001
Situé dans le quartier du lac de l'Ouest, ce restaurant possède un cadre très agréable et une décoration originale : les murs sont garnis de casiers où s'alignent quelque 1 200 bouteilles de vin. Éclectique, la carte propose un grand choix de plats : pizzas, pâtes, hamburgers et plats mexicains. Goûtez le ragoût de la mer ou le steak d'Angus grillé. Ne manquez pas les desserts comme le tiramisu au rhum de Cuba.
90 AE, MC, V

RECOMMANDÉ

GREEN TANGERINE
€€€€-€€€€€
48 HANG BE
TÉL. : 04/3825-1286
FAX : 04/3926-1797
Un mélange réussi d'Orient et d'Occident dans ce restaurant qui a pour cadre une ancienne boutique de soie dont l'architecture est elle aussi une fusion entre héritage colonial français et tradition de la vieille ville. Les deux grands-pères du propriétaire ont épousé des Vietnamiennes ; le chef est français. Le décor est particulièrement réussi ; ne manquez pas d'admirer la belle cage d'escalier en fer forgé. L'agneau et le bœuf proviennent de Nouvelle-Zélande, le saumon est importé de Norvège. Goûtez à la rémoulade de crabe et aux coquilles Saint-Jacques marinées dans une sauce épicée.
80
Cartes principales

LY CLUB
€€€€-€€€€€
4 LE PHUNG HIEU
QUARTIER DE HOAN KIEM
TÉL./FAX : 04/3936-3069
lyclub.vn
Installé dans une magnifique villa qui fut, à l'époque coloniale, la résidence du directeur de la Banque d'Indochine, le Ly Club dégage une ambiance feutrée. Les soirées sont bercées par des notes de piano ou de la musique traditionnelle vietnamienne. La carte propose des mets occidentaux et vietnamiens comme la salade de crevettes à la noix de coco. Les menus fixes sont imaginatifs. Idéal pour une occasion spéciale.
44
Cartes principales

SPICES GARDEN
€€€€-€€€€€
SOFITEL MÉTROPOLE HANOI
15 NGO QUYEN
TÉL. : 04/3826-6919, POSTE 8208
Situé dans l'hôtel Metropole (voir p. 246), Spices Garden est sans doute l'une des meilleures tables du pays, que vous recherchiez une cuisine vietnamienne traditionnelle ou plus « fusion ». Le chef,

Nguyen Thanh Van, passionné par la gastronomie locale, est au sommet de son art.
70
Cartes principales

PRESS CLUB
€€€€
59A LY THAI TO
TÉL. : 04/3934-0888
FAX : 04/3934-0899
Si vous prenez place au Press Club, vous aurez sans doute un peu l'impression d'être un homme d'affaires qui se détend après une longue journée de travail, au temps de l'Indochine. La terrasse qui couronne le sommet de ce petit immeuble est parfaite pour un cocktail ; l'ambiance est celle d'un club. Le chef est réputé et la cuisine internationale. Mariné et salé selon une recette maison, le saumon de Norvège est aussi fumé au thé vert. Le carré d'agneau est servi avec une sauce au vinaigre balsamique. Ne manquez pas le délicieux entremets au chocolat, accompagné de glace vanille et de coulis de framboise.
70
Cartes principales

WILD RICE
€€€-€€€€
6 NGO THI NHAM
TÉL. : 04/3943-8896
FAX : 04/3943-6299
Les propriétaires de ce restaurant, situé dans une ancienne villa française, donnent libre cours à leur créativité. Ils interprètent de manière traditionnelle les grands classiques nationaux, jusque dans le costume des serveuses habillées en *ao dai*. Les crevettes sauce tamarin sont exceptionnelles, tout comme les rouleaux de printemps aux crevettes et à la banane.
120
Cartes principales

AU LAC HOUSE
€€€
13 TRAN HUNG DAO
TÉL. : 04/3933-3533
FAX : 04/3933-3522
Ce restaurant, dont le nom évoque la mère légendaire du Vietnam, est installé dans une imposante villa coloniale ; on y dîne sur une belle terrasse. Au menu, exclusivement vietnamien, des plats tels que crabe et crevettes sauce tamarin ou sauce piquante, de savoureux pâtés impériaux au crabe. Pendant la période coloniale, cette demeure appartenait à un médecin vietnamien.
150
Cartes principales

LA
€€€
25 LY QUOC SU
TÉL. : 04/3928-8933
Outre son ambiance cosy, ce petit bistrot intimiste a beaucoup d'attraits. Pour commencer, la carte propose des plats aussi variés que des travers de porc sauce moutarde, des gâteaux de crabe à la sauce chili, sans compter les desserts plus tentants les uns que les autres. La carte des vins varie en fonction des saisons et les prix sont tout à fait abordables.
40 MC, V

MEDITERRANEO
€€€
23 NHA THO
TÉL. : 04/3826-6288
FAX : 04/3928-7690
Très bien située entre la cathédrale Saint-Joseph et le lac Hoan Kiem, cette trattoria donne sur une rue élégante, qui compte cafés à la mode et belles boutiques. La mozzarella est délicieuse. Ne manquez pas le bœuf rôti, servi en tranches épaisses dans lesquelles ont été intercalées aubergines grillées, courgettes et tomates. Goûtez la glace au chocolat maison : elle est inoubliable !
60
Cartes principales

POTS'N PANS
€€€
57 BHI THI XUAN
QUARTIER DE HA BA TRUNG
TÉL. : 04/3944-0204
potsnpans.vn
Logé dans une propriété élégante de trois étages, dans le quartier français, Pots'n Pans est un parfait exemple de la cuisine créative que l'on trouve fréquemment à Hanoi. Le personnel est issu de KOTO, un restaurant implanté depuis longtemps qui forme les enfants des rues. Le menu affiche des mets bien tentants comme la peau grillée de bar et crevettes au gingembre, accompagnées de nouilles au sésame. Une table du chef se trouve au 3e étage.
120
Cartes principales

ESSENCE RESTAURANT
€€-€€€
ESSENCE HOTEL, 22 TA HIEN
QUARTIER DE HOAN KIEM
TÉL. : 04/3935-2485
FAX : 04/3935-2487
essencehanoihotel.com
Si la plupart des restaurants d'hôtel à Hanoi sont médiocres, celui-ci est remarquable. Situé derrière le hall du rez-de-chaussée du Essence Hanoi Hotel (voir p. 247), au cœur de la vieille ville, ce lieu dégage une atmosphère intime propice à la détente. Les plats du menu font saliver, comme le bar cuit dans une croûte de pomme de terre avec haricots verts et sauce à la crème. Le personnel est attentif sans en faire trop. Il se tient à l'écart en attendant un signe de votre part.
45
Cartes principales

HOA SUA
€€-€€€
28A HA HOI
TÉL./FAX : 04/3942-4448
Ce restaurant à but non lucratif, situé dans une villa coloniale rénovée, est l'occasion de faire une bonne action. Le personnel réunit des orphelins qui se destinent à travailler dans l'industrie du tourisme et qui trouvent ici la possibilité de s'entraîner. Essayez le thon aux champignons sauvages ou le bœuf sauce au poivre et au bleu.
128
Cartes principales

NEW DAY
€-€€
72 MA MAY
QUARTIER DE HOAN KIEM
TÉL. : 04/3828-0315
Voici un endroit idéal si l'on veut un bon repas, peu onéreux et que l'on ne s'attache pas trop à l'ambiance. Vous pourrez déguster d'excellent mets du nord du Vietnam comme le *bun cha* (nouilles de riz avec du porc grillé). Si le menu vous semble confus, vous pourrez choisir votre plat en cuisine.
60 Espèces uniquement

NGON
€-€€
18 PHAN BOI CHAU
TÉL. : 04/3942-8162
Ngon signifie « délicieux », et la justesse de ce nom est confirmée par les visages satisfaits des clients qui se pressent ici. La formule est simple et efficace : un large éventail de spécialités régionales, cuisinées à la perfection pour un prix tout à fait raisonnable, et une atmosphère conviviale. Les tables se répartissent à l'intérieur et autour d'une vaste demeure coloniale. La clientèle est principalement locale; c'est une garantie d'authenticité.
500 MC, V

BUN BO NAM BO
€
67 HANG DIEU
TÉL. : 04/3923-0701
Si vous devez manger dans un seul restaurant de nouilles, venez dans cet établissement très connu de la vieille ville. À la fin du service, le sol est jonché de feuilles de bananier, de serviettes et autres détritus... autant de signes qui indiquent la popularité de ce lieu dont la spécialité est le *bo bun*. Les portions sont généreuses, le bœuf est délicieux. Les nouilles sont servies avec des cacahuètes pilées, de l'ail et des herbes fraîches.
120 Espèces uniquement

LE NORD

ÎLE DE CAT BA

HOLIDAY VIEW
€€
ROUTE 1/4
QUARTIER DE CAT HAI
TÉL. : 031/3887-200
FAX : 031/3887-208
holidayviewhotel-catba.com
Situé dans une tour à l'extrémité orientale de la ville de Cat Ba, le Holiday View est un établissement de moyenne catégorie, simple, propre et fonctionnel.
120 MC, V

ALONG

RECOMMANDÉ

EMERAUDE CLASSIC CRUISES
€€€€€
46 LE THAI TO
TÉL. : 04/3935-1888
FAX : 04/3825-5342
Réplique d'un bateau à aubes qui faisait découvrir la baie aux voyageurs des années 1920, l'*Emeraude* est le meilleur moyen de parcourir des paysages éblouissants. Les 38 cabines possèdent l'air conditionné et sont aménagées avec goût. La terrasse du pont supérieur est protégée par un vélum et incite au repos. Idéal pour un voyage nostalgique au parfum d'Indochine coloniale.
38
Cartes principales

HUONG HAI JUNK
€€€
22 BLOC C, QUARTIER DES MAISONS-JARDINS, CAI DAM, BAI CHAY
VILLE D'ALONG
TÉL. : 033/3845-042
FAX : 033/3846-263
huonghaicruise.com
Les neuf jonques Hong Hai quittent chaque jour le port d'Along à 12h45 avec des passagers qui passeront la nuit dans la magnifique baie. Les repas sont pris à bord. Les cabines permettent de jouir de l'étonnant spectacle des formations karstiques.
60 sur 9 jonques
Cartes principales

HAIPHONG

HARBOUR VIEW
€€€€
17 TRAN PHU
TÉL. : 031/3827-827
FAX : 031/3827-828
harbourviewvietnam.com
Reconstitution d'un palace de l'époque coloniale, le meilleur établissement de Haiphong accueille des voyageurs d'affaires grâce à ses chambres bien équipées (ADSL) et des parties communes très confortables. Les chambres dotées de meubles en teck dégagent un parfum rétro. Le gérant, britannique, veille au bien-être de ses hôtes.
122
Cartes principales

GREEN MANGO
€€€

231, RUE 1-4
TÉL. : 031/3887-151
greenmango.vn
La cuisine est ici très originale. L'établissement appartient à un chef qui avait déjà ouvert l'un des meilleurs restaurants de Hanoi. Les fruits de mer et les poissons sont préparés avec inventivité ; l'éclairage et la musique contribuent à l'atmosphère.
70 Cartes principales

SA PA

RECOMMANDÉ

TOPAS ECOLODGE
€€€€
24 MUONG HOA
CAU MAY
TÉL. : 020/3872-404
FAX : 020/3872-405
topas-eco-lodge.com
Les bungalows de granit blanc couronnent le sommet d'une montagne, à 900 m d'altitude, loin du centre de Sa Pa. Chacun possède une véranda et offre une vue magnifique sur la vallée de Muong Hoa et la rivière Ta Van. Les repas sont servis dans une maison communale tay rénovée. L'établissement organise des excursions à travers toute la vallée, en compagnie de guides sympathiques et cultivés.
25 DC, MC, V

HOLIDAY SA PA
€€
16 MUANG HOA
TÉL. : 020/3873-874
FAX : 020/3872-788
holidaysapa.com
Presque toutes les chambres de cet hôtel assez récent offrent de belles vues sur la vallée. Elles sont spacieuses, équipées de cheminées qui fonctionnent et dotées de sols en bois.
42
Cartes principales

VIET EMOTION
€€-€€€
27 CAU MAY
TÉL. : 020/3872-559
Près du marché de Sa Pa, dans l'artère principale de la ville, ce nouveau restaurant propose un large choix de plats occidentaux et vietnamiens. En plus des petits déjeuners, sandwichs et burgers, on peut apprécier des spécialités telle l'oie à l'orange. Les fromages et les tapas font partie des must de la maison. Accès gratuit à Internet.
75 MC, V

BAGUETTE & CHOCOLAT
€-€€
THAC BAC
TÉL. : 020/3871-766
hoasuaschool.com
Cette boulangerie-restaurant est dirigée par des anciens élèves de l'école Hoa Sua (voir p. 249). On y déguste des plats vietnamiens et occidentaux, du pain, des gâteaux et des pâtisseries préparés sur place chaque jour. Une belle cheminée permet de se réchauffer après une longue randonnée.
35 Cartes principales

NATURE BAR & GRILL
€-€€
24 CAU MAY
TÉL. : 091/2270-068
L'endroit est parfait pour se réchauffer auprès de l'immense cheminée de briques, un jour de froid. Les grillades servies sur une plaque chauffante sont la spécialité de ce restaurant.
62 Espèces uniquement

LE CENTRE-NORD

DONG HOI

SUN SPA RESORT
€€-€€€
MY CANH, BAO NINH

> ### PRIX
> **HÔTELS**
> Prix indicatif pour une chambre double en haute saison.
>
> | | |
> |---|---|
> | €€€€€ | plus de 175 € |
> | €€€€ | 125 à 175 € |
> | €€€ | 75 à 125 € |
> | €€ | 25 à 75 € |
> | € | moins de 25 € |
>
> **RESTAURANTS**
> Prix indicatif pour un repas comprenant trois plats sans boisson.
>
> | | |
> |---|---|
> | €€€€€ | plus de 20 € |
> | €€€€ | 15 à 20 € |
> | €€€ | 9 à 15 € |
> | €€ | 3 à 9 € |
> | € | moins de 3 € |

QUANG BINH
TÉL. : 052/3842-999
FAX : 052/3842-555
sunsparesortvietnam.com
C'est l'hôtel le plus agréable sur les quelque 600 km qui séparent Huê et Hanoi. Les chambres sont particulièrement réussies et bien équipées (supports pour portables, belle décoration, baies vitrées). Parmi les prestations, une piscine, un spa, un centre de remise en forme et des activités comme le parachute ascensionnel et le windsurf.
234 Cartes principales

HIEU GIANG
€-€€
138 LÊ DUAN
TÉL. : 053/3856-856
FAX : 053/3856-859
Construit en 2000, ce petit hôtel accueillant est un bon choix si vous voulez loger à proximité de la zone démilitarisée. Les chambres sont simples et fonctionnelles,

équipées de l'air conditionné, de télévisions satellite et d'un minibar.
27
Espèces uniquement

NAM DINH

VI HOANG
€-€€
153 NGUYÊN DU
TÉL. : 0350/3849-290
FAX : 0350/3646-704
Dirigé par Nam Dinh Tourism, cet hôtel, qui surplombe le parc principal et le lac, est le meilleur de la ville. Les chambres, petites mais confortables, sont plutôt bien équipées.
90
Espèces uniquement

NINH BINH

THUY ANH HOTEL
€-€€
55A TRUONG HAN SIEU
TÉL./FAX : 030/3871-602
thuyanhhotel.com
M. De, le propriétaire, mérite toutes les louanges pour le niveau de qualité exceptionnel de son établissement et l'efficacité de son personnel, à un tarif « petit budget ». Les chambres situées à l'arrière sont plus confortables et plus calmes que celles qui donnent sur la rue. Un bar très agréable est aménagé sur le toit.
37
Cartes principales

VINH

SAIGON KIM LIEN
€€-€€€
25 QUANG TRUNG
TÉL. : 038/3838-899
saigonkimlien.com.vn
Cet hôtel, propriété de l'État, est sans doute le meilleur de la ville, malgré sa décoration défraîchie. Il est situé face à un immeuble conçu par des architectes de l'ex-RDA.
77
Cartes principales

HUÊ ET LE VIETNAM CENTRAL

DA NANG

FUSION MAIA
€€€€€
TRUONG SA, KHUE MY WARD
TÉL. : 0151/3967-999
FAX : 0511/3967-888
maiadanang.fusion-resorts.com
Dans ce complexe touristique, le prix inclut deux soins par jour dans le spa. Toutes les chambres sont équipées d'une piscine et d'un jardin privés. Les hôtes bénéficient de leur propre « fusionista », une conseillère qui les aide à choisir au mieux les soins. L'ensemble se trouve sur la plage au sud de Da Nang.
87
Cartes principales

HYATT REGENCY DANANG
€€€€€
TRUONG SA, HON HAI WARD
TÉL. : 0511/3981-234
FAX : 0511/3981-235
danang.regency.hyatt.com
Cet établissement jouit d'un cadre idyllique en front de mer, au sud de Da Nang, près de montagnes de Marbre. Très moderne, il offre tout le confort que l'on peut rêver d'avoir. Pour le dîner, les possibilités sont diverses : la **Pool House**, la **Green House**, et la **Beach House**. Une navette de bus est à disposition pour se rendre en ville.
200
Cartes principales

APSARA
€€€
222 TRAN PHU
TÉL. : 0511/3561-409
FAX : 0511/3562-001
apsara-danang.com
Le décor d'Apsara est inspiré par le musée d'Art cham voisin. Les jardins abritent une reproduction des tours de Phan Rang ; les convives dînent tout en assistant à des spectacles de danse cham. Tous les plats sont vietnamiens et les fruits de mer sont les meilleurs de Da Nang.
300
Cartes principales

WATERFRONT
€€-€€€
150-152 BACH DANG
TÉL. : 0511/3843-373
waterfrontdanang.com
La terrasse du Waterfront est idéale pour admirer la promenade le long du fleuve de Back Dang. Le menu affiche des mets vietnamiens et occidentaux ainsi que des bières et vins importés. Concerts occasionnels.
120
Cartes principales

BREAD OF LIFE
€-€€
4 DONG DA
TÉL. : 0511/3565-185
breadoflifedanang.com
Tous les serveurs de ce délicieux café sont malentendants. C'est le meilleur endroit de Da Nang pour prendre un petit déjeuner.
56
Cartes principales

HOI AN

NAM HAI
€€€€€
VILLAGE DIEN DUONG
TÉL. : 0510/3940-000
FAX : 0510/3940-999
ghmhotels.com
Ce nouveau complexe luxueux est en tête des hôtels de Hoi An, avec un large choix de villas à chambre unique ou avec piscine. Des plates-formes surélevées et l'aménagement de différents niveaux donnent un

vrai sens de l'espace. Les zones de repos offrent de splendides panoramas sur les jardins et la plage. Les piscines privées sont équipées d'un système de régulation thermique et les prestations incluent spa, salle de remise en forme et courts de tennis et de badminton.
100 Cartes principales

ANANTARA HOI AN RESORT
€€€-€€€€€
1 PHAM HONG THAI
TÉL. : 0510/3914-555
FAX : 0510/3914-515
hoi-an.anantara.com
Situé à cinq minutes à pied de la vieille ville, ce complexe est l'un des plus chics de Hoi An. Les chambres en duplex sont dotées d'un balcon somptueusement meublé. Un bar et une cabine de massage sont adossés à la grande piscine située derrière la rivière.
94 Cartes principales

HOI AN RIVERSIDE RESORT
€€€-€€€€€
175 CUA DAI
TÉL. : 0510/3864-800
FAX : 0510/3864-900
hoianriverresort.com
Au cœur d'un parc tropical en bordure de la rivière Do, à 5 km de la vieille ville et à 1 km de la plage, c'est l'un des établissements les plus anciens de Hoi An. Il mériterait une petite rénovation mais le cadre est toutefois magnifique. Le restaurant et les chambres donnent sur la rivière.
63 Cartes principales

MANGO ROOMS
€€€
111 NGUYÊN THAI HOC
TÉL. : 0510/3910-839
Ce restaurant situé dans la vieille ville réussit le pari d'une cuisine fusion des plus créatives. Ici, la fusion s'opère, une fois n'est pas coutume, avec la gastronomie latino-américaine. Essayez les coquilles Saint-Jacques, les médaillons de thon ou les crevettes enrobées de bœuf. L'ambiance est à la fois joyeuse et branchée, à l'image de Duc, le propriétaire qui est aussi aux fourneaux, un Vietnamien qui émigra aux États-Unis avant de revenir dans son pays.
105 MC, V

GOOD MORNING, VIETNAM
€€
34 LÊ LOI
TÉL. : 0510/3910-227
Envie de faire une pause avec la cuisine vietnamienne ? Venez goûter aux délicieuses pizzas de cette chaîne italienne. La salle est très agréable. Également à Hô Chi Minh-Ville, Vung Tau, Mui Ne et Nha Trang.
30 Espèces uniquement

HAI CAFÉ ET ÉCOLE DE CUISINE RED BRIDGE
€€
98 NGUYÊN THAI HOC
TÉL. : 0510/3863-210
Dans ce restaurant de spécialités vietnamiennes, le chef organise aussi des cours durant lesquels les convives apprennent, avant de dîner, à préparer quelques classiques comme la salade de calamars, le poisson en feuille de bananier, les rouleaux de printemps. On peut également suivre une demi-journée de cours à la Red Bridge Cooking School.
67 Cartes principales

HUÊ

RECOMMANDÉ

LA RESIDENCE
€€€€-€€€€€
5 LÊ LOI
TÉL. 054/3837-475
FAX 054/3837-476
la-residence-hue.com
Le meilleur établissement de Huê est l'un des trois plus beaux hôtels du pays. L'ancienne pension de famille construite en 1930 pour l'administration coloniale a été remodelée et rouverte en 2005. L'atmosphère est raffinée, et la décoration Art déco, très réussie. La piscine, au cœur d'un jardin exotique sur la rive sud de la rivière des Parfums, offre une belle vue sur la Citadelle et la tour du Drapeau. Accès à Internet gratuit depuis le centre d'affaires, accès wi-fi à la réception. Le Parfum (voir p. 253) est le grand restaurant de la ville.
122 Cartes principales

IMPERIAL
€€€€
8 HUNG VUONG
TÉL. : 054/3882-222
FAX : 054/3882-255
imperial-hotel.com.vn
Parmi les hôtels les plus récents de Huê, cet édifice de 16 étages surplombe la ville. Ses lofts et ses chambres cinq-étoiles ne sont pas passés inaperçus auprès des voyageurs avertis : le complexe a déjà accueilli plusieurs personnalités. Il propose de nombreuses prestations : spa, casino, mais aussi plusieurs restaurants et bars.
191 Cartes principales

CENTURY RIVERSIDE
€€€-€€€€€
49 LÊ LOI
TÉL. : 054/3823-390
FAX : 054/3823-394
centuryriversidehue.com
Situé au bord de la rivière, cet hôtel de style soviétique était jadis le meilleur de la ville. Vietnam Tourism lui attribue encore quatre étoiles mais c'est au bénéfice de l'âge... Cela dit, toutes les chambres

possèdent un balcon, et la vue est splendide, en particulier depuis l'aile droite.
138 Cartes principales

SAIGON MORIN
€€€-€€€€€
30 LÊ LOI
TÉL. : 054/3823-526
FAX : 054/3825-155
morinhotel.com.vn
Établissement réputé et plus que centenaire, le Morin a bénéficié d'une importante rénovation entre 1995 et 1997. Il jouit d'une bonne situation, au niveau du pont Trang Tien et face à la citadelle.
180 Cartes principales

LE PARFUM
€€€€
LA RESIDENCE, 5 LÊ LOI
TÉL. : 054/3837-475
FAX : 054/3837-476
la-residence-hue.com
Situé dans l'hôtel La Residence (voir p. 252), Le Parfum est le seul restaurant chic de Huê. Décorée dans le style Art déco, la salle aux grandes baies vitrées donne sur la rivière. La cuisine continentale est aussi délicieuse que le décor. Essayez le steak de thon, les côtes de porc panées, la salade aux aubergines grillées et au chèvre.
146 Cartes principales

AN DINH VIEN
€€-€€€
7 PHAM HONG THAI
TÉL. : 054/3824-076
FAX : 054/3833-019
Les groupes qui en font la demande à l'avance peuvent, le temps d'un dîner, revêtir les habits d'un roi, d'une reine ou d'un mandarin. Plusieurs musiciens accompagneront votre procession jusqu'à la salle de banquet où l'on vous servira un véritable festin. Les aliments sont présentés avec recherche (radis taillés en forme de paon, tomates en forme de lampion), et les plats sont exquis. Le lieu n'a pas le raffinement d'un grand établissement de niveau international, mais on y a le souci du travail bien fait.
300

TROPICAL GARDEN
€€-€€€
27 CHU VAN AN
TÉL. : 054/3847-143
Des musiciens traditionnels se produisent chaque soir dans la salle intérieure du restaurant. Les convives qui ont pris place dans le petit jardin tropical dînent à l'abri d'une toiture de chaume. La nourriture est correcte, le bœuf, les poissons et les crevettes sont bien préparés ; le service est convenable.
100 MC, V

HOT TUNA
€€
37 VO THI SAU
TÉL. : 054/3616-464
Avec son mobilier en sapin et son linge de table rouge à carreaux, l'intérieur de ce lieu sans prétention est très séduisant. Le personnel est attentif. La carte très variée inclut des spécialités de Huê, ainsi que pâtes, steaks et burgers. Accès gratuit à Internet et à la piscine, à l'étage.
36 Espèces uniquement

MANDARIN CAFÉ
€€
24 TRAN CAO VAN
TÉL. : 054/3821-281
Depuis 15 ans, le Mandarin sert une cuisine généreuse à une clientèle de routards. M. Cuu, le propriétaire des lieux, est une véritable mine d'informations sur la région.
60 Espèces uniquement

LE LITTORAL DU CENTRE-SUD

LONG HAI

ANOASIS BEACH RESORT
€€€-€€€€€
DOMAINE KY VAN
TÉL. : 064/3868-228
FAX : 064/3868-229
anoasisresort.com.vn
Ce complexe comprend des chambres, des villas ainsi que des bungalows de différentes tailles, disséminés dans un parc tropical de 13 ha qui donne sur la plage. Les vastes bungalows possèdent un sol dallé de terre cuite et un élégant mobilier en fer forgé.
46 Cartes principales

NHA TRANG

ANA MANDARA RESORT & SPA
€€€€€
TRAN PHU
TÉL. : 058/3522-522
FAX : 058/3525-828
sixsenses.com
Situé face à la plage municipale, le Ana Mandara est renommé pour l'excellence de son service, la qualité de son spa, ses villas luxueusement décorées et ses jardins luxuriants. Les deux piscines et les deux restaurants offrent une belle vue sur la mer et les îles au large.
74 Cartes principales

SUNRISE BEACH RESORT NHA TRANG
€€€€-€€€€€
12 TRAN PHU
TÉL. : 058/3820-999
FAX : 058/3822-866
sunrisenhatrang.com.vn
Le Sunrise occupe un élégant immeuble néocolonial qui se dresse sur l'avenue longeant le bord de mer. Les chambres spacieuses sont dallées de marbre et pourvues de balcons qui donnent sur la mer. Le bar du 10e étage est très agréable, tout comme la piscine ronde encadrée d'une colonnade.
121 Cartes principales

YASAKA SAIGON NHATRANG
€€€-€€€€€
18 TRAN PHU
TÉL. : 058/3820-090
FAX : 058/3820-000
yasanhatrang.com
Un hôtel nippo-vietnamien dont les chambres possèdent une vue sur la mer. Accès wi-fi gratuit, bureau d'informations touristiques, discothèque et sept salles de karaoké !
201
Cartes principales

NHA TRANG LODGE
€€€-€€€€
42 TRAN PHU
TÉL. : 058/3521-500
FAX : 058/3521-800
nhatranglodge.com
Un bon hôtel sur le front de mer. Dotées d'un mobilier en bois clair, toutes les chambres ont une vue. Les résidents ont droit à 30 minutes d'accès gratuit à Internet dans le centre d'affaires. Le casino voisin est ouvert jusqu'au petit matin.
121
Cartes principales

LA SUISSE HOTEL
€€
34 TRAN QUANG KHAI
TÉL. : 058/3524-353
FAX : 058/3524-564
lasuissehotel.com
Ce lieu est typique de ce que l'on trouve à Nha Trang : un bon rapport qualité/prix. Pour 30 €, vous aurez une grande chambre claire avec climatisation, cable et wi-fi gratuit. Très bien situé.
30
Cartes principales

PERFUME GRASS INN
€-€€
4A BIET THU
TÉL. : 058/3524-286
FAX : 058/3524-977
perfume-grass.com
Situé dans Nha Trang, la rue des petits budgets, Perfume Grass a beaucoup de caractère. La conception et le mobilier sont différents dans chaque chambre. Peu d'équipements sont proposés mais vous trouverez tout ce dont vous aurez besoin à quelques pas, y compris une plage.
14
Espèces uniquement

LOUISIANE BREWHOUSE
€€€-€€€€
29 TRAN PHU
TÉL. : 058/3521-948
Bien plus qu'un restaurant, ce complexe situé en bord de plage ressemble davantage à un centre de loisirs, avec sa propre piscine et des concerts live en soirée. En plus des nombreux plats de cuisine occidentale et vietnamienne, il y a un coin pizzeria, un coin sushis, et l'on peut y déguster une délicieuse bière locale.
120 Cartes principales

NHA HANG YEN'S RESTAURANT
€€-€€€
3/2A TRAN QUANG KHAI
TÉL. : 093/3766-205
Situé à la limite du quartier petits budgets, Yen sert des plats parmi les plus délicieux de Nha Trang : rouleaux de printemps, mets cuits dans un plat d'argile, crevettes acidulées et salade de pamplemousse, le tout arrosé d'une bière bon marché.
44 Espèces uniquement

RECOMMANDÉ

LAC CANH
€€
44 NGUYÊN BINH KIEM
TÉL. : 058/3821-391
Véritable institution locale depuis plus de 30 ans, Lac Canh régale les amateurs de grillades. Chaque table est équipée d'un brasero à charbon, et les convives y font griller pavés de thon mariné, pièces de bœuf épicé... La carte propose aussi des spécialités vietnamiennes. Les endroits où l'on peut s'attabler à l'intérieur ou à l'extérieur sont toujours bondés.
100 Espèces uniquement

LA TAVERNA
€-€€
115 NGUYEN THIEN THUAT
TÉL. : 058/3812-259
L'un des plus anciens restaurants de Nha Trang, La Taverna est le lieu où se rendre pour savourer de la cuisine italienne. Au menu, pâtes maison, pizza et produits de la mer à profusion. Ambiance trattoria typique.
36 Cartes principales

LANTERNS
€-€€
34/6 NGUYEN THIEN THUAT
TÉL. : 058/2471-674
Cet endroit est devenu très connu, mais vous ne regretterez pas l'attente pour une table. Le menu est

PRIX

HÔTELS
Prix indicatif pour une chambre double en haute saison.

€€€€€	plus de 175 €
€€€€	125 à 175 €
€€€	75 à 125 €
€€	25 à 75 €
€	moins de 25 €

RESTAURANTS
Prix indicatif pour un repas comprenant trois plats sans boisson.

€€€€€	plus de 20 €
€€€€	15 à 20 €
€€€	9 à 15 €
€€	3 à 9 €
€	moins de 3 €

excellent. Les spécialités de la maison incluent ragoût et barbecue. On y sert aussi des pâtes et des hamburgers. Cours de cuisine sur place.
62 Cartes principales

NINH HOA

SIX SENSES HIDEAWAY & SPA
€€€€€
BAIE DE NINH VAN
TÉL. : 058/3524-268
sixsenses.com
L'hôtel le plus cher du pays, et pour cause : les occupants de chacun des bungalows disposent d'un majordome, d'une piscine et d'une cave à vins. Propriété de l'État, le complexe est géré par des étrangers, et le service est particulièrement raffiné. Les bungalows sont disséminés sur une péninsule rocheuse, autrefois terrain militaire, et l'endroit est inaccessible par voie terrestre.
58 Cartes principale

PHAN THIET/MUI NE

PRINCESS D'ANNAM RESORT & SPA
€€€€€
BAIE DE KE GA
TÉL. : 062/3682-222
FAX : 062/3682-333
princessannam.com
Ce complexe qui rivalise avec le Furama de Da Nang s'inscrit dans un parc de 18 ha au sud de Phan Thiet, dans une région en pleine expansion. Conçues par un architecte singapourien réputé, les villas sont de style moderne. Pas moins de neuf piscines et un immense spa invitent à la détente. La plage privée donne sur un phare centenaire.
57 Cartes principales

COCO BEACH
€€€
58 NGUYÊN DINH CHIEU
PLAGE DE MUI NE
TÉL. : 062/3847-111
FAX : 062/3847-115
cocobeach.net
Vous ne trouverez pas de jardin mieux entretenu que celui du Coco Beach, mais l'endroit possède bien d'autres atouts pour vous retenir entre ses murs ! Les bungalows en bois verni sont confortables, bien situés et disposés de telle sorte que leurs vérandas offrent toutes une vue sur la mer. L'un des restaurants se trouve en bordure du rivage, l'autre possède une terrasse qui donne sur la mer.
34 Cartes principales

HÔTEL DU PARC PHAN THIET
€€€
1 TON DUC THANG
TÉL. : 062/3822-393
FAX : 062/3825-682
accorhotels.com/asia
Encadré par un parcours de golf dessiné par Nick Faldo et par le front de mer, c'est un très bon hôtel. Les chambres sont équipées d'un balcon, avec vue sur l'océan ou le green. L'hôtel est à la fois proche du centre de Phan Thiet et agréablement isolé. Selon le magazine *Golf*, le 9e trou du golf adjacent est dans le top 500 mondial.
123 Cartes principales

RECOMMANDÉ

RUNG (FOREST)
€€€
67 NGUYÊN DINH CHIEU
PLAGE DE MUI NE
TÉL. : 062/3847-589
FAX : 062/3847-590
Tout aussi excentrique que la pension Crazy House de Dalat ou la cathédrale caodaïste de Tây Ninh, ce restaurant attire d'abord par son décor : les tables sont constituées de « tranches » d'arbres, des colonnes en ciment entourées d'écorce et de bambous, des automates carillonnent la sérénade aux convives qui ont pris place sur la terrasse... Les accords d'un *dan bau* accompagnent une cuisine vietnamienne et continentale très réussie.
150 Cartes principales

QUY NHON

AVANAI QUY NHON
€€€-€€€€
GHENH RANG
PLAGE DE BAI DAI
TÉL. : 056/3840-132
FAX : 056/3840-138
life-resorts.com
Ce complexe hôtelier se trouve à 16 km au sud de Quy Bhon, à l'écart des sites touristiques. Les grandes chambres possèdent toutes une très belle vue et une architecture inspirée des traditions cham.
63 Cartes principales

ÎLE DE LA BALEINE

RECOMMANDÉ

WHALE ISLAND RESORT
€€€€
2 ME LINH-NHA TRANG
TÉL. : 058/3513-871
FAX : 058/3513-873
whaleislandresort.com
Jouez les Robinson avec un certain confort sur Hon Ong, l'île de la Baleine, entourée d'eaux turquoise, dont les seules habitations sont ces 28 bungalows en bambou et en chaume disposés le long d'une petite plage. L'endroit possède quand même l'électricité et l'eau chaude en hiver. Parfait pour les amateurs de plongée, de catamaran, de canoë, de randonnée et de baignade.
28 MC, V

LES HAUTS PLATEAUX DU CENTRE

BUON MA THUOT

DAM SAN HOTEL

€€€

212-214 NGUYÊN CONG TRU

TÉL. : 0500/3851-234

FAX : 0500/3852-309

damsanhotel.com.vn

Situé à environ 1 km du centre-ville, offrant de beaux panoramas sur les collines luxuriantes, cet hôtel est l'endroit le plus cosy à Buon Ma Thuot. Ce n'est peut-être pas un cinq-étoiles, mais les chambres sont d'un style typique de la région. L'équipe est très serviable et l'hôtel travaille en collaboration avec un tour-opérateur fiable.

60

Cartes principales

TAI

€

91 NGUYEN KHUYEN

TÉL. : 093/5315-757

Situé au nord de la ville en plein développement, ce nouveau restaurant est l'un des rares de Buon ma Thuot où l'on trouve un menu en anglais. Les plats, à base de riz ou de nouilles, sont à prix raisonnables.

70 Cartes principales

DALAT

RECOMMANDÉ

DALAT PALACE

€€€€-€€€€€

12 TRAN PHU

TÉL. : 063/3825-444

FAX : 063/3825-666

dalatresorts.com

Voici sans conteste le plus somptueux hôtel du Vietnam. La façade Art déco, plutôt sobre, contraste avec l'opulente décoration intérieure de style victorien. Lustres dans le hall, les chambres, les salles de bains, tentures épaisses, ventilateurs à l'ancienne, tapis d'Orient et planchers cirés, le tout sur fond de mélodies égrenées par le pianiste qui se produit au salon... autant de détails qui donnent l'impression d'un voyage dans le temps. Le **Rabelais**, restaurant gastronomique de cuisine française, est l'un des plus élégants de la ville.

43

Cartes principales

DU PARC HOTEL DALAT

€€-€€€

7 TRAN PHU

TÉL. : 063/3825-777

FAX : 063/3825-888

accorhotels.com/asia

Cet établissement, rénové, a ouvert ses portes en 1932. C'est un hôtel de bonne catégorie et le meilleur choix en ville après le luxueux Dalat Palace. La lumière du jour perce à travers les belles fenêtres d'époque et se reflète sur le parquet ciré ; l'escalier s'enroule autour de la cage en fer forgé ajouré d'un ascenseur à l'ancienne.

140

Cartes principales

DREAMS

€-€€

151 ET 164B PHAN DINH PHUNG

TÉL. : 063/3833-748

dreamshoteldalat.com

Un endroit de rêve pour les voyageurs à petit budget. Les équipements sont ceux d'un hôtel de moyenne catégorie à un prix battant toute concurrence. Certaines salles de bains sont dotées d'un Jacuzzi ou d'une douche à jet massant. Petit déjeuner copieux.

16 Espèces uniquement

CAFÉ DE LA POSTE

€€€

12 TRAN PHU

TÉL. : 063/3825-444

Installé dans un bâtiment qui fut, à l'époque coloniale, un grand magasin, le Café de la Poste permet de manger, dans la salle du bas, de solides hamburgers et autres plats occidentaux. C'est, avec Le Rabelais du Dalat Palace, l'un des restaurants les plus agréables de la ville.

90

Cartes principales

NAM SON

€€

54 KHU HOA BINH

TÉL. : 063/3821-147

Ce restaurant bien situé propose un grand choix de spécialités vietnamiennes avec une dominante de crevettes, porc, poulet, bœuf ou poisson, servis avec des légumes locaux.

60 Espèces uniquement

V CAFÉ

€€

1/1 BUI THI XUAN

TÉL. : 063/3520-215

Ce petit café, géré par un Américain, propose de délicieuses tartes salées, des pizzas ainsi que des plats mexicains et asiatiques. Concerts le soir.

60

Cartes principales

LONG HOA

€

63 THANH 2

TÉL. : 063/3822-934

Une carte fidèle aux spécialités vietnamiennes, à une exception près : les spaghettis. Parmi les spécialités : les plats en marmite, les crevettes grillées, la venaison. Ne manquez pas le délicieux yaourt maison.

42 Espèces uniquement

NHAT LY

€

88 PHAN DINH PHUNG

TÉL. : 063/3821-651

Vous ferez ici un excellent repas au meilleur prix. Essayez

les crevettes sauce tamarin ou les plats à base de bœuf ou de porc à la tomate. Spécialités végétariennes.
100 Espèces uniquement

KONTUM

INDOCHINE HOTEL
€€
30 BACH DANG
TÉL. : 060/3863-335
FAX : 060/3862-762
indochinehotel.vn
Meilleur hôtel de Kontum, même s'il manque un peu de caractère, l'Indochine tire un avantage maximal des jolies vues sur les collines au sud, par-delà la rivière. Les chambres sont bien équipées, et il y a un restaurant à l'étage, ainsi qu'un accès Internet.
63
Cartes principales

HÔ CHI MINH-VILLE

Hôtels

CARAVELLE HOTEL
€€€€€
19 PLACE LAM SON, DISTRICT 1
TÉL. : 08/3823-4999
FAX : 08/3824-3999
caravellehotel.com
Inauguré en 1959, le Caravelle est un des grands hôtels de la ville et une curiosité historique en soi. Rénové en 1998, le bâtiment d'origine s'est vu adjoindre une tour de 24 étages. Le **Saigon Saigon Bar**, au 10e étage, est l'un des meilleurs endroits pour prendre un verre.
335
Cartes principales

LEGEND HOTEL SAIGON
€€€€€
2A TON DUC THANG, DISTRICT 1
TÉL. : 08/3823-3333
FAX : 08/3823-2333
legendsaigon.com
Cet hôtel qui a ouvert ses portes en 2001 accueille une clientèle internationale. Il ne compte pas moins de quatre restaurants (japonais, chinois, italien, international) et trois piscines. Certaines chambres ont vue sur la rivière, et l'hôtel possède également une piscine. Le hall, avec son plafond-verrière, évoque un peu une gare de la Belle Époque.
282
Cartes principales

PARK HYATT SAIGON
€€€€€
2 PLACE LAM SON, DISTRICT 1
TÉL. : 08/3824-1234
FAX : 08/3823-7569
saigon.park.hyatt.com
Un établissement où vous pouvez attendre le service des hôtels de cette chaîne. Les chambres des étages supérieurs ont une vue magnifique sur la rivière. Toutes sont très bien équipées, notamment de très belles salles de bains en marbre.
176
Cartes principales

RENAISSANCE RIVERSIDE HOTEL SAIGON
€€€€€
8-15 TON DUC THANG, DISTRICT 1
TÉL. : 08/3822-0033
FAX : 08/3822-5666
renaissancehotels.com/sgnbr
Seul hôtel Marriott du Vietnam, le Renaissance surplombe la rivière du haut de ses 21 étages. Un atrium couvert d'une verrière apporte de la luminosité aux couloirs principaux et les chambres, spacieuses, sont décorées dans un style colonial.
349
Cartes principales

SHERATON SAIGON
€€€€€
88 DONG KHOI, DISTRICT 1
TÉL. : 08/3827-2828
FAX : 08/3827-2929
sheraton.com/saigon
Véritable ville dans la ville, le Sheraton compte huit bars et restaurants, un spa, une piscine, des courts de tennis, des boutiques. Les chambres, luxueuses et parfaitement équipées, surplombent la rivière et les attractions touristiques de la ville.
472
Cartes principales

REX HOTEL
€€€€-€€€€€
141 NGUYÊN HUÊ, DISTRICT 1
TÉL. : 08/3829-2185
FAX : 08/3829-6536
rexhotelvietnam.com
Pendant la guerre, ce bâtiment abrita des logements d'officiers et des services administratifs américains. Une rénovation récente en a fait un des meilleurs hôtels de la ville. La terrasse sur le toit vaut le détour.
289
Cartes principales

SOFITEL PLAZA SAIGON
€€€€-€€€€€
17 LÊ DUAN, DISTRICT 1
TÉL. : 08/3824-1555
FAX : 08/3824-1666
accorhotels.com/asia
Le Sofitel est classé parmi les meilleurs hôtels d'affaires. Situé sur Lê Duan, il affiche cinq étoiles et les chambres sont évidemment très bien équipées. Le bar de la piscine s'est fait une spécialité des cocktails à base de gin et de vermouth. Le restaurant **L'Olivier** propose une cuisine française succulente.
290
Cartes principales

PULLMAN SAIGON CENTRE
€€€€-€€€€€
148 TRAN HUNG DAO, DISTRICT 1

TÉL. : 08/3838-8686
FAX : 08/3838-9179
pullmanhotels.com
Située sur l'ancien site du Metropole Hotel, la tour élégante du Pullman Saigon, ouvert en 2013, propose des chambres parmi les plus confortables de la ville. Si vous n'y résidez pas, profitez quand même de la vue depuis le bar au 30e étage.
306
Cartes principales

MAJESTIC SAIGON
€€€€
1 DONG KHOI, DISTRICT 1
TÉL. : 08/3829-5517
FAX : 08/3822-9744
majesticsaigon.com.vn
Le Majestic est l'un des beaux témoignages du Saigon colonial. Sa façade Art déco marque l'angle de Dong Khoi et les balcons des chambres donnent sur la rivière. La verrière du hall est d'époque. Les chambres sont confortables, avec du mobilier ancien et du marbre dans les salles de bains.
176
Cartes principales

CONTINENTAL
€€-€€€
132-134 DONG KHOI, DISTRICT 1
TÉL. : 08/3829-9201
FAX : 08/3829-0936
continentalvietnam.com
Le Continental vit un peu sur sa réputation. Avec ses chambres spacieuses, il demeure néanmoins un bon choix de catégorie moyenne. Vous pourrez profiter de la terrasse qui donne sur la place Lam Son.
86
Cartes principales

MADAM CUC
€€
127 CONG QUYNH
TÉL. : 08/3836-8761
FAX : 08/3836-0658
madamcuchotels.com
Si vous n'avez pas besoin de tout le luxe d'un hôtel cinq-étoiles, Madame Cuc est un bon choix. Les chambres sont simples, propres et confortables et vous serez traité comme un membre de la famille.
32
Cartes principales

SPRING HOTEL
€€
44-46 LÊ THANH TON, DISTRICT 1
TÉL. : 08/3829-7362
FAX : 08/3822-1383
Un excellent choix en termes de prix et de situation. Les chambres sont équipées de télévisions par satellite et de lits confortables. Menu fixe pour le petit déjeuner.
45 MC, V

Restaurants

AU MANOIR DE KHAI
€€€€€
251 DIÊN BIÊN PHU, DISTRICT 3
TÉL. : 08/3930-3394
Dans le cadre d'une splendide villa coloniale cernée d'un jardin luxuriant, ce restaurant de première catégorie est tenu par le propriétaire du Khai Silk (voir p. 263), un gourou local à la mode. D'épais tapis et des draperies composent une atmosphère cosy. Le personnel est élégant et efficace, et la cuisine française digne des meilleures tables. Essayez le filet de porc sauce moutarde, avec l'un des vins de la carte.
32
Cartes principales

L'OLIVIER
€€€€€
SOFITEL PLAZA SAIGON
17 LÊ DUAN, DISTRICT 1
TÉL. : 08/3824-1555
Toutes les sept semaines, un chef réputé, de France ou d'Espagne, est invité pour huit jours aux fourneaux du restaurant français du Sofitel Plaza (voir p. 257). Le reste du temps, le chef habituel, un Français d'origine laotienne, explore les subtilités de la gastronomie hexagonale.
80
Cartes principales

PRIX

HÔTELS
Prix indicatif pour une chambre double en haute saison.

€€€€€	plus de 175 €
€€€€	125 à 175 €
€€€	75 à 125 €
€€	25 à 75 €
€	moins de 25 €

RESTAURANTS
Prix indicatif pour un repas comprenant trois plats sans boisson.

€€€€€	plus de 20 €
€€€€	15 à 20 €
€€€	9 à 15 €
€€	3 à 9 €
€	moins de 3 €

MANDARINE
€€€€
11A NGO VAN NAM, DISTRICT 1
TÉL. : 08/3822 9783
FAX : 08/3825-6185
Dans une rue tranquille du centre, ce restaurant installé dans une maison réaménagée compte six niveaux. Le canard est la spécialité mais la carte propose aussi du potage aux nids d'hirondelle ou au requin, ou de l'ormeau. Musique vietnamienne en soirée les mardis et jeudis, occidentale les autres jours.
160 Cartes principales

ZAN Z BAR
€€€-€€€€€
19-21 DONG KHOI, DISTRICT 1
TÉL. : 08/6291-3686

Ce restaurant très branché est une halte idéale lorsque l'on explore le centre-ville. À l'ambiance élégante et le service impeccable s'ajoute un menu créatif sur lequel figurent des *fettucini* au saumon accompagnés d'une crème parfumée à la vodka.
60
Cartes principales

CAFÉ CENTRAL AN DONG
€€€-€€€€
4[E] ÉTAGE, 18 AN DONG VUONG
DISTRICT 5
TÉL. : 08/3833-6688, POSTE 2221
C'est le lieu idéal pour refaire le plein d'énergie après une visite des temples de Cho Lon. Bien qu'on puisse choisir à la carte, ce restaurant propose une formule buffet (midi et soir), qui permet de déguster un large éventail de plats vietnamiens, japonais et occidentaux. Tout est cuisiné à la perfection.
230
Cartes principales

MAXIM'S NAM AN
€€€-€€€€
13/15/17 DONG KHOI
DISTRICT 1
TÉL. : 08/3829-6676
FAX : 08/3823-0644
Night-club dans les années 1950 et 1960, Maxim's a gardé son décor avec scène, piste de danse, box et tabourets hauts. C'est aujourd'hui un élégant restaurant de cuisine vietnamienne. Essayez le vivaneau grillé, avec de la pâte de crevettes et de la canne à sucre. Un trio jazz-pop se produit en soirée.
200 MC, V

THE TEMPLE CLUB
€€€€€
29-31 TON THAT THIEP
DISTRICT 1
TÉL. : 08/3829-9244
FAX : 08/3914-4271
Pendant la période coloniale, cet endroit était une hôtellerie destinée aux pèlerins venus au temple hindou de l'autre côté de la rue. Il reste des éléments du décor d'origine. La carte propose des plats de toutes les régions du pays.
80
Cartes principales

VIETNAM HOUSE
€€€-€€€€
93-95 DONG KHOI, DISTRICT 1
TÉL. : 08/3829-1623
Ce restaurant, situé dans un discret bâtiment colonial du centre-ville, est une parfaite introduction à la cuisine vietnamienne. Un pianiste se produit au rez-de-chaussée et un groupe interprète des airs traditionnels à l'étage.
65
Cartes principales

SKEWERS
€€€
9A THAI VAN LUNG, DISTRICT 1
TÉL./FAX : 08/3822-4798
Une carte aux saveurs de la Méditerranée, du bar à la mode marocaine aux baklavas turques avec une prédilection pour les brochettes et les grillades. Les côtes d'agneau sont savoureuses. Essayez aussi le feuilleté au fromage de chèvre et les pommes à la cannelle.
80 Cartes principales

BISTRO 48
€€-€€€
48 LE THI RIENG, DISTRICT 1
TÉL./FAX : 08/3833-2932
Niché dans une rue près du marché Ben Thanh, ce lieu attire les habitants du quartier pour ses plats vietnamiens et occidentaux. Goûtez le poisson aux échalotes et à la sauce au vin ou le crabe agrémenté d'une sauce au citron.
44
Cartes principales

LA FENETRE SOLEIL
€€-€€€
1[ER] ÉTAGE, 44 LY TU TRONG
DISTRICT 1
TÉL. : 08/3824-5994
Cet endroit, situé près du musée de Hô Chi Minh-Ville, est typique de la culture des cafés de la ville, avec murs en briques et mobilier hétéroclite. On peut y déguster un sandwich et un jus de fruit pendant la journée. Cours de salsa le mercredi soir et concert de jazz le jeudi.
50 DC, MC, V,

TANDOOR
€€-€€€
74/6 HAI BA TRUNG, DISTRICT 1
TÉL. : 08/3930-4839
FAX : 08/3930-4125
Ce petit joyau proche du centre-ville est le meilleur restaurant indien en ville. Plats tandoori, à base de poulet, mouton ou poisson mariné puis grillé dans un four traditionnel, sur braises. Excellent rapport qualité/prix.
52 MC, V

LITTLE SAIGON
€€
185/16 PHAM NGU LAO,
DISTRICT 1
TÉL. : 08/3836-0678
FAX : 08/3836-7947
Dans le quartier de prédilection des routards, voici une bonne adresse pour consommer sur place ou emporter des spécialités de Huê et des plats cuits en pot d'argile, mais également des hamburgers, des pizzas ou des plats végétariens.
46 Cartes principales

SOZO
€€
176 BUI VIEN, DISTRICT 1
TÉL. : 090/9306-971
Créé pour aider les enfants en difficulté, ce café offre un refuge tranquille loin de l'agitation de la rue. Montez à l'étage et savourez une

baguette croustillante ou un délicieux curry. Wi-fi gratuit.
42
Espèces uniquement

RECOMMANDÉ

QUAN AN NGON
€-€€
160 PASTEUR, DISTRICT 1
TÉL. : 08/3827-7131
FAX : 08/3827-7127
Une nourriture populaire et une ambiance parfaite sont au rendez-vous dans ce restaurant moderne bien connu en ville. Vous pourrez goûter ici les meilleurs *bun bo Huê, bun thit nuong, banh xeo, che* et *pho*, sans avoir à vous asseoir sur de minuscules tabourets ni respirer les gaz d'échappement. Les tables sont installées dans une ancienne villa coloniale et dans ses annexes. Très bon marché, l'endroit est surtout fréquenté par des expatriés et des Vietnamiens vivant à l'étranger. Ne confondez pas ce lieu avec celui anciennement situé au 138 Nam Ky Khoi Nghia, un restaurant similaire bien moins bon.
700 Cartes principales

LE DELTA DU MÉKONG

CAN THO

GOLF HOTEL
€€€-€€€€€
2 HAI BA TRUNG
TÉL. : 0710/3812-210
FAX : 0710/3812-282
vinagolf.vn
Il n'y a pas de golf à moins de 80 km, mais cette tour couleur vert gazon reste le meilleur choix dans l'artère principale de Can Tho. Les chambres sont aussi peintes en vert. Belles salles de bains.
101
Cartes principales

KIM THO
€€-€€€
1A NGO GIA TU
TÉL. : 0710/2227-979
FAX : 0710/2221-299
kimtho.com
Ce nouvel hôtel de catégorie moyenne, très élégant, propose des chambres élégantes et une vue sur les berges à des tarifs compétitifs. Les matelas sont épais, les oreillers rembourrés et les prix incluent le petit déjeuner.
51
Cartes principales

NAM BO BOUTIQUE HOTEL
€€-€€€
1 NGO QUYEN
TÉL. : 0710/3819-139
Le propriétaire de l'un des restaurants les plus fréquentés de Can Tho a ouvert ce charmant boutique hotel au-dessus du restaurant Nam Bo. Il compte sept suites avec une vue sur le fleuve. La terrasse sur le toit est parfaite pour un petit déjeuner ou un verre en soirée.
7
Cartes principales

NAM BO
€€-€€€
1 NGO QUYEN
TÉL. : 0710/3819-139
Vue sur l'esplanade et le fleuve : Nam Bo est le deuxième bon choix après Sao Hom. Le restaurant est fréquenté depuis longtemps par les étrangers, notamment pour son cadre agréable et un service attentif. Au menu : des plats vietnamiens et occidentaux, des pizzas et des spécialités végétariennes, un grand choix de bières, dont de la Guinness.
72 Cartes principales

SAO HOM
€€-€€€
HAI BA TRUNG
TÉL. : 0710/3815-616
Dans un ancien marché restauré datant de l'époque coloniale, ce restaurant qui domine le fleuve jouit du meilleur emplacement dans la ville. La carte propose des spécialités régionales et de bonnes pizzas.
120 MC, V

MEKONG
€-€€
38 HAI BA TRUNG
TÉL. : 0710/3821-646
Ouvert en 1965, ce restaurant situé au bord de l'eau a connu des hauts et des bas après 1975. Les sympathiques propriétaires parlent anglais. La carte, presque exclusivement vietnamienne, est variée.
28 Espèces uniquement

CHAU DOC

VICTORIA CHAU DOC
€€€-€€€€€
1 LÊ LOI
TÉL. : 076/3865-010
FAX : 076/3865-020
victoriahotels-asia.com
Le Chau Doc, l'un des cinq établissements de la chaîne Victoria au Vietnam, surplombe la rivière. Les chambres ont un sol en bois et, pour celles qui donnent sur l'eau, un balcon.
92
Cartes principales

TRUNG NGUYEN
€-€€
86 BACH DANG
TÉL. : 076/3561-561
FAX : 076/3868-674
Cet hôtel bon marché a son propre générateur : un atout pendant les coupures de courant. Les chambres sont petites mais très propres, carrelées et équipées de lits confortables. L'hôtel loue aussi des vélos et des motos.
15
Cartes principales

HA TIEN

DU HUNG
€
27 TRAN HAU
TÉL. : 077/3951-555
FAX : 077/3852-267
Le personnel, accueillant, est toujours disposé à vous aider, dans ce petit hôtel chic. Chambres avec carrelage, réfrigérateur et eau chaude.
24
Espèces uniquement

HAI VAN
€
57 LAM SON
TÉL. : 077/3852-872
On ne trouvera pas de restaurant chic à Ha Tien, mais celui-ci propose une bonne cuisine vietnamienne et chinoise, ainsi que quelques plats occidentaux.
65
Espèces uniquement

MY THO

CHUONG DUONG
€-€€
10 30 THANG 4
TÉL. : 073/3870-875
FAX : 073/3874-250
Un hôtel idéalement placé au bord de l'eau, desservi par sa décoration et ses chambres vieillottes, qui reste cependant un bon choix dans la ville. Certaines chambres donnent sur la rivière.
27
Espèces uniquement

PHU QUÔC

LA VERANDA
€€€€€
BAI TRUONG
TÉL. : 077/3982-988
FAX : 077/3982-998
laverandaresort.com
Ce complexe de boutiques de luxe bénéficie d'un bel emplacement au cœur de Long Beach. Des chambres situées dans un bâtiment de style colonial à deux étages et des villas privées offrent tout le confort. Spa et piscine. Dîners haut de gamme au **Pepper Tree**.
43
Cartes principales

MANGO BAY
€€-€€€
PLAGE DE ONG LANG
TÉL. : 077/3981-693
mangobayphuquoc.com
Situé sur la côte ouest de l'île, cet ensemble de bungalows aux toits de chaume et décorés avec goût offre de magnifiques couchers de soleil. Loin de l'animation de Long Beach, cet endroit est parfait pour se reposer. Un superbe restaurant sur une terrasse domine la mer. Possibilités de snorkeling.
40
Cartes principales

RACH GIA

HONG NAM
€
B1 LY THAI TO
TÉL. : 077/3873-090
FAX : 077/3873-424
À deux pas du marché et à proximité de nombreux restaurants de qualité, cet hôtel a des chambres avec air conditionné, réfrigérateur et téléphone ; certaines ont plusieurs lits.
28
Espèces uniquement

HAI AU
€€
2 NGUYÊN TRUNG TRUC
TÉL. : 077/3863-740
Ce restaurant, conçu pour accueillir réceptions et mariages, possède une agréable terrasse qui permet de dîner le long du canal. Bonne cuisine vietnamienne.
500 Espèces uniquement

VINH LONG

CUU LONG HOTEL
€-€€
11 THANG 5
TÉL. : 070/3823-656
FAX : 070/3823-848
Avec ses rideaux et ses couvre-lits en polyester, ses matelas en mousse trop fins et ses portes en verre dépoli, le meilleur hôtel de Vinh Long n'est pas un modèle de perfection, mais il jouit d'une excellente situation au bord de l'eau. Les chambres, avec balcon, disposent de l'air conditionné, d'un réfrigérateur et de la TV.
24 MC, V

PHUONG THUY
€€
PHAN BOI CHAU
TÉL. : 070/3824-786
Ce restaurant qui surplombe le Mékong offre un superbe panorama en amont du pont My Thuan. La nourriture n'est pas exceptionnelle, mais vous pourrez manger votre content de crevettes, poisson, grenouilles et autres spécialités vietnamiennes.
80 Espèces uniquement

Shopping

Le faible coût de la main-d'œuvre au Vietnam en fait une destination attirante pour les Occidentaux qui ont un bon pouvoir d'achat. La soie, les vêtements sur mesure et l'artisanat (la céramique, les laques, les paniers, le bois sculpté) sont répandus à travers tout le pays.

La plupart des villes ont un marché où l'on achète des denrées alimentaires, vêtements et articles ménagers. Les voyageurs qui visitent ces lieux sont bien inspirés, car ils font ici de meilleures affaires que dans les boutiques pour touristes.

En règle générale, les prix ne sont pas mentionnés. La situation évolue progressivement, en particulier dans les magasins chics. Dans Dong Khoi (Hô Chi Minh-Ville), la plus grande rue commerçante du pays, les vendeurs proposent trois prix par article : un pour leurs compatriotes, un pour les étrangers, un pour les Japonais, les moins enclins à marchander. Des sociétés comme Nike ou Ikea possèdent des usines au Vietnam, mais la plupart des articles de marque que vous trouverez ont de grandes chances d'être des faux. Le piratage, interdit, demeure un vrai problème : dans le quartier de Pham Ngu Lao, les CD se vendent 60 cents pièce, les DVD 1 €.

Artistes et artisans vietnamiens ont un penchant marqué pour les imitations. Les peintres réalisent d'excellentes copies ; l'un des grands hôtels du pays est d'ailleurs décoré de quelques grands chefs-d'œuvre... réalisés au Vietnam. Les tailleurs reproduisent les modèles qu'ils découpent dans les magazines. Ne comptez pas faire de bonnes affaires en matière d'électronique. Et n'espérez pas rendre vos achats : pour les commerçants locaux, ce qui est acheté est acheté.

Souvenirs et cadeaux

Beaucoup de briquets Zippo, sur lesquels figurent des inscriptions qui auraient été gravées par des GI, sont à vendre. Mais ils sont presque tous faux. Heureusement, le Vietnam est riche en objets que l'on peut acheter comme beaux souvenirs. Parmi eux, les bols et les plateaux en laque ; les vêtements à la fois peints et brodés ; des porte-monnaie et des sacs à bandoulière en tissus confectionnés par les ethnies montagnardes ; des *ao dai* en soie ou en satin ; des reproductions de peintures et des affiches de propagande ; et, enfin, des instruments de musique peu courants ainsi que des marionnettes sur l'eau.

Ces objets sont faciles à trouver, notamment dans la vieille ville de Hanoi et dans le quartier petits budgets de Hô Chi Minh-Ville. Les boutiques qui s'alignent dans les rues sont destinées aux touristes en quête de souvenirs de leur voyage.

Antiquités et objets

Il est interdit de sortir des objets anciens du Vietnam, aussi soyez prudent dans vos achats et faites en sorte de ne pas être en tort. Si vous achetez une copie d'objet ancien ou un objet que l'on a « aidé » à avoir l'air vieux, conservez le ticket de caisse, si vous ne voulez pas avoir à laisser votre acquisition au bureau des douanes de l'aéroport.

54 Traditions, 30 Hang Bun, Hanoi, tél. 04/3715-0194, 54traditions.com.vn

Le Cong Kieu, District 1, Hô Chi Minh-Ville. Le rêve des « chasseurs de trésors » ! Des objets de l'époque coloniale : lampes, appareils photo, ventilateurs, cadres, téléphones, tables, coffres... Si ce sont des faux, ils sont très bien imités. Pièces de l'époque impériale et bouliers.

Nguyen Freres, 2 Dong Koi, Hô Chi Minh-Ville, tél. 08/3823-9459.

Centres commerciaux

Saigon Center, 65 Lê Loi, District 1, Hô Chi Minh-Ville, tél. 08/3829-4888. Appareils ménagers, vêtements pour homme, literie, jouets, cafés, supermarché.

Saigon Square, Lê Loi et Nam Ky Khoi Nghia, District 1, Hô Chi Minh-Ville. Une galerie marchande, à mi-chemin entre le marché municipal et le centre commercial moderne. Beaucoup d'articles de marque vendus dans des boutiques qui essaient aussi d'avoir l'air occidental.

Trang Tien Plaza, Trang Tien et Dinh Tien Hoang, quartier de Hoan Kiem, Hanoi. Vous y trouverez bijoux, cosmétiques, bagages haut de gamme, électronique, articles de mode pour homme et femme ainsi qu'une boutique Sony et un magasin de vins et spiritueux. Ce lieu a été rénové en 2013.

Livres

Les livres en langue étrangère sont une denrée plutôt rare au Vietnam. Emportez-en dans vos bagages ou fouillez dans les rayons des librairies d'occasion. Vous pouvez aussi tenter :

Librairie française de Hanoi, 9 Nui Truc (près de la boutique Cosmétic Khanh Van), quartier de Ba Dinh, Hanoi, tél. 4/3726-4896. Il y a une deuxième librairie au 23/67 To Ngoc Van, quartier de Quang An, tél. 4/3718-8061 librairiefrancaisehanoi.com. Vous y trouverez de très nombreuses publications francophones, ainsi que des livres italiens, espagnols et allemands, dans des domaines très variés.

Nam Phong, 82 Truong Dinh, District 1, Hô Chi Minh-Ville, tél.

8/3914-7858, namphongsaigon. com. Cette libraire franco-vietnamienne offre une sélection de 7 500 titres français, neufs ou d'occasion, et un rayon bien fourni en magazines.
The Bookworm, 44 Chau Long, Hanoi, tél. 04/3715-3711, bookwormhanoi.com. La meilleure librairie de la ville.

Vêtements

Un costume pour homme peut revenir à moins de 100 €, et 200 €, voire plus, pour un tissu de très bonne qualité. Mesdames, vous pourrez vous faire faire des robes traditionnelles en soie (*ao dai*) pour beaucoup moins. Vous pourrez aussi acheter de beaux vêtements de confection à Hô Chi Minh-Ville et Hanoi.
A Dong Silk, 62 Tran Hung Dao, Hoi An, tél. 0510/3910-579, adongsilk.com. Un tailleur réputé de Hoi An, qui peut fabriquer tous vêtements pour homme et femme.
Khai Silk, 113 Hang Gai, Hanoi, tél. 04/3825-4237. Une boutique qui fait des vêtements pour les touristes depuis 1992.
Song, 75 Pasteur, District 1, Hô Chi Minh-Ville, tél. 08/3824-6986, asiasongdesign. com. Tenues de soirée brodées, sarongs, vêtements décontractés et robes signées Valerie Gregori McKenzie.

Grand magasin

Diamond Department Store, 34 Lê Duan, District 1, Hô Chi Minh-Ville, tél. 08/3825-7750. Le premier grand magasin du pays. Les prix sont fixes et les produits de marque, authentiques.

Nourriture et boissons

Annam Gourmet Shop An Phu, 16-18 Hau Ba Trung, Hô Chi Minh-Ville, tél. 08/3822-9332. Produits importés et produits vietnamiens : huiles d'olive, vinaigres, *nuoc-mâm*, pâtes, thés, bières...
The Warehouse, 15/5 Le Thanh Ton, District 1, Hô Chi Minh-Ville, tél. 08/3825-8826, et 59 Hang Trong, Hanoi, tél. 04/3928-7666; wa rehouse-asia.com. Ici, vous pourrez acheter du vin en toute confiance. La boutique propose aussi des verres, divers accessoires et des livres sur le thème du vin.

Marchés

Ben Thanh, Quach Thi, place Trang, District 6, Hô Chi Minh-Ville. Le marché le plus célèbre du pays, fréquenté par les Vietnamiens comme par les touristes. Bien pour les vêtements, les bagages, et pour manger sur le pouce.
Binh Tay, Thap Muoi, District 5, Hô Chi Minh-Ville. Ce marché situé au cœur de Cho Lon est idéal pour faire de bonnes affaires. Parfait pour les produits de base.
Dong Xuan, vieille ville, Hanoi. Très animé, le marché le plus connu de la ville fonctionne depuis les années 1880. Spectacle et bonnes affaires garantis.

Quartiers commerçants

Hanoi

Nha Tho. Mobilier, vêtements, cafés et restaurants se succèdent entre la cathédrale Saint-Joseph et le lac Hoan Kiem. Allez aussi vers **AuTrieu** (*en remontant Ly Quoc Su vers le nord, puis sur la gauche*) pour des articles de confection faits au goût des Occidentaux.
Vieille ville. Les noms des rues évoquent les marchandises qui y sont vendues, quoique la situation ne soit plus tout à fait la même aujourd'hui. Mais vous trouverez encore par exemple des articles en soie rue Hang Gai (chanvre).

Hô Chi Minh-Ville

Cho Lon, District 5. *Cho lon* veut dire « grand marché » et c'est ici que se tiennent deux des marchés les plus connus de Hô Chi Minh-Ville : Binh Tay (voir Marchés) et **An Duong**, dans An Duong Vuong, très fréquenté par la population taïwanaise.
Dong Khoi, District 1. Ce qui se fait de plus élégant au Vietnam : soie, bijoux, artisanat, antiquités, décoration. Mérite une visite mais les prix sont en conséquence.
Le Thanh Ton, District 1. Tissus brodés, sacs à main et mobilier dans des boutiques comme on en trouve en Occident.

Huê

Tran Hung Dao. Cette rue abrite le **marché Dong Ba** et la plupart des magasins de la ville.

Boutiques spécialisées

Les villages d'artisans constituent une attraction touristique à part entière, notamment à **Bat Trang**, où l'on fabrique les poteries et céramiques les plus célèbres du pays, et **Van Phuc**, qui possède une tradition millénaire du travail de la soie. Autres lieux :
Da Nang. Les habitants du village voisin de Lang Da (village de pierre), au pied des montagnes de Marbre, réalisent des sculptures dans des pierres de Thanh Hoa.
Hoi An. Les tailleurs de Hoi An ont gagné la réputation d'être parmi les meilleurs du pays. Choisissez le tissu, laissez-les prendre vos mesures et repartez avec un costume ou une robe pour un prix dérisoire.
Huê. La ville est célèbre pour ses chapeaux coniques. Le meilleur choix est au marché Dong Ba.
Phu Quôc. Si vous appréciez le *nuoc-mâm*, sachez que les îles de Phu Quôc et Phan Thiet se sont fait une spécialité de ce condiment.
Sa Pa. Vous trouverez des tissus brodés et des brocards traditionnels au marché touristique, à côté du marché central de Sa Pa. Les couvertures et les vêtements confectionnés par les ethnies montagnardes sont vendus dans les rues de la ville et dans les villages.

Sortir

Sauf en ce qui concerne les marionnettes sur l'eau et la musique de cour *(nha nhac)*, il est assez difficile de trouver des lieux où assister à des spectacles vietnamiens traditionnels, comme le *cheo* (opéra populaire), le *cai luong* (théâtre classique), le *ca tru* (musique de chambre) ou le *quan ho* (chants populaires). À Hanoi et Hô Chi Minh-Ville, soyez à l'affût des représentations des opéras et des théâtres. Les amateurs de vie nocturne trouveront de nombreux lieux pour sortir dans les deux villes.

Spectacles

Ca tru

Le *Ca tru*, ou musique de tradition savante, a retrouvé une certaine notoriété et a été reconnu par l'Unesco comme Patrimoine oral et immatériel de l'humanité, en 2009. Vous pourrez découvrir cette musique au **28 Hang Buom** les mardi, jeudi et samedi à 20 h ; billets à 10 €. Des représentations sont parfois proposées au **87 Ma May** et au **Dinh Kim Ngan** (*42 Hang Bac*). Consultez catruthanglong.com pour plus de détails.

Cinéma

Peu d'occasions de voir des films en français ou en anglais au Vietnam, à moins de succomber à la tentation d'un DVD piraté... Ces deux cinémas peuvent avoir une programmation intéressante :

Bobby Brewers, 45 Bui Vien, District 1, Hô Chi Minh-Ville, tél. 08/3920-4090, bobbybrewers.com.

Cinémathèque de Hanoi, 22A Hai Ba Trung, Hanoi, tél. 04/3936-2648.

Opéra

Au début du XXe siècle, les Français ont bâti au Vietnam trois beaux Opéras qui ont tous été restaurés. Il n'y a pas de programmes fixes ; mieux vaut appeler, voire passer pour connaître les spectacles à venir.

Opéra de Haiphong, Hoang Van Thu, quartier de Hong Bang.

Opéra de Hanoi, 1 Trang Tien, tél. 04/3993-0113.

Théâtre municipal, 7 Lam Son, District 1, Hô Chi Minh-Ville, tél. 08/3829-9976.

Marionnettes sur l'eau

Théâtre de marionnettes sur l'eau du Dragon doré, 55B Nguyen Thi Minh Khai, District 1, Hô Chi Minh-Ville, tél. 08/3827-2653. Spectacle de 50 minutes à 17 h, 18 h 30 et 19 h 45 ; billets à 7,50 €.

Théâtre Thang Long, 57 Dinh Tien Hoang, Hanoi, tél. 04/3825-5450, thanglongwaterpuppet.org. Situé sur la rive nord-est du lac Hoan Kiem, ce théâtre est l'endroit idéal pour assister à cette forme d'art née il y a un millénaire. Le lieu est élégant et équipé de l'air conditionné, la musique, bien interprétée. Achetez vos billets au moins 24 heures à l'avance. La troupe est souvent en tournée.

Vie nocturne

Hanoi

Bia hoi corner, à l'angle de Ta Hien et Luong Ngoc Quyen dans la vieille ville. Très fréquenté par les touristes qui, assis sur des tabourets, viennent boire une bière pression bon marché.

Cama ATK, 73A Mai Hac De, quartier de Hai Ba Trung, tél. 091/5631-120, cama-atk.com. L'un des bars les plus sympathiques de Hanoi qui propose souvent des événements artistiques et des concerts. Le bar est bien fourni.

Funky Buddha, 2 Ta Hien, tél. 04/3292-7614. Un des nouveaux bars *lounge* de la ville, dont la piste de danse est très prisée.

Hanoi Rock Store, 61 Ma May, vieille ville, tél. 098/7132-586, linkhanoi.com. L'un des nouveaux bars où se rendre. Cet endroit se qualifie lui-même de bar musical. Soirées à thème et DJ.

Minh's Jazz Club, 3e étage, 65 Quan Su, quartier de Hoan Kiem, tél. 04/3942-0400, minhjazzvietnam.com. Le haut lieu du jazz à Hanoi. Quyen Van Minh, saxophoniste et propriétaire du club est une étoile montante.

Hô Chi Minh-Ville

Allez Boo, 195 Pham Ngu Lao, District 1, tél. 08/6291-5424. Au cœur du quartier routard, un endroit sympathique pour écouter de la musique, boire, manger et glaner des bons plans sur le pays.

Apocalypse Now, 2B-2C Thi Sach, District 1, tél. 08/3825-6124. Depuis près de 20 ans, expatriés et Vietnamiens viennent ici pour boire, danser, jouer au billard ou passer un bon moment. L'ambiance est de plus en plus animée au fur et à mesure que la soirée s'avance.

Saigon Saigon, Caravelle Hotel, 10e étage, 19 Lam Son, District 1, tél. 08/3823-4999. Idéal pour prendre un verre tout en profitant d'une belle vue sur la place Lam Son, l'hôtel Continental voisin et le marché Ben Thanh. Ambiance chic et concerts le soir.

Sax'n Art, 28 Le Loi, District 1, tél. 08/3822-8472. Un bon club de jazz à partir de 21 h chaque soir. Il peut y avoir un droit d'entrée.

Activités sportives et culturelles

Le Vietnam offre un choix d'activités variées, sportives (vélo, VTT, plongée et snorkeling, kayak, golf, tennis) et culturelles ou traditionnelles, avec plus de 200 grandes fêtes tout au long de l'année.

Sports

Vélo et VTT

La route nationale 1 est idéale pour se balader à vélo. De nombreuses agences proposent des formules. Ou bien prenez seul la direction du sud en emportant des provisions; vous trouverez facilement à vous loger le long de la route. Mieux vaut éviter de quitter les routes balisées car il reste un certain nombre de mines non explosées dans la campagne. L'agence **Phat Tire Ventures** (*109 Nguyen Van Troi, Dalat, tél. 063/3829-422, port. 091/3843-8781, fax 063/3820-331, phattireventures.com*) propose des itinéraires intéressants.

Plongée et snorkeling

Les quelque 3 444 km de côtes du pays, en particulier au centre et au sud, dans la région de Nha Trang et de l'île de Con Dao, abritent de nombreux sites de plongée ou de snorkeling (masque et tuba). Partez à la découverte des récifs au large de l'île de Hon Mun, près de Nha Trang, par le biais d'une promenade en bateau ou d'une excursion organisée par : **Rainbow Divers** (*90A Hung Vuong, Nha Trang, tél. 090/8781-756, divevietnam.com*).

Golf

Le Vietnam compte 25 golfs de luxe et plus de 60 sont en cours de création. Les meilleurs se situent près de Hô Chi Minh-Ville, Hanoi, Da Nang, Phan Thiet et Dalat. Les tarifs sont compris entre 50 et 60 € en semaine, et plus de 100 € le week-end. **Vietnam Golf Resorts**, 6 Thai Van Lung, Hô Chi Minh-Ville, District 1, tél. 08/3520-2045, fax 08/3520-2046, vietnamgolfresorts.com.

Kayak

Au nord de la baie d'Along, vous accéderez à des grottes creusées dans les îlots karstiques débouchant sur de magnifiques lagons intérieurs.
John Gray Sea Canoe, johngray-seacanoe.com/vietnam

Escalade

Le meilleur endroit au Vietnam pour un séjour d'escalade est Dalat et la baie d'Along; contactez **Phat Tire Ventures** (voir Vélo et VTT) à Dalat ou **Asia Outdoors** (*222, 1-4 Cat Ba, tél. 031/3688-450, asiaoutdoors.com.vn*) sur l'île de Cat Ba. Pour plus d'informations sur les sites d'escalade, consultez *vietclimb.com*.

Natation

Les meilleures plages du pays sont celles de l'île de Phu Quôc, baignée par les eaux limpides du golfe de Thaïlande. Le delta du Mekong, les îles Con Dao et le littoral du Centre et du Sud possèdent aussi de très belles plages. La baie d'Along impressionne par ses paysages et ses eaux salées. Les cascades offrent aussi de belles occasions de baignade.

Trekking

Sa Pa, Dalat, Kon Tum et Dak Lak sont les meilleures destinations. De nombreuses agences proposent des treks, mais il est aussi possible de partir seul, en particulier dans les environs de Sa Pa; c'est ici que se trouve le sommet du pays, le Fan Si Pan (3 143 m).

Fêtes et festivals

Janvier/février

Fête de la pagode Keo. Cette magnifique pagode, à l'est de Nam Dinh, accueille deux fois par an (janv./fév. et sept./oct.) une fête bouddhique durant laquelle se déroulent de nombreuses manifestations.
Pèlerinage à la pagode des Parfums. Entre la fin janvier et la fin du printemps, des milliers de bouddhistes viennent prier dans ce lieu pittoresque qui se trouve au sud-ouest de Hanoi.
Fête du Têt. Elle marque le début de l'année et commence le 1er jour du 1er mois lunaire (janv. ou fév.). Voir p. 242.

Mars/avril

Fête de la pagode Thay. Cette fête bouddhique qui a lieu le 7e jour du 3e mois lunaire (mars ou avril) célèbre la mémoire de Tu Dao Hanh, un moine considéré comme le créateur des marionnettes sur l'eau. La pagode Chua Thay, qui se trouve à l'ouest de Hanoi, propose des spectacles; la statue de Hanh est « baignée » au cours de la cérémonie.

Août/septembre

Fête du Katê. Les Cham célèbrent le Nouvel An fin septembre (ou début octobre); ils honorent leurs ancêtres, leurs héros, leurs dieux. La fête est particulièrement animée au temple Po Klong Garai, à l'ouest de Phan Rang.
Fête de la pagode Keo (voir Janvier/février).
Fête de la Mi-Automne, ou fête de la Lune, ou fête des Enfants. Lampions colorés, danses du dragon et plein de bonbons.

Régulièrement

Fête de la Pleine Lune à Hoi An. Le 14e jour de chaque mois lunaire, des lanternes colorées remplacent l'éclairage habituel dans les rues de la vieille ville et certaines artères deviennent piétonnières.

INDEX

INDEX

Les références en **gras** renvoient aux illustrations.

Les références en MAJUSCULES renvoient aux grands thèmes.

CRÉDITS

Couverture : Felix Hug/Corbis ; **dos** : Sphinx Wang/Shutterstock.com ; **4ᵉ de couverture** : toutes les photos sont de Kris LeBoutillier sauf vignette c : ducvien/Shutterstock.com, vignette d : Cristal Tran /Shutterstock, vignette e : Hoang Tran Minh/iStockphoto.com.

Intérieur : toutes les photos sont de Kris LeBoutillier sauf : 14-15, ducvien/Shutterstock.com ; 20, catshiles/iStockphoto.com ; 31, Barbara A. Noe ; 36, Nguyen Thi Kim ; 41, © Dinh Dang Dinh/Another Vietnam ; 44, Patrick Christain/Getty Images ; 47, Bettmann/Corbis ; 54, avec la gracieuse permission à l'European Art Gallery ; 60, Chau Doan/OnAsia ; 72, pcruciatti/Shutterstock.com ; 76, Kimberley Coole/Lonely Planet Images/Getty Images ; 83, Cristal Tran/Shutterstock ; 84, Frédéric Soreau/Photononstop/Corbis ; 94, Sapsiwai/Shutterstock ; 100, Ron Emmons ; 112, Hoang Tran Minh/iStockphoto.com ; 121, AP Photo/Vietnam Pictorial/Trong Thanh ; 126, avec la gracieuse permission de la Zoological Society for the Conservation of Species and Populations (ZGAP), Allemagne ; 142, Sphinx Wang/Shutterstock.com ; 186, William Manning/Corbis ; 190, David Cherepuschak/Alamy ; 193, Ko.Yo/Shutterstock ; 219, ducvien/Shutterstock.com ; 229, Alain DeJean/Sygma/Corbis ; 234, Nguyen Duy Phuong/Shutterstock.

Vietnam

est une publication de la National Geographic Society

Équipe pour cet ouvrage
Justin Kavanagh, *Responsable du projet*
Elisa Gibson, *Directrice artistique*
Ruth Ann Thompson, *Conception graphique*
Carl Mehler, *Directeur de la cartographie*
Michael McNey et spécialistes de la cartographie, *Recherches et production des cartes*
Hannah Lauterback, *Contributrice*
Marshall Kiker, *Directeur éditorial associé*
Michael O'Connor, *Responsable de la production*
Galen Young, *Responsable des droits*
Katie Olsen, *Assistante à la production graphique*

Département fabrication
Phillip L. Schlosser, *Vice-président*
Chris Brown, *Vice-président, directeur de la production*
Nicole Elliott, *Directrice de la production*
George Bounelis, *Responsable de la fabrication*
Rachel Faulise, *Responsable*
Robert L. Barr, *Responsable*

Illustrations dessinées par Maltings Partnership, Derby, Angleterre (p.78-79 et p. 138-139)

PEFC certifié
Ce produit est issu de forêts gérées durablement et de sources contrôlées
PEFC
PEFC/14-38-00157
www.pefc.es

Fondée en 1888 dans le but d'éveiller, d'éclairer et d'instruire, la National Geographic Society est l'une des plus grandes organisations scientifiques ou éducatives à but non lucratif du monde. Confiante dans le pouvoir qu'ont la science, l'exploration et le témoignage de changer le monde, elle touche chaque mois plus de 600 millions de personnes par le biais de ses supports médiatiques, de ses produits éditoriaux et de ses événements. National Geographic a financé plus de 11 000 projets de recherche, de conservation et d'exploration, ainsi que des programmes éducatifs pour combattre l'illetrisme.
Vous pouvez nous rendre visite sur :
www.nationalgeographic.fr

NG France
Directrice éditoriale : Françoise Kerlo
Responsable d'édition : Valérie Langrognet
Chargée d'édition : Caroline Rondeau
Chefs de fabrication : Jérôme Brotons, Anne-Kathrin Fischer

Mise à jour 2015 : Jalan Publications, Paris
Direction, édition, traduction : Zahia Hafs
Adaptation : Christian Mouttet

Couverture : Archipel Studio, Nord Compo

Dépôt légal : septembre 2015
ISBN : 978-2-82290-092-8
Impression : Cayfosa – Impresia Iberica (Espagne)